Est classique le livre qu'une nation ou un groupe de nations ou les siècles ont décidé de lire comme si tout dans ses pages était délibéré, fatal, profond comme le cosmos et susceptible d'interprétation sans fin.

N'est pas classique (je le répète) un livre qui nécessairement possède tel ou tel mérite, mais un livre que les générations humaines, pressées par des raisons différentes, lisent avec une ferveur préalable et une mystérieuse loyauté.

Jorge Luis Borges

LA FÊLURE DU PLAISIR

2. CONTEXTES

DANS LA MÊME COLLECTION

L. BRISSON (avec la collaboration de F. Plin) : *Platon 1990-1995 : bibliographie*, 416 p., 1999.

H. CHERNISS : *L'Énigme de l'ancienne Académie*, suivie en Appendice de E. N. TIGERSTEDT : *Le Système caché*. Introduction et traduction de L. Boulakia, Avant-propos de L. Brisson, 232 p., 1993.

J.-Y. CHATEAU (textes réunis par) : *La Vérité pratique. Aristote,* Éthique à Nicomaque, *livre VI*, 376 p., 1997.

G. DAHAN, I. ROSIER-CATACH (textes réunis par) : *La* Rhétorique *d'Aristote. Traditions et commentaires de l'antiquité au XVII*[e] *siècle,* 360 p., 1997.

M. DIXSAUT : *Le Naturel philosophe. Essai sur les dialogues de Platon*, 424 p., 1985, 2e éd. 1994, 3e éd. 1999.

– (textes réunis par) : *Contre Platon I. Le Platonisme dévoilé*, 464 p., 1993.

– (textes réunis par) : *Contre Platon II. Renverser le platonisme*, 322 p., 1995.

M. DIXSAUT, F. TEISSERENC (textes réunis par) : *La Fêlure du plaisir. Études sur le* Philèbe *de Platon :*

– *1. Commentaires*, 1999.

A. GIGANDET : *Fama deum. Lucrèce et les raisons du mythe*, 448 p., 1997.

M.-F. HAZEBROUCQ (nouvelle traduction, commentaire et notes par) : *La Folie humaine et ses remèdes. Platon*, Charmide *ou* De la modération, 360 p., 1997.

H. JOLY : *Le Renversement platonicien. Logos, epistèmè, polis*, 408 p., 3e éd., 1994.

NIETZSCHE, RITSCHL, ROHDE, WILAMOWITZ, WAGNER : *Querelle autour de* La Naissance de la tragédie, Introduction et traduction par M. Cohen-Halimi, M. Marcuzzi, H. Poitevin, 304 p., 1995.

D.P. TAORMINA : *Jamblique, critique de Plotin et de Porphyre. Quatre études*, 192 p., 1999.

THÉMISTIUS : *Paraphrase de la* Métaphysique *d'Aristote (livre lambda)*, traduit de l'hébreu et de l'arabe, introduction, notes et *indices* par Rémi Brague, 176 p., 1999.

TRADITION DE LA PENSÉE CLASSIQUE

Directeur : Monique DIXSAUT

LA FÊLURE DU PLAISIR

ÉTUDES
SUR LE *PHILÈBE* DE PLATON

2. CONTEXTES

Sous la direction de

Monique DIXSAUT

Avec la collaboration de

Fulcran TEISSERENC

PARIS
LIBRAIRIE PHILOSOPHIQUE J. VRIN
6, Place de la Sorbonne, V[e]
—
1999

La citation de Borges présentée en exergue est extraite de *Enquêtes*, trad. Paul et Sylvia Benichou, coll. Folio / Essais, Gallimard, Paris, 1967, p. 251-252

ISBN 2-7116-1421-2

Imprimé en France

γενναίως δέ, εἴ πῄ τι σαθρὸν ἔχει, πᾶν περικρούωμεν

mais bravement, au cas où cela aurait en quelque endroit une fêlure, sondons tout alentour

Philèbe, 55 c

INTRODUCTION

Le premier volume était consacré à des commentaires du *Philèbe*. Les différentes études de ce second volume ont pour objet de situer le dialogue dans son contexte et d'en retracer la postérité. Elles constituent le complément et le prolongement indispensables des questions soulevées dans le premier volume, soit qu'elles en précisent le contexte – que Platon, comme à son habitude, à la fois utilise et transforme –, soit qu'elles les mettent en perspective en les insérant dans une tradition qui, même si elle les reprend de façon parfois surprenante, en fait apparaître la profondeur et la pérennité. Ces travaux ne prétendent pas épuiser un domaine de recherches, mais ouvrir des voies, et ils apportent tous un éclairage nouveau sur les problèmes qu'ils traitent, ce qui, je l'espère, suffit à justifier l'existence de cet ouvrage et du séminaire dont il est issu. Que soient donc ici sincèrement remerciés tous ceux qui ont bien voulu participer à l'un comme à l'autre.

Figure en prologue un examen remarquablement clair et éclairant rédigé par Carl HUFFMAN du rôle joué chez les premiers philosophes grecs par les notions de limite (*peras*) et d'illimité (*apeiron*) – préalable nécessaire pour comprendre le sens conféré par Platon à ces termes. L'illimité désignait d'abord, peut-être chez Thalès et certainement chez Xénophane et Anaximandre, non seulement une masse indéfinie et impossible à parcourir, mais le pouvoir générateur inépuisable du cosmos. Huffman suggère ensuite que, bien que le terme ne soit pas présent chez Héraclite, il existe une parenté entre le logos profond et insondable que celui-ci prête à l'âme et le logos qui contrôle le cosmos. La révolution opérée par Parménide, qui conteste la priorité de l'illimité sur la limite et pour qui n'est intelligible que ce qui est déterminé et complet, ainsi que l'introduction par Anaxagore de multiples illimités, rendent possible chez Philolaos l'affirmation de la parité de ces deux principes métaphysiques fondamentaux que sont la limite et l'illimité. Ce serait donc à la doctrine de Philolaos que renverrait Socrate dans le *Philèbe* (16 b-c) et non pas à celle de Pythagore.

Au début de la première partie, Laurent AYACHE s'attache à l'arrière-plan médical du dialogue, d'où il tire une explication originale et convaincante de la fausseté des faux plaisirs. Il rapproche d'abord la classification des arts opérée en *Phil.*, 56 b, du chap. 9 du traité hippocratique *De l'ancienne médecine.* Si la division platonicienne des arts permet de distinguer quatre niveaux de pureté, en fonction de la nature ontologique des objets, la subsomption des arts sous chaque genre résulte, elle, de l'exactitude méthodologique propre à chaque *tekhnè* à l'époque de Platon. Le jugement porté sur la médecine ne se fonde donc pas sur la nature de ses objets, mais sur l'imperfection de sa méthode. Quant à la théorie du mélange présente dans le *Philèbe,* elle n'emprunte rien à celle des médecins de la *Collection hippocratique*. Pour Platon en effet un mélange est parfait s'il ne corrompt pas ses éléments, lesquels possèdent une essence et des propriétés spécifiques et connaissables en soi, et cela n'est possible que si le mélange est régi par la mesure et la proportion. Dans la *Nature de l'homme,* au contraire, la proportion du mélange est indéterminée, aucun de ses éléments n'a d'existence connaissable ni même possible en dehors du mélange, le meilleur mélange est celui qui, loin de préserver la propriété de ses constituants, les dissout au mieux. De plus, aucune détermination absolue du bon mélange des humeurs n'est possible, la bonne santé présente une infinité de formes et varie continuellement. Il y a donc inversion radicale de la part de Platon, pour qui la santé est une harmonie déterminée entre des éléments proportionnés par une cause intelligente. La conception hippocratique de la crase est cependant présente dans le *Philèbe*, mais elle caractérise les faux plaisirs. Selon Ayache, Platon parvient à discerner vrais et faux plaisirs parce qu'il articule, d'une part, leur indétermination propre qui leur permet de se mélanger par confusion, d'autre part leur genèse réelle qui, elle, advient en référence à une détermination, en l'occurrence celle de la santé. Le plaisir vrai accompagne un mouvement vers la restauration de l'harmonie ; mais lorsqu'il est mêlé avec d'autres plaisirs ou avec de la douleur, se produit alors un mixte indiscernable qui ne correspond plus au mouvement réel de restauration ou de dégradation.

Anne Gabrièle WERSINGER procède à une analyse subtile du plaisir musical dans l'ensemble de l'œuvre platonicienne. Elle souligne l'existence chez Platon d'une ambivalence de la musique, qui reflète celle du plaisir : servant à éduquer l'âme, le plaisir musical renforce la puissance de la raison et de la loi, mais c'est aussi la musique qui ébranle insidieusement les régimes politiques. A partir d'une analyse technique du langage musical et mathématique utilisé par Platon pour parler du plaisir – portant en particulier sur la consonance (*sumphonia*) et l'harmonie (*harmonia*) –, elle montre comment ce langage s'applique à la vie morale du sage et entraîne la constitution d'un modèle mathématique de l'âme tempérante – la consonance faisant ainsi fonction de schème éthique. Elle s'interroge ensuite sur le type d'harmonie dont Socrate fait la condition du plaisir, ce qui la conduit à distinguer deux types de plaisir, donc deux espèces d'illimité. Le premier se développe selon un rythme régulier dont les variations sont seulement de degré; le second est celui des « grands renversements ». Ce dernier produit des effets d'illusion, ce que vient confirmer la comparaison avec la skiagraphie. Dans la musique comme dans la peinture nouvelles, le plaisir naît d'un illimité *paradoxal :* le musicien, au lieu de se borner à un seul système d'harmonie, peut interpréter sa mélodie dans d'autres registres – c'est le procédé dit d'exharmonie, le second, la paraphonie, consistant à faire chanter la voix et l'accompagnement sur deux registres d'harmonie opposés. Platon condamne cette espèce de plaisir, et dans la *République* (357 b) donne au plaisir musical pur le nom de *charis,* qui connote la grâce du vrai, du mètre et de la mesure. Des analyses de passages du *Gorgias* et des *Lois* conduisent à la différencier d'une *kharis* qui n'est que flatterie et démagogie, et c'est celle qui caractérise, selon Platon, la tragédie. La conclusion est que l'enjeu des choix musicaux propres au philosophe est plus politique (la *charis* étant essentiellement liée au thème de la persuasion, *peithô*) que mathématique.

Les deux articles qui suivent se livrent à un travail de reconstitution des théories de Speusippe et d'Héraclide du Pont sur le plaisir; ce sont des modèles de ce que peut produire une réflexion à la fois philologique et érudite, mais aussi philosophique, lorsqu'elle s'applique à des fragments dont l'interprétation requiert rigueur et hardiesse. Les éléments apportés permettent de se faire une idée plus précise des débats entre hédonistes et anti-hédonistes qui agitèrent le IVᵉ siècle.

John Dillon se donne pour tâche de défendre l'éthique de Speusippe, neveu et successeur de Platon à la tête de l'Académie. La thèse de Speusippe (s'opposant sans doute à Eudoxe, qui affirmait que le plaisir était le seul bien) est que le bonheur pour l'homme se trouve dans « la délivrance du trouble » (*aokhlèsia*); la douleur et le plaisir sont au même degré des maux, qui s'étendent à partir de ce terme médian selon une série infinie de gradations allant dans l'une et l'autre direction. Speusippe cherche à déterminer un état stable, mais non pas nécessairement négatif, et la critique d'Aristote manque ce point essentiel. Dillon en arrive ensuite au point principal : l'identité des « ennemis de Philèbe » en *Phil.*, 44 a-d. A la suite de nombre de commentateurs, et contre L. Tarán, Dillon prend parti pour l'identification avec Speusippe. Un examen détaillé du passage du

Philèbe vise à reconstituer, en dépit de la « mauvaise foi » de Platon, la véritable doctrine de Speusippe : il n'a pas nié totalement l'existence du plaisir, seulement son existence substantielle, la sensation de plaisir étant toujours le produit accessoire du soulagement de la douleur. La difficulté – et c'est là qu'intervient la « morosité » (*duskhereia*) – est qu'il est contraint de nier aussi la réalité des « plaisirs purs ». Cependant, s'il y a une différence entre les positions de Platon et de Speusippe, elle n'est peut-être finalement que terminologique, chacun postulant l'existence d'états parfaits qui représentent l'imposition d'une limite au substrat désordonné de l'illimitation : mais l'un se refuse à nommer plaisir ce que l'autre accepte de nommer ainsi, à la condition d'ajouter « pur ». Enfin il est fort possible que Platon emprunte à Speusippe l'argument que ce sont les natures les plus déséquilibrées qui ont l'expérience des plaisirs les plus extrêmes.

Le traité *Sur le plaisir* d'Héraclide du Pont, disciple immédiat de Platon, est son œuvre morale la mieux connue grâce au nombre et à la longueur des fragments conservés. Aldo Brancacci commence par s'interroger sur la signification de l'expression « style comique » appliquée par Diogène Laërce à cet ouvrage, et il conclut qu'il devait s'agir d'un dialogue où s'affrontaient deux thèses opposées, l'une à caractère hédoniste, représentée par les fragments 55 et 56 (Wehrli), et l'autre à caractère anti-hédoniste, représentée par tous les autres fragments conservés. La critique détaillée de l'interprétation de Bignone, selon qui Héraclide viserait, dans le fr. 55, Epicure, s'appuie à la fois sur un examen du contenu de la thèse exposée, sur des considérations chronologiques, et sur un témoignage méconnu de Cicéron. La thèse soutenue dans ce fragment par un interlocuteur hédoniste n'a pas, selon Brancacci, un caractère essentiellement théorique, elle s'inscrit dans une réflexion concrète et historique sur les genres de vie : elle exalte un style de vie caractérisé par le plaisir, le luxe et le raffinement, propre à certains peuples barbares ainsi qu'aux tyrans et aux rois. Le défenseur du plaisir tient compte de deux traditions, hédoniste et anti-hédoniste, mais surtout de la seconde, dont il renverse délibérément les thèmes et les concepts, comme en témoignent son refus d'établir une distinction entre roi et tyran, ou le fait qu'il ne tienne pas le raffinement (*truphè*) pour un signe de mollesse et d'incapacité à supporter les épreuves (*ponoi*). Le modèle de vie proposée acquiert une signification éthique grâce au lien établi avec la « magnificence splendide » (*megaloprepeia*), la magnanimité (*megalopsukhia*), le loisir et la joie conviviale (*euphrosunè*). L'hédoniste du fr. 55 construit donc une position originale et en dessine l'*ethos*, en articulant des concepts empruntés à la tradition littéraire et à la culture grecque.

Une deuxième partie étudie d'abord la façon dont Aristote a repris l'héritage du *Philèbe,* mais souligne également les points de divergence. Sont abordées, et surtout approfondies, les difficultés bien connues posées par l'existence, aux livres VII et X de l'*Éthique à Nicomaque*, de deux versions de la leçon sur le plaisir ; sont envisagées ensuite l'interprétation de Plotin, la lecture métaphysique de Jamblique, et son articulation avec l'interprétation plutôt éthique qui fut celle de Syrianus, de Proclus et de Damascius.

L'existence d'une double analyse aristotélicienne du plaisir engendre une série de questions historico-philologiques qui ont été abondamment traitées, mais qui, pour Carlo NATALI, sont inséparables d'un examen conceptuel. Il souhaite se situer dans une perspective philosophique plus large, qui, si elle n'arrive pas à résoudre tous les problèmes, montrera au moins comment ils résultent d'ambiguïtés propres à l'ontologie, à la psychologie et à l'anthropologie d'Aristote. Cependant, à la différence de l'approche platonicienne du plaisir, qui entrelace dans le *Philèbe* des perspectives métaphysiques, méthodologiques et psychologiques, le traitement aristotélicien du plaisir est strictement éthique. Or le type d'argumentation appropriée à une discussion éthique est dialectique. Se référant implicitement aux *Topiques*, Natali se demande quels « coups » va jouer Aristote contre son adversaire principal, Speusippe. Après avoir énuméré les exigences de la méthode dialectique appliquée à l'éthique, Natali voit dans l'entreprise de distinction entre plusieurs espèces de plaisir une influence du *Philèbe*, mais il marque aussitôt la discordance : pour Platon, le plaisir est l'un des éléments d'un mélange où entre l'intellect, alors que pour Aristote, il est un aspect de l'activité intellectuelle. Car le plaisir n'est pas une entité autonome, mais une sensation inhérente à une activité. Or c'est là, on le sait, que les deux versions aristotéliciennes se séparent. La question est peut-être cependant moins celle de la compatibilité ou de l'incompatibilité entre les deux doctrines – activité non empêchée, ou accompagnement d'une activité – que celle de la difficulté propre à chacune. Le rapport entre plaisir et activité reste ouvert au l. VII dans la mesure où une même faculté, sensitive, ne saurait donner lieu à deux activités différentes. Repris au l. X, le problème se déplace pour devenir celui du rapport entre activité et vertu : le plaisir ne saurait être ni la cause motrice ni la cause finale de l'activité vertueuse. Quant à la distinction entre les plaisirs, elle nous fait passer dans le champ de l'anthropologie. Les plaisirs les plus hauts ne sont pas les plaisirs des sens, mais ceux, vrais et propres, de l'homme excellent. Quel en est le critère ? Notre embarras vient de la différence entre deux conceptions de la définition : selon la conception moderne, il s'agit de fournir un élément commun permettant d'inclure un élément dans un ensemble, alors que pour Aristote, les membres de l'entité définie sont les éléments d'une échelle hiérarchique d'intensité décroissante. La définition a donc chez lui un statut à la fois prescriptif et normatif. Une dernière remarque vient accentuer l'ambivalence du rapport à Platon : dieux et bêtes jouissent d'un ensemble simple de plaisirs, alors que les hommes jouissent de plaisirs multiples et changeants. En ce sens, les bêtes sont plus semblables à dieu que les hommes, ce qui est nettement anti-platonicien, et pourtant, il convient à l'homme seul de contempler, donc de s'assimiler au moins momentanément au divin. Comme si platonisme et antiplatonisme étaient inscrits dans la double nature de l'homme.

Au l. VII de l'*Éthique à Nicomaque*, chap. 12, Aristote examine la thèse de ceux pour qui aucun plaisir n'est un bien, et qui avancent pour premier argument celui des « raffinés » du *Philèbe :* le plaisir, étant une genèse, n'a pas d'existence. Cette thèse a parfois été attribuée à Platon lui-même, ce que conteste Christian RUTTEN, car s'il est vrai que pour Socrate le plaisir n'est pas une existence (*ousia*), il est cheminement vers une existence. Plusieurs passages des dialogues montrent d'ailleurs que le plaisir n'est pas une genèse, mais un mouvement, et le mouvement n'est jamais, comme l'est la genèse, opposé chez Platon à l'*ousia*. Plaisirs et douleurs, qu'ils soient purs ou mélangés, sont des affections, des manières d'être mû. Dans la *Rhétorique*, Aristote reprend cette définition du plaisir comme mouvement de l'âme et retour à l'état naturel. Or dans le l. VII de l'*Éthique à Nicomaque* se trouve rejetées, non seulement la doctrine du plaisir-genèse, mais aussi celle du plaisir-mouvement, puisque selon Aristote la génération est une espèce du genre mouvement. Tout mouvement demande pour s'achever du temps, alors que le plaisir n'a aucun rapport au temps : pas plus qu'il n'y est engendré – aucune chose ne peut en effet être engendrée si elle n'est pas, comme le temps, divisible –, le plaisir n'est le terme d'une génération, car aucune chose indivisible ne peut l'être. Un mouvement est un acte inachevé, alors que le plaisir est une fin, donc un bien. Rien n'empêche donc de soutenir, avec Eudoxe et contre Platon, qu'il est même le Souverain Bien. C'est pourquoi on doit récuser la définition platonicienne des plaisirs purs, car ils sont conçus comme venant combler un manque, ce qui revient à appliquer aux plaisirs de l'intelligence un schème analogue à celui des plaisirs du corps. Le plaisir est une activité. Au l. X, Aristote rectifie sa définition : le plaisir n'est pas une activité, il la perfectionne en s'y ajoutant. Si plaisir et activité sont inséparables, ils n'en sont pas moins deux choses distinctes. D'où il résulte qu'il est impossible d'identifier plaisir de contempler et activité contemplative. Si au l. VII Aristote soutenait qu'au moins un certain plaisir pouvait être le Souverain Bien, il se fonde, au l. X, sur des passages du *Philèbe* pour réfuter la thèse d'Eudoxe, que le plaisir rend n'importe quel bien plus désirable en s'y ajoutant. Comme Platon, Aristote réplique que la caractéristique du Bien est d'être parfaitement autosuffisant. Le fait que nous puissions choisir certaines choses même si elles ne nous procurent aucun plaisir est sans doute aussi une réminiscence de la « vie la plus divine » du *Philèbe*, qui ne comporte pas de plaisir. Pour Rutten, le second traité (chronologiquement postérieur) marquerait donc un indéniable progrès par rapport au premier. Aristote y dénoncerait une confusion qui a été la sienne entre plaisir et activité, et s'y rapprocherait de Platon. Cependant, définir le plaisir comme une suite de l'activité ne nous dit pas en quoi consiste cette suite. Supposons que ce soit une seconde activité. Elle ne saurait être la perception de l'activité qui la précède, car le plaisir ne réside ni dans la pensée ni dans la sensation. Avec cette différence qu'il recourt à une hypothèse chronologique, ce qui lui permet de considérer la définition du l. VII comme une erreur que le l. X viendrait corriger, Rutten aboutit à la même conclusion que Natali : le problème du lien entre plaisir et activité reste ouvert. Or c'est cette difficulté que, selon lui, Plotin cherche à surmonter. Dans son premier traité, Plotin admet encore, comme Platon, l'existence d'affections, donc de plaisirs, de l'âme seule. Mais dans le traité 22, ce n'est plus l'âme, mais le corps vivifié par l'âme, qui éprouve du plaisir. L'âme incorporelle et impérissable est impassible. D'où les trois interprétations possibles du *Philèbe* que l'on trouve au traité 38. Plotin n'arrive à une solution qu'en distinguant le plaisir proprement dit, qui est une affection du corps vivant, de celui qu'on ne peut attribuer à l'âme que de manière métaphorique. Les plaisirs liés à la présence du Bien sont, comme le disait Aristote, indivisibles. Si Plotin suit Aristote sur ce point, il s'en sépare pourtant en faisant de ce plaisir par analogie une disposition, donc une qualité de l'âme sage.

En préconisant de s'attacher à la particularité de chaque dialogue, Jamblique introduit une nouvelle perspective dans l'exégèse néoplatonicienne de Platon. A partir de là peut s'établir un ordre de lecture des dialogues correspondant à une hiérarchie doctrinale et pédagogique. Gerd VAN RIEL se propose d'examiner l'interprétation du *Philèbe* contenue dans deux textes rapportant la position du « divin Jamblique ». Selon les *Prolégomènes à la philosophie de Platon*, le *Philèbe* occupe le troisième rang dans la hiérarchie des dialogues car il porte sur le Bien transcendant, mais, dans son *Commentaire sur le Philèbe,* Damascius prétend que pour Jamblique, il s'agissait seulement du Bien pour nous. Van Riel se refuse à voir là une contradiction : la détermination de l'Un transcendant n'est possible pour nous que s'il se manifeste dans la réalité. Pour l'établir, il commence par remarquer que, lu comme un dialogue métaphysique, le *Philèbe* voit son centre se déplacer, de l'examen du plaisir vers la détermination du Premier Principe et la question de savoir comment, de l'Un, procède la pluralité. Jamblique est le premier à lire le *Philèbe* dans cette perspective, utilisant les quatre genres qui y sont posés pour résoudre le problème central du néoplatonisme. La solution de Plotin était que l'Un, puissance de toutes choses, ne donne pas l'être, mais donne à l'être la possibilité de se déployer. La genèse de l'intellect s'opère chez lui en deux étapes, et c'est seulement dans la seconde que l'intellect fragmente la puissance illimitée reçue de l'un pour pouvoir la supporter et devient Intellect véritable. La thématique de l'Un-cause donnant aux êtres illimitation et limite était donc déjà présente chez Plotin, sans cependant aucune référence au *Philèbe.* Jamblique et les Néoplatoniciens tardifs reprochent à Plotin d'avoir pensé la limite et l'illimité selon un schème hylémorphique et vertical, alors que la limite et l'illimité sont des principes situés au même niveau, ce que vient appuyer leur lecture du *Philèbe*. C'est Jamblique qui, le premier, choisit ce schème horizontal (qui, si l'on s'en rapporte à Huffman, vient des pythagoriciens, alors que Plotin, en optant pour le schème vertical, s'inscrit dans la tradition des tout premiers philosophes grecs). Selon Jamblique, l'Un qui est antérieur au couple limite-illimité ne s'identifie pas au Principe Premier ineffable car il joue un rôle de cause dans la procession de la multiplicité. Où réside alors la première multiplicité ? Au niveau intellectif (noérique), la multiplicité est déjà constituée par l'altérité de l'un et de l'être. La pluralité première doit donc se situer plus haut, au niveau intelligible (noétique), dont les principes constituants et aussi les éléments constitutifs sont la limite et l'illimité. On a donc la hiérarchie suivante : le Premier ineffable, l'Un-cause, puis les deux principes coordonnés que sont la limite et l'illimité, qui engendrent avec les Genres du *Sophiste* la dualité de l'un et de l'être. Pour Jamblique, il y a une corrélation étroite entre la triade du *Philèbe* (cause, limite et illimité) et celle des *Oracles chaldaïques* (intellect, existence, puissance). Le schéma producteur de toute multiplicité se répète à tous les plans sous une forme différente, une série de limitants conférant l'existence, une série d'illimités transmettant la puissance générative. Comme la dichotomie originelle et l'unité intelligible se trouvent dans une proximité immédiate avec l'Un, les différences à ce niveau ne recouvrent pourtant pas des distinctions réelles. Selon Van Riel, les principes les plus élevés sont en fait identiques, et il appuie cette thèse d'abord sur la non-pertinence, au niveau intelligible, de la distinction cause-effet, ensuite sur le fait que limite et illimité expriment chacun le tout sous son propre aspect. C'est nous qui transposons nos catégories dans un domaine où elles n'ont aucune validité, et employons des termes inadéquats. La réalité suprême se présente sous quatre aspects, comme cause, limite (existence), illimitation (puissance) ou intelligibilité (être). Leur concaténation, décrite dans le *Philèbe*, est la meilleure, ou la moins mauvaise, manière de décrire les différentes fonctions de l'Un dans la production du multiple, et c'est dans ce dialogue qu'il convient de chercher la réponse à la question de l'origine de la multiplicité. Ainsi, le *Philèbe* parle en effet du Bien tel qu'il se manifeste en tous les êtres, mais comme le référent des quatre principes est le même, on peut également soutenir qu'il y est traité du Bien transcendant.

Dominic J. O'MEARA rappelle que, peu travaillé, à ce qu'il semble, dans les Écoles médio-platoniciennes, le *Philèbe* donne lieu, du IVe au VIe siècle, à de multiples commentaires dont il ne nous reste que les notes du cours de Damascius, où se trouvent « stratifiées » des parties des commentaires précédents de Porphyre, Jamblique et Proclus, ainsi que d'autres Néoplatoniciens. Bien que nous n'ayons là qu'un « faible écho » de tout ce travail, il est possible de répondre à cette question : d'où vient l'importance accordée au *Philèbe* dans les Écoles néoplatoniciennes ? O'Meara précise d'abord la finalité qu'y avait la lecture de textes canoniques : proposer à l'élève une sagesse philosophique et un itinéraire vers elle, les dialogues de Platon constituant autant d'étapes à travers des vertus morales et intellectuelles menant vers le Bien transcendant. Cette visée avait déjà inspiré l'édition de Plotin par Porphyre et le cursus établi par Jamblique, composé de deux cycles, le premier comprenant dix dialogues et commençant avec l'*Alcibiade* pour s'achever avec le *Philèbe*, le second comportant deux dialogues seulement, le *Timée* et le *Parménide*. Ce qui permet de mieux articuler la question de départ : pourquoi le *Philèbe* est-il le couronnement du premier cycle, et quel rapport entretient-il avec le *Parménide*, sommet du deuxième cycle ? O'Meara se pose à son tour la question de la discordance entre les témoignages rapportant la position de Jamblique, mais il apporte une solution différente de celle de Van Riel. Il estime en effet, comme Westerink, que pour Jamblique le dialogue traitait du Bien transcendant, alors que ce serait Syrianus et Proclus qui auraient jugé que l'objet en était le bien immanent, dont la portée est même limitée chez Damascius au domaine des êtres doués de sensation. O'Meara en prend comme preuve le fait que la structure du cursus établi par Jamblique semble d'origine arithmétique (donc pythagoricienne), le premier cycle parcourant la décade, contenue potentiellement dans la monade et la dyade. Ainsi le *Philèbe* serait la monade de la série de dix, le *Parménide* son équivalent dans la série de deux. En ce cas, dans l'esprit de Jamblique, le *Philèbe* aurait eu presque la même valeur que le *Parménide*. En restreignant son domaine au bien immanent, Syrianus et Proclus auraient plus nettement subordonné le *Philèbe* au *Parménide,* et du même coup Pythagore à Platon. Les Néoplatoniciens, et Jamblique en particulier, pensaient trouver dans quelques passages-clés du *Philèbe* (16 c-d, 23 c-d) toute une théorie métaphysique de la structure de la réalité, selon une progression continue de l'unité vers la multiplicité infinie, qui permet un retour vers l'unité ; à ce double mouvement, progressif et régressif, descendant et ascendant, correspond une méthode métaphysique, « dialectique ». Si l'on peut à la rigueur trouver dans le *Philèbe* l'affirmation de la priorité de l'un (de la cause) par rapport au multiple (au couple des premiers principes), il faut une « lecture curieuse » de 23 c 9-10 pour y découvrir la présence de l'Un. O'Meara pose ensuite la question du rapport entre cette métaphysique et la dimension éthique du dialogue (donc entre le Bien absolu et le bien éthique), dimension qui se trouve accentuée chez Syrianus, Proclus et Damascius. L'articulation serait fournie par l'« assimilation au divin » dont parle le *Théétète*, en laquelle les Néoplatoniciens voient la définition de la philosophie. La fin de l'homme est une imitation, dans la mesure du possible, de la vie parfaite du principe premier. La vie pratique, telle que la conçoit Aristote, n'est qu'une forme inférieure d'assimilation, conduisant à la vie contemplative, plus proche de la vie divine, ce que signifieraient les différents dosages de pensée et de plaisir envisagés par Platon. Le cours de Damascius apporte des considérations intéressantes sur le plaisir, où se mêlent conception platonicienne et épicurienne : le plaisir est une sorte de relâchement, un affect associé à un changement ou une activité ; les plaisirs se différencient selon qu'ils sont corporels ou psychiques, et selon qu'ils sont liés à un changement quelconque (cinétiques) ou qu'ils accompagnent l'exercice naturel et sans obstacle d'une activité. Il en résulte une gradation de sept espèces de plaisir, les degrés supérieurs constituant le paradigme du bonheur humain. La question de la réception du *Philèbe* dans la philosophie de l'Antiquité tardive demanderait cependant des recherches sur la présence de ce dialogue ailleurs que dans la littérature néoplatonicienne.

Figure enfin en épilogue le destin d'une formule, « Mangeons et buvons, car demain nous mourrons », expression toujours renaissante d'une attitude interprétée de multiples façons. Jean Salem étudie d'abord le contexte de cette phrase dans la *Première Épître aux Corinthiens*. Il semble bien que l'apôtre Paul veuille dire ceci : si les morts ne ressuscitent pas, *alors* mangeons et buvons car demain nous mourrons – donc vivons comme des hédonistes inquiets. Salem distingue en effet deux lignes de matérialisme hédoniste, celle d'Epicure qui situe le bonheur dans le plaisir en repos et vise à nous soustraire à la structure pathologique du désir infini, et celle, remontant aux Cyrénaïques, nourrie de l'inquiétude du temps qui fuit et de la hâte vers la jouissance qu'induit le constant souci de la mort. Il s'attache ensuite à retracer le passé de la formule, en en trouvant des antécédents dans l'*Ancien Testament*, au livre de la *Sagesse*, mais surtout dans le livre d'Isaïe. Il est renvoyé de là à un témoignage d'Hérodote sur les anciens Égyptiens et aux variations sur ce thème macabre recueillies par Maspero. La formule a donc bien un passé, mais elle rejoint en outre les leçons de sagesse prodiguées par les hédonistes de l'Antiquité. Elle trouve sa préfiguration chez Anacréon, Horace, Pétrone, ou encore chez Athénée. Salem s'attache ensuite à en retracer la postérité, ou plutôt les trois postérités. La première est *religieuse*. Certains ont en effet voulu voir dans la formule le cri de ralliement des impies – ainsi Saint Ambroise qui utilise l'argument, classique depuis Platon : l'hédonisme est bon pour les bêtes. D'autres, comme Pierre Chrysologue, y reconnaissent la devise emblématique d'un principe mortifère. Enfin, pour saint Jérôme et saint Augustin, ce sont là les propres mots des épicuriens et de tous ceux qui ont eu l'audace de prétendre que le souverain bien s'identifie au plaisir ; cette position est également celle de Calvin et d'Erasme, lequel admet toutefois que les désespérés, ceux pour qui tout retourne au néant, sont en quelque sorte fondés à penser que les seuls biens réels sont ceux qu'ils auront réussi à arracher à la vie. La second lecture est *irréligieuse*, la formule est alors citée par des hédonistes, des libertins d'esprit ou de mœurs, voire des auteurs de chansons à boire, et tous – Ronsard, du Bellay, Des Barreaux, le Molière de la chanson à boire du *Bourgeois Gentilhomme*, le Rubempré des *Illusions perdues*, sont classés par Salem dans la catégorie des voluptueux inquiets. Enfin, on trouve également des interprétations *anti-religieuses* chez Schopenhauer, attribuant aux doctrines insoutenables de la religion chrétienne la responsabilité indirecte du désespoir dont est issu cette devise bestiale, chez Renan, qui dénonce le mensonge utilisé par la religion pour rendre l'homme vertueux et le détourner d'un matérialisme grossier, ainsi que chez Feuerbach, pour lequel la foi du croyant n'est qu'un espoir en ces garanties que sont l'immortalité et la résurrection, car sinon…

Ces brefs résumés ont pour seule ambition d'indiquer au lecteur la richesse des analyses contenues dans ce volume, et de lui faire entrevoir le profit, et le plaisir, qu'il retirera à les lire.

Monique Dixsaut

PROLOGUE

LIMITE ET ILLIMITÉ
CHEZ LES PREMIERS PHILOSOPHES GRECS

Carl HUFFMAN

Je me propose ici d'examiner l'origine de la thèse selon laquelle toute la réalité est justiciable d'une explication à partir de deux principes métaphysiques fondamentaux, la limite et l'illimité. Je voudrais établir que l'initiateur de cette métaphysique fut Philolaos de Crotone dans la seconde moitié du cinquième siècle avant J.-C. Cependant, la position de cette thèse par Philolaos ne prend tout son sens que sur le fond sémantique constitué par l'usage que les philosophes grecs qui le précédaient faisaient de ces termes. En particulier, la manière dont il formule sa thèse montre qu'il répond à la première génération de penseurs qui succède à Parménide, penseurs tels qu'Anaxagore et Zénon. Je commencerai toutefois par la présentation la plus célèbre de cette thèse, celle de Platon dans le *Philèbe*, non pour voir comment Platon emploie lui-même ces principes, mais pour voir ce qu'il nous dit de leur origine.

I

En *Philèbe* 16 c 5, Socrate décrit la thèse selon laquelle « les choses ont la limite et l'illimité en elles-mêmes par nature » comme un « don des dieux aux hommes » qui « a été lancé des hauteurs divines par quelque Prométhée ». Ce sont « les anciens » qui étaient « meilleurs que nous et vivaient plus près des dieux » qui l'ont ensuite transmise. Il y a un accord quasi universel pour admettre que les « anciens » auxquels Socrate se réfère ici sont les pythagoriciens. La seule interprétation divergente de ce passage est celle adoptée, entre autres, par Erich Frank [1], selon laquelle les principes susdits étaient des produits de la pensée de la maturité de Platon et que leur attribution aux anciens était un stratagème typiquement platonicien consistant à avancer ses propres idées sous le couvert de quelques sages anonymes, et pas du tout une référence aux pythagoriciens ou à quelque autre groupe de penseurs. Cependant, l'interprétation de ce passage par Frank, aussi bien du reste que sa thèse générale sur le pythagorisme, est anéantie par le témoignage d'Aristote. Car Aristote énonce clairement et de manière répétée (par ex. *Mét.*, 987 a 13, 986 a 19-20, 990 a 9) que la position des deux principes de la limite et de l'illimité était centrale dans le pythagorisme du cinquième siècle, donc bien antérieure à la rédaction du *Philèbe*. De plus, le fragment 1 de Philolaos, qui est maintenant communément considéré comme authentique [2], énonce exactement cette thèse dans un langage plus archaïque :

> Ce sont les illimités et les limitants qui ont, en s'harmonisant, constitué au sein du monde la nature, ainsi que la totalité du monde et tout ce qu'il contient [3].

Il n'y a donc pas le moindre doute que Platon fasse allusion aux pythagoriciens quand il parle de ces anciens qui ont pensé que la limite et l'illimité étaient inhérents aux choses. Cependant, la plupart des commentateurs vont plus loin et soutiennent que Platon attribue la thèse centrale du pythagorisme du cinquième siècle au maître lui-même, le grand Pythagore. Pourtant de sérieuses raisons d'en douter surgissent lorsque le passage du *Philèbe* et les postulats qui en commandent l'interprétation habituelle sont examinés de près.

Dans le passage qui prépare 16 c 10, Socrate et Protarque discutent des problèmes de l'un et du multiple, en d'autres termes de la question de savoir comment la même chose peut-être dite à la fois une et multiple, et Socrate remarque qu'à son avis de tels problèmes sont inhérents à notre usage du langage et sont communément exploités par de jeunes sophistes désireux de troubler l'esprit de leur entourage. Protarque interroge alors Socrate sur une manière possible d'éviter de telles confusions et ce dernier lui déclare qu'il n'y a pas de plus belle méthode (ὁδός) que celle dont il est depuis toujours amoureux tout en reconnaissant qu'elle l'a souvent abandonné et laissé désorienté (16 b 7). A Protarque qui lui demande alors

1. E. Frank, *Plato und die sogenannten Pythagoreer*, Halle, 1923, p. 302-309.

2. C.A. Huffman, *Philolaus of Croton : Pytagorean and Presocratic*, Cambridge, 1993, p. 17-35.

3. Trad. Daniel Delattre, dans *Les Présocratiques*, « Bibl. de la Pléiade », Paris, 1988. [N.d. T.]

en quoi elle peut bien consister, il répond qu'il n'est pas difficile de la montrer, bien qu'il soit en revanche très difficile de la pratiquer. Et il poursuit de manière quelque peu étonnante en déclarant que toutes les choses découvertes dans la sphère des arts et des sciences (τέχνη) ont été portées à la lumière au moyen de cette méthode. Son interlocuteur réclame des éclaircissements supplémentaires et Socrate s'explique dans le passage en question :

> Comme un don des dieux aux hommes, [...] il fut lancé des hauteurs divines par quelque Prométhée en même temps que le feu éclatant (διά τινος Προμηθέως ἅμα φανοτάτῳ τινὶ πυρί). Et les anciens, étant meilleurs que nous et vivant plus près des dieux, nous ont transmis cette tradition que toutes les choses qui peuvent être dites exister sont faites d'un et de multiple et contiennent en elles-mêmes la limite et l'illimité originellement associés (πέρας δὲ καὶ ἀπειρίαν ἐν αὑτοῖς σύμφυτον ἐχόντων)[1].

Presque tous les interprètes de ce passage, au moins dans le monde anglo-saxon, s'accordent à penser que le Prométhée qui apporte aux hommes le présent des dieux ne peut être nul autre que le divin Pythagore, qui reçut des dieux l'intuition centrale de sa philosophie et la transmit à ses disciples, ces anciens auxquels Socrate se réfère. Deux des principaux commentaires philosophiques du *Philèbe* considèrent la référence à Pythagore comme évidente[2]. L'interprétation qui leur est commune semble s'appuyer sur deux présupposés :

1) Platon voit en Pythagore une figure semi-divine qui a transmis une révélation divine à ses disciples.

2) Platon reconnaît en Pythagore un philosophe de la nature.

Ces présupposés sont-ils justifiés ? Le premier, qui fait de Pythagore le porteur d'une révélation divine des dieux aux hommes, dont toute vraie philosophie ne ferait que déployer le message, était à coup sûr largement répandu dans la tradition tardive du platonisme, comme l'a brillamment démontré Dominic O'Meara dans son livre *Pythagoras Revived*. De fait, O'Meara suggère que Numénius, au deuxième siècle après J.C., voit une allusion à Pythagore dans la mention de Prométhée par Platon dans le *Philèbe*, et O'Meara lui même estime que c'est là « une interprétation

1. 16 c 5-10, trad. Diès modifiée. [N.d. T.]

2. R. Hackforth, *Plato's Examination of Pleasure*, Cambridge, 1958, p. 21; J.C.B. Gosling, *Plato : Philebus*, Oxford, 1975, p. 83 et 165.

évidente et fort vraisemblable »[1]. Déjà, on le sait, des auteurs aussi anciens qu'Aristote et Aristoxène considéraient Pythagore comme divin. Aristote rapporte que les gens de Crotone l'appelaient l'Apollon Hyperboréen (Aelien, 2. 26, fr. 191 Rose) et Aristoxène déclare qu'il tenait sa doctrine de l'Oracle de Delphes (D.L., 8. 8)[2]. De plus, une des thèses les plus sensationnelles du livre fondamental de Burkert sur le pythagorisme est que cette interprétation de Pythagore n'est pas la simple création d'une tradition tardive mais remonte en réalité jusqu'à Speusippe, le premier successeur de Platon à la tête de l'Académie, et peut-être à Platon lui-même. Par conséquent, selon Burkert, il y avait déjà au quatrième siècle avant J. C. deux traditions concurrentes au sujet du pythagorisme : la tradition aristotélicienne, qui opérait une nette distinction entre les pythagoriciens et Platon, et la tradition académique qui voit dans le platonisme une élaboration de thèmes pythagoriciens. Cependant, il y a quelque difficulté à supposer que Platon ait pu adopter l'opinion selon laquelle Pythagore a reçu une révélation divine, à partir de laquelle, lui, Platon, développerait sa dernière philosophie.

En effet, si Burkert accepte l'identification de la figure de Prométhée dans le *Philèbe* avec celle de Pythagore – et il n'est pas clair sur ce point[3] –, cela entraîne de sérieux problèmes quant à son interprétation d'ensemble de Pythagore. Car, dans ce cas, il faudra estimer que Platon attribue l'intuition centrale de la tradition pythagoricienne à Pythagore lui-même et par conséquent voit en lui un philosophe de la nature. Or, c'est précisément le refus d'assimiler Pythagore à un philosophe de la nature qui est au cœur du livre de Burkert. Pythagore est un personnage shamanique et l'inventeur d'une manière de vivre, non un philosophe systématique. Plus grave, un des éléments les plus forts en faveur de cette vision de Pythagore est précisément un autre passage de Platon, le seul chez Platon où le nom

1. D.J. O'Meara, *Pythagoras Revived. Mathematics and Philosophy in Late Antiquity*, Oxford, 1989, p. 13.

2. Tous les fragments des présocratiques sont cités selon la numérotation utilisée par Hermann Diels, *Die Fragmente der Vorsokratiker*, 6e éd. par Walther Kranz (Berlin 1951-1952).

3. A la page 215 de *Lore and Science in Ancient Pythagoreanism*, 1re édition allemande 1962, trad. angl. E. Minar (Cambridge, Mass., 1972), Burkert cite *Rép.*, 600 a-b comme un témoignage de premier plan sur le fait que, dans la première tradition pythagoricienne, Pythagore n'est pas vu comme un « philosophe et un homme de science ». « C'est la règle de vie de la Communauté et non une connaissance particulière qui a fait sa gloire. » D'un autre côté, différents passages du livre de Burkert suggèrent qu'il considère que Platon lui-même a adopté l'opinion des pythagoriciens contemporains selon laquelle la philosophie de la limite et de l'illimité (qui doit à coup sûr être considérée comme une « connaissance particulière ») était une révélation divine remontant au maître lui-même (p. 90-91, p. 415 n. 80).

de Pythagore soit cité. Dans le célèbre passage de *République* X, Pythagore, comme le souligne Burkert, n'est pas présenté comme un philosophe, c'est-à-dire quelqu'un qui a exposé une théorie sur la nature de la réalité, ni comme un personnage semi-divin, mais plutôt comme quelqu'un qui était vénéré pour avoir découvert une manière de vivre[1]. Il est appelé un ἡγεμὼν παιδείας et le découvreur d'un Πυθαγόρειος τρόπος τοῦ βίου (*Rép.*, 600 a-b). Quand Platon discute, plus haut dans le dialogue, de travaux techniques pythagoriciens sur la musique, il se réfère aux pythagoriciens et non à Pythagore lui-même (530 d 5). Par conséquent l'image que nous avons de Pythagore et des pythagoriciens dans la *République* est tout à fait en accord avec ce que nous trouvons chez Aristote où toutes les doctrines philosophiques impliquant la limite, l'illimité, le nombre et l'harmonie sont assignées aux pythagoriciens du cinquième siècle et où Pythagore lui-même est à peine cité ou associé à des fables sans fondement. Mais cette vision de Pythagore soutenue par Aristote et par le Platon de la *République* ne s'accorde vraiment pas avec l'interprétation courante du *Philèbe* qui représente Pythagore comme un Prométhée tenant des dieux l'intuition philosophique centrale du pythagorisme du cinquième siècle. Par conséquent je voudrais montrer que la *République* nous donne une bonne raison de rejeter la seconde proposition sur laquelle repose l'interprétation habituelle de notre passage (à savoir que Platon considère Pythagore comme un philosophe de la nature) et certainement qu'elle ne contribue guère à étayer la première hypothèse (que Platon considère Pythagore comme une figure semi-divine). A ce point, il nous faut retourner au *Philèbe* pour voir si le passage peut-être lu d'une manière raisonnable sans recourir à ces deux présupposés discutables.

De fait, si nous laissons de côté pour un moment Pythagore, l'enjeu principal du passage nous apparaît plus clairement. Platon est plus que tout soucieux de montrer que la méthode qu'il veut présenter est décisive pour l'ensemble des arts et des sciences (τέχναι). Il fait même cette déclaration frappante : toutes les découvertes qui ont été faites dans ce domaine doivent être attribuées à cette méthode. Il n'est donc pas surprenant que, lorsqu'il rend compte de l'origine de cette méthode, il la réfère au saint patron de toutes les τέχναι, Prométhée. Ainsi dans le *Prométhée enchaîné*, Prométhée déclare qu'il a donné le feu aux hommes et qu'ils tireront de celui-ci de nombreuses techniques (ἀφ'οὗ γε πολλὰς ἐκμαθήσονται τέχνας, 252-254). Quand Platon dit que la méthode qu'il va décrire a été lancée du haut des hauteurs divines par quelque Prométhée en même temps que le feu éclairant, il est en fait en train de dire que cette méthode a autant

1. Burkert, *Lore and Science in Ancient Pythagoreanism*, p. 215.

de prix pour les arts que le présent du feu lui-même, symbole du pouvoir technologique de l'humanité. Bien sûr, une méthode philosophique ne peut pas être attribuée au Prométhée de la tradition mythologique, c'est pourquoi Platon nous invite à envisager « quelque Prométhée », un Prométhée revu et corrigé qui, avec le feu, transmet une méthode philosophique. Sans doute y a-t-il une pointe d'amusement dans sa voix quand il le dit. Il me semble que cette façon d'interpréter l'invocation à Prométhée par Platon nous donne une lecture claire et vigoureuse du passage et que rien n'y figure qui nous contraigne de chercher et de trouver Pythagore ou qui que ce soit d'autre derrière l'allusion à Prométhée. Quelquefois Prométhée est tout simplement Prométhée. La seule chose qui pourrait nous contraindre à le faire (c'est-à-dire à soupçonner que celui-ci n'est qu'un masque), ce sont les deux postulats que j'ai isolés plus haut, mais j'espère avoir montré que Platon n'en fait vraisemblablement aucun usage, quoique la plupart des interprètes modernes aient beaucoup de peine à les chasser de leur esprit. La première mention de personnes pouvant être des figures historiques est la référence aux anciens. Ce sont vraisemblablement les pythagoriciens du cinquième siècle à qui Aristote attribue précisément cette doctrine, et Platon encore une fois use d'un ton d'une feinte solennité en les décrivant comme des « anciens » « vivant plus près des dieux »[1]. Puisque Philolaos semble être la source principale d'Aristote en ce qui concerne le pythagorisme du cinquième siècle, il est vraisemblable que Platon lui aussi s'y réfère dans ce passage du *Philèbe*. La référence à Philolaos dans le *Phédon* montre que Platon était bien au fait de son œuvre. Il est en vérité frappant que la dernière tradition platonicienne tende à associer ce passage plutôt plus étroitement à Philolaos qu'à Pythagore lui-même (Proclus, *Plat. Théol.*, I, chap. 5, Syrianus, *Met.*, 10. 2).

1. On peut objecter que Platon peut difficilement appliquer la qualificatif d'« anciens » à Philolaos et aux autres pythagoriciens en activité dans la seconde moitié du cinquième siècle. Si nous plaçons l'expression dans la bouche du Socrate historique, il semble peu crédible que Philolaos, contemporain de Socrate, soit ici désigné. Mais si nous pensons que les mots sont prononcés du point de vue de Platon qui écrit le *Philèbe* à la fin de sa vie, Philolaos peut raisonnablement être regardé comme un « ancien ». L'expression οἱ παλαιοί signifie quelque chose comme « hommes d'avant notre temps » et ne se réfère pas à des gens d'une antiquité immémoriale. En *Phèdre*, 235 b, Anacréon, en activité aux environs de la fin du sixième siècle, est regardé comme un des οἱ παλαιοί, et dans l'*Hippias Majeur*, 181 c, le texte peut être lu comme divisant οἱ παλαιοί en deux groupes d'époque différente, le plus ancien incluant les sept sages, le plus récent s'étendant jusqu'à Anaxagore au cinquième siècle.

Parvenu à ce point, j'espère avoir montré que rien chez Platon ne suggère que le système de la limite et de l'illimité remonte jusqu'à Pythagore. Nous pouvons estimer par conséquent que Platon se réfère au système de Philolaos, système datant du cinquième siècle sur lequel Aristote semble à son tour s'appuyer dans sa description du pythagorisme. Mais quelle est la nature de ce système et quelle est son origine ? Avons-nous besoin d'accepter la plaisante fiction de Platon voulant qu'il nous vienne des dieux ou pouvons-nous expliquer comment il s'est développé à partir de la première philosophie grecque ? Certains, notamment Charles Kahn, ont réintroduit une fois de plus Pythagore dans cette histoire en soutenant que la combinaison de la limite et de l'illimité trouve tout son sens si on la situe très tôt dans la tradition de la philosophie grecque, juste après l'introduction de l'*apeiron* par Anaximandre[1]. Cependant je vais tenter de montrer que le postulat de la limite et de l'illimité comme étant en fait des principes d'égale valeur se conçoit mieux dans la seconde moitié du cinquième siècle, après l'œuvre d'Anaxagore et de Zénon.

II

L'étude des origines du système métaphysique décrit dans les fragments de Philolaos n'est pas seulement un exercice d'histoire de la philosophie, elle fournit également un témoignage décisif sur ce qu'était vraiment ce système. Car, si Philolaos utilise clairement les limitants et les illimités comme principes fondamentaux, il ne définit pas précisément ces termes ni n'en donne d'exemples explicites. De sorte que même si nous pouvons tirer des fragments une représentation partielle du sens que Philolaos donnait à ces termes, leur emploi dans la première tradition philosophique nous fournit un témoignage important sur ce que vraisemblablement ils pouvaient signifier pour lui. Bien sûr, la présentation par Aristote du pythagorisme et l'utilisation par Platon de la limite et de l'illimité dans le *Philèbe* peuvent également nous aider à comprendre Philolaos, mais il est difficile de tirer de ces sources quelque chose qui soit historiquement exact. Platon se sert sans doute de ce système métaphysique pour des objectifs qui lui sont propres, et même si Aristote nous

1. C.H. Kahn, « Pythagorean Philosophy before Plato », dans A.P.D. Mourelatos (ed.), *The Pre-Socratics*, Princeton, 1993, 161-185, p. 183 *sq*.

en offre certainement une présentation plus désintéressée, ce qu'il en dit n'en est pas moins une interprétation, et qui plus est quelque peu hostile.

Je vais donc d'abord établir brièvement ce que l'on peut dire des limitants et des illimités sur la base des seuls fragments de Philolaos, et ensuite examiner le rôle de la limite et de l'illimité dans la philosophie grecque avant Philolaos, afin d'élucider davantage leur fonction chez ce dernier. Le fragment 1 de Philolaos, qui est aussi la première phrase de son livre, énonce brièvement les points essentiels de sa métaphysique :

> Ce sont les illimités (ἐξ ἀπείρων) et les limitants (περαινόντων) qui ont, en s'harmonisant (ἁρμόχθη), constitué au sein du monde la nature, ainsi que la totalité du monde et tout ce qu'il contient.

Il y a trois choses qu'il faut ici souligner. Premièrement, Philolaos ne fait pas référence à des principes abstraits, le limité et l'illimité, comme le fait Platon dans le *Philèbe* (πέρας, ἀπειρία) et comme le fait Aristote dans sa description du premier pythagorisme (τὸ πεπερασμένον, τὸ ἄπειρον). Au contraire, il parle des limitants et des illimités au pluriel comme d'autant de constituants du cosmos et de tout ce qu'il contient. Il pense le monde comme une combinaison de choses limitantes et de choses illimitées de la même façon qu'Empédocle le pense comme une combinaison de terre, d'air, de feu et d'eau. Il ne fait pas davantage une analyse du monde en termes de matière et de forme. En adoptant la terminologie élaborée par Mourelatos, il est encore aux prises avec « une métaphysique naïve des choses »[1]. Deuxièmement, il se réfère aux « limitants » en utilisant le participe actif au pluriel (περαίνοντα) et non pas au limité en utilisant un participe parfait au singulier, comme le fait Aristote (πεπερασμένον, *Mét.*, 987 a 16). Troisièmement, les choses limitantes et les choses illimitées ne suffisent pas à expliquer à elles seules le cosmos. Elles ont besoin d'être accordées ensemble (ἁρμόχθη).

Ce dernier point apparaît plus clairement encore dans le fr. 6 :

> Puisque ces principes (ἀρχαί: limitants et illimités) préexistaient et n'étaient ni semblables (ὁμοῖαι) ni même apparentés, il eût été impossible pour eux d'être ordonnés (κοσμηθῆναι) si une harmonie (ἁρμονία) ne s'était ajoutée à eux...

Dans la seconde moitié du fragment, Philolaos propose un exemple d'une telle harmonie, ce qui donne également quelque indication sur ce qu'il pouvait vouloir dire par limitants et illimités. Il apparaît que

1. Mourelatos, « Heraclitus, Parmenides, and the Naive Metaphysics of Things », dans *Exegesis and Argument. Studies in Greek Philosophy Presented to Gregory Vlastos*, ed. E.N. Lee, A.P.D. Mourelatos et R. Rorty, *Phronesis*, Suppl. Vol. (Assen), 1973.

l'harmonie ici désignée est l'échelle diatonique, analysée en termes de rapports entre nombres entiers composant le ton entier, la quarte, la quinte et l'octave (« l'amplitude de l'harmonie est la quarte et la quinte »). Cet exemple est frappant, parce que c'est précisément un de ceux qu'utilise Platon pour illustrer ses principes de la limite et de l'illimité (*Philèbe*, 17 b *sq.*). Dans le cas de Philolaos, il n'y a pas d'indication explicite quant au rôle exact que les limitants et les illimités jouent dans son exemple, mais il paraît naturel de supposer que l'illimité est le continu sonore tandis que les tons spécifiques repérés sur ce continu forment les limitants. Le rôle de l'harmonie est de déterminer un arrangement agréable et spécifique de ces limitants repérés sur le continu, c'est-à-dire de constituer une échelle musicale.

Le seul autre indice de ce que Philolaos entend par limitants et illimités se trouve dans le fragment 7. Ce fragment se situait au début de l'exposé par Philolaos de la genèse du cosmos :

> La première chose qui est harmonisée (ἁρμοσθέν), l'un qui est au centre de la sphère, est appelée le foyer.

Le foyer qui est au centre du cosmos de Philolaos est le fameux feu central autour duquel gravitent la terre, le soleil, la lune, la contre-terre et cinq planètes. Ce qu'il est important de remarquer ici est que Philolaos désigne le feu central comme quelque chose d'harmonisé. Selon le fragment 1, il devrait s'agir de l'harmonisation d'un limitant et d'un illimité, mais une fois de plus, il n'y a pas d'indication directe de ce que sont le limitant et l'illimité. Mon hypothèse est qu'ils sont désignés par le nom même de « feu central ». Le feu est l'illimité qui est limité par le limitant « centre d'une sphère ».

Avec l'introduction de l'harmonie dans le système de Philolaos, lc nombre et les préoccupations épistémologiques font également leur entrée. Dans le cas de l'échelle diatonique, les tons spécifiques limitants repérés sur le continu sonore illimité ne sont pas distribués au petit bonheur mais selon les fameuses proportions de nombres entiers qui déterminent les intervalles de l'octave (2/1), de la quarte (4/3) et de la quinte (3/2). Je considère ici que Philolaos voyait le cosmos également comme une combinaison d'illimités tels que le feu, l'eau *etc.* et de structures limitantes comme la sphère. La structure du cosmos était donc articulée en fonction de relations numériques spécifiques, bien qu'à ce propos Philolaos ne propose pas de nombres précis. De plus, Philolaos semble avoir soutenu que c'est précisément par notre compréhension de la structure numérique des choses que nous pouvons obtenir de celle-ci une ferme connaissance. Il déclare aussi dans le fragment 4 :

> Et de fait, toutes les choses connaissables possèdent un nombre. Car il n'est pas possible que quelque chose puisse être conçu ou connu sans lui.

Considérons maintenant le dernier aspect de l'emploi par Philolaos des limitants et des illimités, avant de nous tourner vers ses prédécesseurs. Le fragment 2 contient certains éléments de son argumentation à propos de ses principes et les présupposés qui y sont inclus peuvent nous informer sur le contexte à l'intérieur duquel il les développe. Je voudrais faire deux remarques. Premièrement, Philolaos semble admettre comme une vérité logique que « les choses qui sont » (τὰ ἐόντα : ce qui doit probablement se comprendre comme « les choses qui sont réellement » ou « les puissances élémentaires »[1]) doivent être rangées dans une de ces trois classes : elles doivent être « ou bien limitantes, ou bien illimitées, ou bien à la fois limitantes et illimitées », ce qui suggère un contexte dans lequel le contraste entre ce qui limite et ce qui est illimité en tant que concepts séparés et d'égale valeur a été clairement mis en lumière. Deuxièmement, Philolaos semble prendre pour un adversaire celui qui a soutenu que toutes choses sont illimitées. Ainsi, dans le fragment 2, après avoir énoncé les trois possibilités logiques en vertu desquelles les choses doivent être « ou bien limitantes, ou bien illimitées, ou bien à la fois limitantes et illimitées », il affirme catégoriquement que les choses « ne sont en aucun cas seulement illimitées ». Les commentateurs ont souvent voulu insérer dans le texte l'affirmation parallèle que les choses « ne sont en aucun cas limitantes seulement », mais il n'y a aucune autorité textuelle pour cela. De plus, cette concentration de l'argumentation de Philolaos sur ceux qui cherchent à expliquer le monde seulement en termes d'illimités apparaît à nouveau dans le fragment 3, où l'aspect épistémologique de sa pensée revient également : « aucune chose ne sera capable de connaître (τὸ γνωσούμενον) si toutes choses sont illimitées ». Maintenant que j'ai rassemblé les témoignages fondamentaux sur l'emploi des limitants et des illimités chez Philolaos et indiqué les difficultés soulevées par ces témoignages, je dois me tourner vers la façon dont la première philosophie grecque se servait de ces termes, afin d'une part d'élucider ce qu'ils signifient chez Philolaos et d'essayer d'autre part de jeter un peu plus de clarté sur ce qui l'a conduit à adopter les limitants et les illimités à titre de premiers principes.

1. C.A. Huffman, *Philolaus of Croton*, p. 108.

III

Il n'est pas de concept plus central dans la première philosophie grecque que celui de l'illimité. Que ce soit déjà là le jugement d'Aristote est ce qui ressort clairement du livre III, chapitres 4-8, de la *Physique*. En 203 a Aristote affirme que « tous ceux qui ont touché valablement à cette sorte de philosophie [c'est-à-dire à la physique] ont discuté de l'illimité, et tous le posent comme une espèce de principe des choses qui sont ». Le rôle de l'illimité dans la première philosophie grecque constitue en réalité un thème vaste et complexe[1] et, dans cet exposé, je peux seulement tenter de saisir les fils directeurs pouvant nous permettre de comprendre Philolaos. Qui plus est, dans ma tentative pour en donner une vue d'ensemble, je ne pourrai présenter en détail toutes mes interprétations de points particuliers des différentes doctrines présocratiques, bien que les controverses surgissent à chaque tournant. Dans la dernière partie de cet exposé, je discuterai quatre aspects importants du développement des concepts d'illimité et de limite dans la première philosophie grecque avant Philolaos, avant de conclure en montrant comment ce dernier a adapté cette tradition et y a réagi pour construire son propre système de principes.

Premièrement, l'adjectif ἄπειρος est utilisé de manière répétée pour décrire la source générative à partir de laquelle le cosmos s'est formé à l'origine et qui maintenant encore l'enveloppe. La plupart du temps, ἄπειρος est utilisé comme adjectif pour décrire le matériau originaire du cosmos. Le témoignage de Thalès est trop discutable pour être certain, mais il se peut qu'il ait décrit l'eau ayant donné naissance à la terre comme ἄπειρον (A 13 ; Aristote, *Physique*, 203 a 18). D'un autre côté, il est tout à fait vraisemblable qu'Anaximène ait décrit l'air – d'où toutes les autres choses tirent leur origine par les processus de condensation et de raréfaction – comme ἄπειρον (A 7), et Xénophane nous dit en propres termes que la terre s'étend ἐς ἄπειρον (B 28). Mais l'emploi le plus important et le plus célèbre de cet adjectif est celui d'Anaximandre qui semble n'avoir nommé le point de départ du cosmos ni terre ni air ni eau ni aucun autre matériau spécifique mais précisément τὸ ἄπειρον.

1. Voir par exemple Leo Sweeney, *Divine Infinity in Greek and Medieval Thought*, New-York, 1992, et *Infinity in the Presocratics : A Bibliographical and Philosophical Study*, The Hague, 1972.

On rencontre des difficultés considérables pour déterminer de façon précise ce qu'Anaximandre et les autres penseurs voulaient signifier par l'adjectif ἄπειρον, difficultés qui sont accrues par le fait que c'est seulement dans le cas de Xénophane que le mot apparaît dans un fragment authentique et non dans un témoignage tardif. Cependant, je suis convaincu par les arguments de Charles Kahn selon lesquels l'emploi de ce mot dans la poésie grecque archaïque suggère que son sens originel était « ce qui ne peut être entièrement parcouru » plutôt que « ce qui n'a pas de limites », et qu'il est donc formé avec l'alpha privatif ajouté au verbe περαίνω (passer à travers ou au-delà) plutôt qu'avec l'alpha privatif ajouté à πέρας (« limite »). Ce qui expliquerait les descriptions épiques de la mer et de la terre comme ἄπειρον, lesquelles, bien qu'elles possèdent manifestement toutes les deux des limites, ne peuvent, aux yeux des anciens, être traversées dans leur totalité par des mortels. Aristote semble également avoir cette compréhension originelle d' ἄπειρος, puisqu'il glose ce terme par le mot ἀδιεξίτητος (*Physique,* 204 a 14). En conséquence, Kahn conclut que « l' ἄπειρον d'Anaximandre est en premier lieu une masse énorme inépuisable s'étendant dans toutes les directions »[1]. Anaximène pense cette masse comme air et Xénophane la pense probablement comme terre. Quoique cela semble la meilleure explication du sens premier d' ἄπειρος, il est vraisemblable que le mot en est aussi venu à être entendu comme « ce qui est sans limite » et que, même chez Anaximandre, il peut avoir revêtu ce sens spécifique de ce « qui est sans limite interne ou définition », de sorte que τὸ ἄπειρον n'était pas seulement une masse inépuisable mais aussi une masse indéterminée.

Cependant, ce que je veux souligner à présent est que l'adjectif ἄπειρος ne marque pas seulement une masse qui s'étend sans fin mais aussi l'inépuisable source du pouvoir générateur dans le cosmos. Les témoignages concernant l' ἄπειρον d'Anaximandre le mettent en relation de manière cohérente avec le pouvoir générateur du cosmos. C'est à partir de lui que toutes choses viennent à l'être et c'est en lui qu'elles périssent (A 14, A 11). Le même lien se trouve chez Anaximène pour lequel les témoignages soulignent l'aspect générateur de l'air illimité comme « ce à partir de quoi se produisent toutes les choses qui viennent à être » (A 7). Cela suggère que l'une des raisons principales pour attribuer au monde une source ἄπειρος est de garantir que la génération ne s'arrêtera pas, et c'est, de fait, selon Aristote, une des raisons principales pour laquelle les premiers philosophes grecs estimaient nécessaire de poser un corps illimité, c'est-à-dire « un corps qui, par cette seule condition, ne pourrait jamais faire cesser

1. C. Kahn, *Anaximander and the Origins of Greek Cosmology,* Philadelphia, 1960, repr. 1985, p. 233.

la génération et la corruption » (*Physique,* 203 b 18-19). Puisqu'il s'agit ici de la formulation aristotélicienne de la matière, nous serions en droit de nous demander si le rapprochement était explicitement fait par les premiers philosophes grecs, et de soupçonner que sa présence dans les comptes rendus doxographiques reflète tout simplement une influence aristotélicienne. Cependant, nous trouvons une preuve explicite de cette connexion dans les fragments de Xénophane, qui écrit une génération après Anaximène. Le fragment 28 nous dit que la terre s'étend ἐς ἄπειρον, mais la même terre est décrite au fragment 27 comme la source génératrice de toutes choses « car toutes choses proviennent de la terre et toutes choses trouvent leur fin dans la terre ». Ma première conclusion est donc que, pour les premiers penseurs grecs, appeler quelque chose ἄπειρος ne le caractérise pas seulement comme une masse qui ne peut être traversée mais aussi comme une source inépuisable de génération.

Mon second point est le suivant : même si, dès le début, un contraste est établi entre cette source inépuisable et le cosmos limité, et si donc la limite est reconnue comme un concept important, il n'en reste pas moins que celle-ci ne peut, en aucun sens, être mise sur un pied d'égalité avec ce qui est illimité. Pour les premiers présocratiques, ce qui est limité est le parasite de l'illimité et n'est en fait qu'une des choses engendrées à partir de l'illimité. Ce qui est illimité demeure identique à soi, tandis que ce qui est limité est dérivé. Nous pouvons voir le contraste entre la limite et l'illimité dans le premier texte authentique d'un penseur présocratique où le mot ἄπειρος apparaît, le fragment 28 de Xénophane.

> La limite (πεῖρας) supérieure de la terre est perçue à nos pieds, se dressant contre l'air, tandis que vers le bas elle se poursuit sans limite (ἐς ἄπειρον)[1].

Les témoignages sur le cosmos d'Anaximandre invitent à penser qu'il était rempli de limites, étant disposé selon des proportions numériques, de telle façon par exemple que le diamètre du soleil est 27 fois supérieur à celui de la terre, quoique ce point soit controversé (A 11, A 21). Pour Anaximène, le processus de condensation et de raréfaction par lequel le cosmos est créé à partir de l'air peut être considéré comme établissant des limites. Cependant, en dépit de la présence de limites dans le cosmos chez chacun de ces penseurs, c'est l'illimité qui est le concept positif, et c'est à lui que se rapportent les attributs de la puissance et de la divinité. Ainsi Aristote, en *Physique,* 203 b 10 *sq.*, rapporte-t-il que τὸ ἄπειρον signifiait pour ceux qui en faisaient un principe « ce qui embrasse et gouverne tout »

1. Trad. d'après J. H. Lesher, *Xenophanes of Colophon*, Toronto, 1992.

(περιέχειν ἅπαντα καὶ πάντα κυβερνᾶν) et qu'Anaximandre soutenait qu'il était « immortel » (ἀθάνατον) et « indestructible » (ἀνώλεθρον).

La confirmation de la primauté de ce qui est ἄπειρος sur ce qui possède une limite se rencontre aussi chez un autre des premiers penseurs grecs qui n'est pas souvent cité dans les discussions sur l'illimité, Héraclite. Quoique le mot ἄπειρος ne figure pas dans les fragments d'Héraclite qui nous sont parvenus, le concept est clairement présent. Au fragment 45, Héraclite nous dit :

> Tu ne saurais découvrir les limites (πείρατα) de l'âme en cheminant, même si tu parcours toute route, tant est profond le logos qu'elle renferme.

C'est précisément l'absence de limites qui compte encore ici. Héraclite s'est emparé des connotations positives de l'illimité que les premiers penseurs avaient attachées à un principe matériel et les a appliquées à l'âme, de sorte qu'en un sens elle joue chez lui le rôle de l'*arkhè* milésienne[1]. Par ailleurs, à la lumière de ses remarques sarcastiques bien connues sur Xénophane (B 45), il est tentant de penser qu'il le réprimande ici pour avoir supposé que c'est la terre qui s'étend vers le bas ἐς ἄπειρον, alors qu'en réalité c'est la profondeur de l'âme qui ne peut être sondée. Il y a également un autre sens selon lequel l'âme est l'*arkhè* génératrice de la philosophie d'Héraclite, perceptible dans cette proposition célèbre « je me cherchais moi-même » (B 101). Une grande part de la philosophie héraclitéenne est fondée sur l'exploration des liens logiques entre concepts découverts au sein de l'âme et il existe sûrement un parallèle entre le logos profond qu'il prête à l'âme et le logos qui contrôle le cosmos.

Le concept d'*apeiron* apparaît chez Héraclite en un autre endroit, dans un de ces passages où il affirme l'unité des opposés : « Le commencement et la fin (πέρας) sont communs dans le cas de la circonférence d'un cercle » (fr. 103). Cela semble vouloir dire que n'importe quel point pris sur un cercle peut être aussi bien considéré comme sa fin que comme son commencement. En ce sens, un cercle est sans fin ni commencement, et par conséquent illimité. Ce lien entre l'illimité et le circulaire est aussi mentionné par Aristote (*Physique,* 207 a). Mais il importe de noter que le fragment 103 laisse entendre qu'Héraclite pouvait avoir envisagé à titre d'illimités beaucoup d'autres continus illustrant le thème de l'unité des opposés. C'est ce qui apparaît par exemple dans le célèbre fragment décrivant le chemin qui monte et qui descend comme un et identique (B 60) et dans les fragments décrivant le cycle cosmique, tel le fr. 126 : « le froid devient chaud, le chaud froid, l'humide s'assèche, le sec s'humidifie ».

1. C. Kahn, *The Art and Thought of Heraclitus,* Cambridge, 1979, p. 128.

Dans chaque cas, un couple d'opposés définit un continu, le chaud et le froid forment un continu de chaleur dans lequel il n'y a pas de commencements ou de fins définis, à l'instar du cercle. Et de même que le cercle, chacun de ces continus pourraient peut-être être désignés comme ἄπειρος. C'est le conflit dans ces différents domaines d'*apeira* qui engendre le cosmos, « toutes choses viennent à être selon le conflit » (B 80), de sorte que l'*apeiron* est à nouveau relié à la génération. Certes, Héraclite touche également au thème de la mesure à propos de ce conflit, quand il évoque le « feu toujours vivant, s'enflammant en mesure, et s'éteignant en mesure » (B 30), et les notions de limitation jouent un rôle dans son cosmos comme elles le faisaient dans celui d'Anaximandre, mais au fond, pour lui comme pour Anaximandre, c'est encore ce qui est illimité qui a la plus grande valeur et à partir de quoi le cosmos émerge. « Il n'y a pas de limites dans l'âme si profond est son logos ». Ma deuxième conclusion est donc que, pour ce qui est de la première tradition grecque, l'illimité est fondamentalement premier par rapport à ce qui est limité.

Un important défi a cependant été lancé à ce paradigme, celui de Parménide, et ce sera mon troisième point. Pour Parménide, ce qui est précieux n'est plus ce qui embrasse tout, ou ce qui est inépuisable, mais ce qui est complet, parfait et achevé. Parménide se réfère de manière constante aux limites, non pour les nier comme l'avait fait Héraclite dans sa description de l'âme, mais pour les affirmer dans les termes les plus clairs possibles.

> Il est immobile enfermé dans les limites (πείρασι) de liens formidables (B VIII, 26).
> Nécessité la puissante le retient dans les liens de la limite (πείρατος, B VIII, 30-31).
> Mais puisqu'il y a une limite (πεῖρας) ultime, il est complet de tous côtés comme la masse d'une sphère bien arrondie (B VIII, 42-43).
> Égal à lui-même en toutes les directions, il se tient uniformément dans ses limites (πείρασι, B VIII, 49).

La controverse est énorme sur ce qu'il faut entendre par le « il » décrit par Parménide et sur le fait de savoir s'il doit être compris littéralement comme sphérique. Je ne peux me lancer ici dans ces problèmes. Pour le but que je me suis fixé, il importe seulement de remarquer que nous ne trouvons aucun indice dans ces textes sur ce qu'est l' ἄπειρον chez Parménide. Une révolution a eu lieu. Ce qui est indestructible (ἀνώλεθρον, B VIII, 3) est maintenant ce qui est complet et totalement défini plutôt que l' ἄπειρον toujours inachevé. L'explication des raisons pour lesquelles Parménide a été conduit a adopter la complétude et l'achèvement comme caractères centraux de la réalité plutôt que l'absence de limites, qui dominait dans la tradition précédente, fait intervenir des éléments très complexes. Je suis d'accord avec Mourelatos[1] pour reconnaître que l'insistance sur la complétude est probablement la conséquence des préoccupations de Parménide concernant des questions d'épistémologie et d'intelligibilité. C'est le déterminé et le complet qui est intelligible, non l'indéterminé. « Car vous ne pouvez connaître ce qui n'est pas (car il n'est pas complet) ni ne pouvez le désigner » (B II, 7-8). Pour Parménide, l'affirmation d'Héraclite selon laquelle l'âme n'a pas de limites signifie que « c'est une voie d'où nul secours ne pourra venir » (B II, 6).

C'est avec Zénon que la portée des réflexions parménidiennes sur la limite devient manifeste et que le contraste entre la limite et l'illimité franchit une nouvelle étape importante. Chez Zénon, la limite et l'illimité sont placés au même niveau et utilisés comme des classes mutuellement exclusives permettant d'engendrer les paradoxes sur le multiple. Si nous posons que les choses sont multiples, elle se trouveront être à la fois limitées et illimitées, ce qui est considéré comme impossible.

> Si elles sont plusieurs, il est nécessaire qu'elles soient autant qu'elles sont, ni plus ni moins. Mais si elles sont autant qu'elles sont, elles seront limitées (πεπερασμένα). Si elles sont plusieurs, les choses sont illimitées (ἄπειρα), car il y a toujours d'autres choses entre celles qui sont, et par suite elles sont illimitées (ἄπειρα, B 3).

Ma troisième conclusion est donc que, pour Parménide et Zénon, la limite n'est plus comprise comme dépendante ou dérivée de ce qui est illimité. En fait Parménide semble bannir de la réalité ce qui est illimité. Zénon traite quant à lui chaque membre du couple comme jouissant d'un statut équivalent, mais ce sont pour lui uniquement des outils logiques et ils n'ont pas encore accédé au statut de principes susceptibles d'expliquer le monde.

Mon quatrième et dernier point au sujet de la tradition dont s'inspire Philolaos est que, compte non tenu de Parménide, l'essai le plus audacieux, à la portée la plus grande pour exploiter le concept de l'illimité se rencontre chez Anaxagore, qui vécut dans la génération qui suivit celle Parménide et précéda celle de Philolaos. Anaxagore répond aux problèmes soulevés par Parménide et relatifs à la génération d'une manière assez paradoxale, par l'utilisation la plus radicale du pouvoir générateur de l'illimité que nous avons vu plus haut. La théorie anaxagoréenne de la matière est

1. Mourelatos, « Determinacy and Indeterminacy, Being and Non-Being in the Fragments of Parmenides », dans *New Essays on Plato and the Presocratics,* ed. R. A. Shiner and John King-Farlow, *Canadian Journal of Philosophy,* Suppl. Vol. II, 1976, p. 45-60.

extrêmement controversée, mais on peut faire quelques remarques. De même que pour Parménide, où que l'on se dirige, on rencontre des limites et des liens, de même, dans les fragments d'Anaxagore, il semble impossible d'échapper à l'illimité. Par exemple, mais ce n'est qu'un début, Anaxagore soutient que ce qui entoure le cosmos, τὸ περιέχον, est illimité (B 2) exactement comme c'était le cas pour les Milésiens. Et plutôt que de postuler un seul élément illimité à partir duquel le monde se forme, il paraît présupposer un nombre illimité d'éléments dont chacun est infini en petitesse, c'est-à-dire admet une division à l'infini. Il l'énonce énergiquement dans la première phrase de son livre : « toutes choses étaient ensemble illimitées en multitude et en petitesse » (ἄπειρα καὶ πλῆθος καὶ σμικρότητα, B 1). Le cosmos se constitue à partir de ce mélange de toutes choses, de sorte qu'à nouveau l'illimité est à la source de la production de tout ce qui est. Cependant, en raison des nouvelles applications du concept, on peut dire qu'il existe un sens dans lequel rien ne vient à l'être de manière absolue à partir de l'illimité. Puisque devient « éléments » la multitude illimitée des choses dans le monde, il ne peut se faire que des choses proviennent d'autres éléments, et puisque chaque chose est infiniment divisible, une partie de chacune se trouve dans toutes les autres. L'apparente genèse d'une chose à partir d'une autre est simplement la séparation de ce qui était déjà là. Plutôt qu'une seule masse infinie, comme dans la tradition antérieure, Anaxagore nous présente un nombre illimité d'éléments. Mais Anaxagore n'en a pas encore fini avec l'illimité. La plus grande nouveauté de son système est peut-être l'introduction de « l'intelligence » (νοῦς), laquelle est décrite comme contrôlant la révolution du cosmos qui entraîne la séparation des choses à partir du mélange originel. Au fragment 12, Anaxagore soutient que l'intelligence aussi est ἄπειρον. Il semble difficile de définir exactement le rôle que joue l'intelligence dans son système cosmologique, mais il est étonnant de constater que, tout comme chez Héraclite où l'âme est *apeiron*, Anaxagore considère le pouvoir cognitif du νοῦς comme illimité. Ma quatrième conclusion est donc que c'est dans l'œuvre de ce dernier, appartenant à la génération précédant celle de Philolaos, que figure l'emploi le plus élaboré du concept d'illimité, et que c'est chez lui que nous trouvons la première postulation explicite d'une pluralité d' ἄπειρα à la place d'une seule masse ἄπειρον.

IV

Pour conclure, je vais faire retour à Philolaos afin de voir quelle lumière ces quatre caractéristiques de la première tradition peuvent jeter sur ce qu'il appelle « limitants » et « illimités », et de comprendre ce qui l'a conduit à en faire des principes métaphysiques centraux. Premièrement, il est clair que Philolaos a accepté la première caractéristique de la tradition précédente – le pouvoir générateur de ce qui est ἄπειρον. Deux aspects de son système le montrent sans équivoque. Tout d'abord, dans la cosmologie de Philolaos exactement comme dans celle d'Anaxagore, ce qui entoure le cosmos est ἄπειρον. Si le processus cosmogonique commence chez Philolaos avec le feu central, lors de l'étape suivante l'illimité est clairement représenté comme enveloppant le cosmos naissant. Aristote rapporte « qu'à partir de l'illimité le temps et le souffle furent introduits, en plus du vide » (fr. 201, cf. *Mét.*, 1091 a 15 et Huffman, *Philolaus of Croton*, p. 202 *sq.*). Il est tentant de lire ce témoignage d'Aristote comme signalant également que le temps, le souffle et le vide ont été conçus comme ἄπειρα, puisqu'ils ont été tirés de l' ἄπειρον enveloppant. Deuxièmement, Philolaos parle à plusieurs reprises de choses qui, dans le cosmos, sont formées à partir d'illimités (ἐξ ἀπείρων, fr. 1, 2 et 6) de sorte qu'il est clair que même à l'intérieur du cosmos les illimités sont une source génératrice. Le lien avec Anaxagore est particulièrement étroit ici en ce que, comme chez Anaxagore, il y a une pluralité d' ἄπειρα plutôt qu'une seule masse ἄπειρον. Et il paraît à coup sûr plausible que les lecteurs de l'Antiquité devaient comprendre les ἄπειρα multiples de Philolaos à la lumière de ceux d'Anaxagore. Par conséquent, les éléments qu'Anaxagore appelle spécifiquement ἄπειρα (c'est-à-dire l'air, l'éther, la terre, le sec et l'humide, le chaud et le froid, le brillant et le sombre) sont d'excellents candidats pour ce que Philolaos signifie par illimités, en plus des candidats identifiés plus haut (c'est-à-dire le feu, le continu tonal, le souffle, le temps, le vide). Par conséquent, jusqu'à un certain point, Philolaos reprend à son compte le concept de l'illimité le plus élaboré figurant dans la tradition antérieure, celui d'Anaxagore, concept que j'ai esquissé plus haut dans mon quatrième point à propos de la pensée présocratique.

Néanmoins, Philolaos présente une critique décisive du second thème principal de cette tradition. Il rejette l'opinion selon laquelle l'illimité est premier par rapport à la limite, laquelle serait dérivée et parasite. Je voudrais insister sur le fait que, sous l'influence de la pensée de Parménide et de Zénon telle qu'elle a été présentée quand j'ai traité de mon troisième point, Philolaos en est venu à considérer que la limite ne pouvait être confondue avec l'illimité. Alors que depuis le temps d'Anaximandre l' ἄπειρον était considéré comme divin, parce qu'inépuisable et jamais achevé, avec le nouveau modèle de Parménide, la réalité ultime est située dans ce qui est achevé et parfait. Parménide n'admettait comme réel que ce qui est limité, Zénon utilisait la nouvelle opposition radicale entre la limite et l'illimité pour engendrer ses paradoxes, mais c'est Philolaos qui a montré que, autant que ce qui est illimité, ce qui limite est un constituant fondamental du monde. La reconnaissance par Philolaos que ce qui limite et ce qui est illimité sont deux choses totalement distinctes et indépendantes l'une de l'autre s'énonce très clairement au fragment 6, où il dit que « ces principes [ἀρχαί: limitants et illimités] préexistaient et n'étaient ni semblables (ὁμοῖαι) ni même apparentés ». Au fragment 2, il affirme que les limitants et les illimités ne peuvent dériver l'un de l'autre.

> Car certaines d'entre eux [c'est-à-dire les choses dans le monde] provenant de [constituants] limitants limitent, d'autres provenant de constituants limitants et illimités à la fois limitent et ne limitent pas, et d'autres, constituées d'illimités, seront manifestement illimitées.

C'est là une critique renversante de l'ancienne tradition. Philolaos objecte en fait à Anaximandre que ce qui procédera de son ἄπειρον sera « manifestement illimité » : la structure mathématique de son cosmos ne peut pas plus provenir de l' ἄπειρον que les mesures d'Héraclite ne peuvent émerger des profondeurs illimitées de l'âme. La première phrase du fragment 2 souligne encore ce point capital :

> Il est nécessaire que les choses qui sont soient ou bien limitantes, ou bien illimitées, ou bien encore limitantes et illimitées, mais jamais seulement illimitées.

Ce qui est seulement illimité n'est pas adéquat pour expliquer la structure du monde que nous rencontrons.

S'il est vrai que Philolaos est particulièrement proche d'Anaxagore dans sa conception de ce qui est illimité, il n'en est pas moins vrai qu'il prend le système d'Anaxagore comme cible privilégiée de son attaque envers le caractère inadéquat des principes. Ainsi que nous l'avons vu, les principes explicatifs d'Anaxagore sont tous de nature illimitée, même si celui-ci est célèbre pour avoir introduit le νοῦς, principe de connaissance et de mise en ordre. Or, au fragment 3, Philolaos lui rétorque : « Il n'y aura aucune chose capable de connaître, si toutes choses sont illimitées ». Il entend par là que l'acte de connaissance est en lui-même un acte de limitation, idée dont il pourrait être redevable aux intérêts épistémologiques de Parménide, qui liait l'intelligibilité à la détermination et à la limite. Philolaos a donc compris qu'aucun nombre d'illimités, même le nombre illimité qu'Anaxagore postule, ne pourrait expliquer l'émergence d'un principe limitant tel que l'intelligence.

Nous sommes désormais en mesure d'expliquer une dernière difficulté à propos du système de Philolaos. Dans la précédente tradition, ἄπειρος était typiquement utilisé comme un adjectif pour décrire ou bien un élément unique comme l'air ou la terre ou bien les éléments illimités d'Anaxagore. Dans chacun de ces cas, l'épithète souligne le caractère inépuisable et la puissance génératrice de l'élément, qui cependant reste principalement défini par ce qu'il est (à savoir terre, air...). Quoique nous ayons réussi à trouver quelques exemples de ce que Philolaos voulait dire par limitants et illimités, je pense que ce n'est pas par hasard si, dans les premiers énoncés de sa thèse, il ne mentionne pas de genres spécifiques de limitants et d'illimités. Pour Philolaos, ce qui est fondamental à leur sujet n'est pas qu'ils soient eau, feu, ou encore centre, mais précisément que les illimités ne soient en eux-mêmes définis par aucune structure ou quantité, mais fournissent au contraire les continus susceptibles d'une telle détermination, tandis que les limitants établissent des limites au sein de ces continus. Aristote a relevé ce trait de la pensée de Philolaos, quand il remarque que les pythagoriciens considéraient τὸ ἄπειρον « non comme une qualité accidentelle de quelque chose d'autre, mais comme étant lui-même une substance » (*Physique,* 203 a 4). Ce changement d'attitude envers ce qui est illimité résulte directement du fait que les limitants sont maintenant reconnus comme des principes indépendants et non pas dérivés de l'illimité. La dichotomie fondamentale s'opère dans le monde entre les continus inépuisables d'où provient le changement et les structures parfaites et achevées qui s'introduisent en eux.

Il doit être clair que le système métaphysique que nous trouvons dans les fragments de Philolaos a son origine dans un contexte bien défini et qu'il fait sens seulement si l'on tient compte des réflexions de Parménide sur la limite et de l'introduction par Anaxagore de multiples ἄπειρα. Puisque le contraste entre la limite et l'illimité renvoie au tout début de la tradition présocratique, il n'est pas impossible que Pythagore ait développé un système archaïque dans lequel la limite et l'illimité pouvaient être des principes fondamentaux. Néanmoins, il n'y a pas de preuve directe que Pythagore ait lui-même jamais élaboré un tel système, et comme nous l'avons vu, l'introduction par Philolaos de la métaphysique de la limite et de l'illimité est parfaitement intelligible dans le cadre du développement de la pensée présocratique sans qu'il soit besoin de postuler un système antérieur propre à Pythagore. Philolaos a développé la métaphysique des limitants et des illimités en réponse aux problèmes soulevés par la tradition présocratique. Il n'a pas reçu cette métaphysique comme un don – qu'il vienne de quelque Prométhée ou encore de Pythagore.

(traduit de l'américain par Fulcran Teisserenc)

PREMIÈRE PARTIE

AUTOUR DU *PHILÈBE*

LE FONDS MÉDICAL DU *PHILÈBE*

Laurent AYACHE

LA CLASSIFICATION DES ARTS DANS LE *PHILÈBE*

En 56 b, Platon range la médecine avec l'agriculture, la navigation et la stratégie militaire, dans la classe des arts manuels qui, comme l'art de la flûte et la pratique musicale en général, comportent « beaucoup d'imprécision et peu de certitude »[1]. Cette dépréciation s'explique, comme on le sait, par le recours à une classification des arts qui les distingue selon l'usage qu'ils font de trois arts directeurs : ἀριθμητική, μετρητική, στατική. Les arts qui possèdent le moins de scientificité substituent à ce recours au nombre, à la mesure et à la pesée, la conjecture (εἰκάζειν), les sens exercés par l'expérience et la pratique (τὰς αἰσθήσεις καταμελετᾶν ἐμπειρίᾳ καί τινι τριϐῇ), et, enfin, l'estime (στοχαστική), laquelle s'acquiert elle-même par l'exercice et le labeur (μελέτῃ καὶ πόνῳ). Privés tout à fait des arts directeurs, ce qui leur resterait de technicité serait « pour ainsi dire, nul (φαῦλον) ».

Ce passage du *Philèbe* peut être rapproché du chap. 9 du traité hippocratique *De l'ancienne médecine*. L'auteur, après avoir comparé la médecine et la diététique, conclut :

> C'est pourquoi les tâches [du médecin] sont bien plus diversifiées [que celles du diététicien] et requièrent une exactitude bien plus grande. Il faut en effet viser (στοχάσασθαι) à une mesure ; or il n'y a pas de mesure (μέτρον) – pas plus du reste qu'un nombre (ἀριθμόν)

1. Le *Philèbe* est cité dans l'édition de la Collection des Universités de France, Platon, *Œuvres complètes*, tome IX, 2ᵉ partie, *Philèbe*, texte établi et traduit par Auguste Diès, Paris, 1941.

> ni qu'un poids (σταθμόν) –, à quoi l'on puisse se référer pour connaître ce qui est exact (τὸ ἀκριβές), si ce n'est la sensation du corps (τοῦ σώματος τὴν αἴσθησιν). Aussi est-ce un travail (ἔργον) que d'acquérir un savoir assez exact pour ne commettre que de petites erreurs en deçà ou au-delà [1].

La similitude du lexique, dans l'usage de la triade μέτρον, ἀριθμός, σταθμός qui rappelle les sciences correspondantes énumérées par Platon, du verbe στοχάσασθαι qui répond à la στοχαστική platonicienne, et de la référence commune à l' αἴσθησις, incite au rapprochement des deux passages. En élargissant la comparaison aux contextes, il est question dans l'*Ancienne Médecine* comme dans le *Philèbe* d'une hiérarchie des arts fondée sur leur exactitude (ἀκριβεία), et l'*Ancienne Médecine*, quelques lignes plus bas, compare à cet égard l'art médical à l'art du pilote (κυβερνήτης) qu'il situe au même niveau empirique que la médecine, comme le fait Platon, pour sa part, dans le *Philèbe*, en 56 b 1.

Ces deux textes sont apparemment si proches que Hans Diller a pu soutenir l'hypothèse selon laquelle l'auteur d'*Ancienne Médecine* connaissait le *Philèbe* [2]. *Ancienne Médecine* chercherait, selon H. Diller, à demeurer au plus près de l'idéal scientifique platonicien, en faisant de la sensation du corps, comprise comme la réactivité objective du corps du patient, un critère équivalent à la mesure, au nombre et à la pesée, impossibles en médecine.

Quoi qu'il en soit des problèmes de datation relative des deux textes – la datation très tardive d'*Ancienne Médecine* que H. Diller proposait en 1952 n'a pas été retenue [3] –, la ressemblance de ces textes incite à poser la question de la proximité des pensées qu'ils expriment. Faut-il voir, en *Ancienne Médecine* comme dans le *Philèbe*, l'expression d'un regret, fondé sur une anticipation d'une médecine scientifique régie par des mesures mathématiques, et sur le constat que, malheureusement, l'art médical ne dispose pas ou pas encore de ces outils qui, ajouterait Platon, sont déjà à la

1. *Ancienne Médecine* est cité dans l'édition de la Collection des Universités de France, *Hippocrate*, tome II, 1e partie, *De l'ancienne médecine*, texte établi et traduit par Jacques Jouanna, Paris, 1990.

2. Hans Diller, « Hippokratische Medizin und attische Philosophie », *Hermes* 80, 1952, p. 385-409, maintenant dans *Kleine Schriften zur antiken Medizin*, Herausgegeben von Gerhard Baader und Hermann Grensemann, Berlin-New-York, 1973, p. 46-70, notamment p. 61 *sq.*

3. *Cf.* l'introduction de Jacques Jouanna à son édition d'*Ancienne Médecine*, *op. cit.*, p. 75 et note 3. Hans Diller a repris le problème des rapports entre *Ancienne Médecine* et Platon dans « Das Selbstvertändnis der griechischen Medizin », dans Louis Bourgey et Jacques Jouanna (éd.), *La Collection hippocratique et son rôle dans l'histoire de la médecine*, Colloque de Strasbourg (23-27 octobre 1972), Leiden, 1975, p. 92 *sq.*

disposition du bâtisseur? Plus précisément : l'absence de mesure qui caractérise l'art médical et les arts de même niveau comme celui du pilote est-elle fondée ontologiquement dans le mode d'être des *pragmata* biologiques, cybernétiques, *etc.*, ou s'agit-il seulement d'un défaut méthodologique susceptible d'être comblé par le progrès technique? Je vais montrer que cette question reçoit deux réponses opposées, selon que l'on considère le *Philèbe* de Platon ou le traité hippocratique.

Dans le *Philèbe*, certains arguments pourraient conduire à penser que le défaut de mesure qui entache les arts les moins scientifiques serait fondé ontologiquement, dans la nature même des réalités sur lesquelles ils s'appliquent, mais ces arguments, comme on le verra, ne sont pas décisifs. On pourrait d'abord arguer que, dans la classification des arts (en 55 e *sq.*), chaque art s'applique à un objet qui lui est propre. Les arts les moins savants s'appliquent tous à des objets mobiles : la musique s'applique aux vibrations, notamment des cordes, la médecine aux flux qui remplissent ou qui vident, l'agriculture, semble-t-il, au changement des saisons, la navigation aux mouvements du bateau, des vents et des courants, la stratégie au mouvement des armées. En revanche, l'art de la construction, la charpenterie dans la construction des navires et des maisons, ont pour objet l'ajustement de pièces rigides et immobiles. On pourrait donc distinguer deux niveaux de réalités sensibles : celles qui sont, à l'échelle du temps humain, à peu près stables, se prêtent plus aisément à l'application des instruments de mesure et, à travers eux, à l'application des sciences mathématiques.

Un second argument pour une limite ontologique des arts serait la référence au mélange final des sciences et des plaisirs, en 59 e *sq.* Comme on le sait, Socrate propose d'y faire entrer toutes les sciences, y compris les moins pures, comme si Platon se résolvait à l'imperfection de certaines techniques en considérant cette imperfection comme une fatalité, étant donnée la nature de leur objet :

> Sur des choses qui n'ont aucune espèce de fermeté comment pourrions-nous acquérir quoi que ce soit de ferme?

se demande-t-il en 59 b 4-5, en sorte qu'il admet la nécessité, en 62 b 5-6, de la connaissance de « la règle fausse » (τοῦ ψευδοῦς κανόνος) et « du cercle faux » (ἅμα καὶ τοῦ κύκλου) si du moins, comme l'ajoute Protarque, « nous voulons retrouver à tous coups la route pour rentrer chez nous ».

Ces considérations ne concernent cependant pas la première espèce d'arts : ceux qui, comme la musique ou la médecine, ignorent la mesure et confinent à la nullité. Elles concernent au contraire les arts manuels les plus scientifiques comme le prouve l'application du cercle faux « pour bâtir une maison » en 62 b 1. Le cercle faux et la règle fausse ressortissent à la première espèce des sciences logistique et métrétique, celles à l'usage du plus grand nombre, dont usent le constructeur et le commerçant (56 e 7-8), et qui s'oppose à la géométrie et au calcul philosophiques. La règle ou le cercle faux ne sont donc faux qu'en tant qu'ils sont des copies et des approximations des vrais, tout comme les procédés empiriques de calcul ou d'arpentage ne sont pas vraiment l'arithmétique et la géométrie, sans en être tout à fait séparés. La division platonicienne des arts permet donc de distinguer quatre niveaux de pureté – si l'on met à part la dialectique : premièrement, les sciences philosophiques, qui étudient intellectuellement les mesures intelligibles, deuxièmement, les sciences vulgaires, qui étudient ces mesures de façon impure, dans le seul dessein de les appliquer aux réalités sensibles, pour compter des bœufs ou bâtir des maisons, et qui ont pour objet un cercle faux et une règle fausse, troisièmement, ces mêmes arts, en tant qu'ils appliquent ces mesures imparfaitement saisies sur des réalités sensibles assez stables pour les recevoir, quatrièmement enfin, les arts qui, quasiment dénués de toute mesure, procèdent par conjecture. Il est vrai que tous ces arts, y compris la musique qui relève de ce dernier groupe, seront inclus dans le mélange final ; mais l'inclusion de la musique constitue une étape supplémentaire qui est distinguée de celle des arts dont la règle est fausse, et qui concerne donc les arts dénués ou presque de toute règle, qu'elle soit exacte ou fausse.

Lorsque la musique est insérée dans le mélange final, elle est caractérisée par la stochastique, comme en 55 e 7, mais aussi par la mimétique (μιμήσεως, 62 c 2). Or, que peut bien imiter la pratique musicale, sinon l'harmonie mathématique ? Dès lors, même les arts les plus empiriques ont pour objet des réalités susceptibles, en droit, d'être appréhendés par des arts savants. Les arts stochastiques relèvent d'une attitude qui consiste à se dispenser du long détour par la connaissance des arts directeurs, pour substituer à cette connaissance une approximation empirique qui restitue médiocrement l'ordre qui régit les phénomènes. C'est bien parce que ce procédé empirique est une imitation de l'art véritable qu'il est aussi, un tant soit peu, un art, et qu'il trouve sa place, à ce titre, dans le mélange final. Un procédé routinier qui ne mimerait en rien la connaissance d'un ordre intelligible appliqué au sensible ne serait d'aucune façon un art. À vrai dire, aucun objet ne correspondrait à un tel art sinon, peut-être, de purs simulacres.

Dès lors, s'il est vrai que certains objets, parce qu'ils sont plus que d'autres soumis au devenir, se prêtent moins facilement à l'usage de la mesure, tous les arts, même les plus empiriques, ont affaire à une réalité qui possède en soi une mesure propre. C'est bien le cas de la musique :

> Dans l'aigu, le grave, le vite, le lent, qui sont des indéterminés, n'est-ce pas leur entrée [*sc.* des déterminants par le nombre] qui fait naître la détermination et, par là, donne, à toute espèce de musique, sa perfection achevée ? (26 a 2-5).

C'est bien le cas de la connaissance des saisons :

> N'est-ce pas d'eux que naissent les saisons et toutes les beautés dont nous jouissons, quand sont mélangés les indéterminés et les déterminés ? (26 b 1-3).

C'est bien le cas de la médecine :

> N'est-ce pas, en cas de maladie, leur juste combinaison qui engendre la santé ? (25 e 7-8).

D'une façon générale, donc,

> tout ce qu'on peut dire exister est fait d'un et de multiple et contient en soi-même, originairement associé, le déterminé et l'indétermination (16 c 8-10),

et cette règle s'impose aux arts :

> Tout ce qu'on a jamais pu inventer dans le domaine de l'art, c'est par cette voie qu'on l'a découvert (16 c 1-3).

En 55 e *sq.*, Platon établit donc une classification des arts tels qu'ils sont pratiqués réellement à son époque, comme en témoigne la référence à l'ingénieux instrument de l'équerre en 56 c 2. Il ne s'agit pas d'une division eidétique, même si le degré d'empiricité des méthodes techniques est lié à la nature de leurs objets respectifs. Plus exactement, si la diérèse est bien fondée sur une analyse de l'essence de l'art, la subsomption des arts sous chaque genre résulte, quant à elle, d'un examen empirique des procédés effectifs mis en œuvre par chacun à l'époque de Platon. Cette articulation est exprimée par Socrate lorsqu'il précise, en 57 b 5-7 :

> Les arts ne diffèrent pas seulement par leurs objets, mais aussi par leur plus ou moins de précision ou d'imprécision[1],

en détachant donc l'exactitude méthodologique de chaque art (qui est contingente) de l'exactitude ontologique de son objet (qui est nécessaire).

1. Il faut remarquer cependant que la formule est ambiguë. Léon Robin (Platon, *Œuvres complètes*, « Bibl. de la Pléiade », Paris, 1950) fait dépendre la précision de la connaissance de la nature de l'objet : « [...] appliquées à des objets différents, des disciplines différentes ont plus de certitude ou plus d'incertitude les unes que les autres ». Même lecture chez Dorothea Frede (Plato, *Philebus*, Indianapolis-Cambridge, 1993).

Le caractère empirique de la division des arts du *Philèbe* réduit l'apparente contradiction avec le *Phèdre*, lequel classait la médecine parmi les « arts majeurs (μεγάλαι τῶν τεχνῶν) », en 269 e 4, mais en soutenant précisément que de tels arts ne se bornent pas à la pratique et à l'expérience (μὴ τριϐῇ μόνον καὶ ἐμπειρίᾳ, 270 b 6), et qu'ils « exigent en outre (*cf.* προσδέονται, 269 e 4) » une spéculation qui est précisée comme connaissance de la nature de leur objet, c'est-à-dire de l'essence[1]. Il en est de même pour ce qui concerne le *Gorgias* qui, en 500 e *sq.*, d'une façon comparable à celle du *Phèdre*, envisage une médecine idéale et s'en sert comme du modèle d'un art véritable au sens platonicien, dans une polémique contre la rhétorique et la sophistique qui procèdent par routine et empirie. De ces trois dialogues, seul le *Philèbe* envisage la pratique effective de l'art médical.

Si Platon choisit la pratique musicale, plutôt que la médecine, l'agriculture, la navigation ou la stratégie militaire comme premier exemple de ces arts qui manquent de mesure, c'est sans doute pour prévenir cette confusion entre un défaut méthodologique et un défaut ontologique de l'objet de l'art : car l'harmonie mathématique existe depuis Pythagore, même si le musicien prétend s'en passer et se fier à son oreille exercée, tandis que la réalité des sciences correspondant aux autres arts de ce premier groupe, si elle est en droit possible, n'est pas unanimement reconnue. En 17 c-d, Platon a déjà opposé celui qui ne connaît que l'aigu, le grave et l'intermédiaire (« cela ne serait pas encore connaître la musique »), et celui qui a acquis la connaissance des harmonies et des rythmes transmise par les Anciens.

Il faut donc conclure que l'absence de mesure en médecine est, selon Platon, non pas l'effet d'une absence de mesure dans les réalités biologiques, mais l'effet d'un défaut de méthode des praticiens.

LE MÉLANGE DANS LE *PHILÈBE* ET DANS *NATURE DE L'HOMME*

L'objet de la médecine possède donc, en soi, une détermination dont les médecins font fi. En soi, la santé est l'exemple même de la juste proportion qui naît de l'union des déterminés et des indéterminés. C'est pourquoi Platon peut emprunter des concepts médicaux tout au long du

1. Ce passage difficile du *Phèdre* fait l'objet d'un chapitre de ma thèse : *Médecine et sagesse. Essai sur la philosophie hippocratique* [Université de Nice Sophia-Antipolis, 1997], à paraître.

Philèbe, pour illustrer sa conception du mélange harmonieux, alors même que la détermination du mélange qui constitue l'état de santé est ignorée des médecins qui procèdent par empirie. Le dialecticien est, à cet égard, en meilleur position que le praticien pour saisir l'essence de la santé.

Pour mettre en jour cette détermination de la santé, Platon procède par analogie à partir de l'harmonie musicale que tous reconnaissent : la santé elle aussi est une harmonie (ἁρμονίας, 31 d 4), et cette harmonie est la nature propre de l'être (τὴν αὐτῆς φύσιν, 31 d 8). Cette harmonie vitale va passer du statut d'application privilégiée du concept philosophique de mélange mesuré et proportionné, à celui de *modèle* pour cette conception philosophique. En effet, en 64 d, lorsqu'il s'agit de caractériser le mélange des sciences et des plaisirs dans la vie mixte, c'est, semble-t-il, un modèle médical qui régit cette conception :

> Privé de mesure et de proportion (μέτρου καὶ [...] τῆς συμμέτρου φύσεως), tout mélange (σύγκρασις), quel qu'il soit et de quelque manière qu'il soit composé, corrompt ses composants et se corrompt tout le premier. Car ce n'est plus alors un mélange, ce n'est jamais qu'un vrai pêle-mêle intempéré, un réel gâchis pour les êtres où il se produit (64 d 9-e 3)[1].

Cette formule peut être rapprochée du chap. 4 du traité hippocratique *De la nature de l'homme*, dont on sait par Aristote (*Histoire des animaux*, III, 3, 512 b 12 *sq.*) qu'il fut écrit par Polybe, le gendre d'Hippocrate :

> Il y a santé parfaite (ὑγιαίνει μάλιστα – peut-être faut-il traduire : *le plus* de santé) quand les humeurs sont dans une juste proportion (μετρίως) entre elles tant du point de vue de la qualité que de la quantité et quand leur mélange est parfait (μάλιστα μεμιγμένα – peut-être faut-il traduire : quand elles sont *le plus* mélangées) ; il y a maladie quand l'une de ces humeurs, en trop petite ou en trop grande quantité, s'isole dans le corps au lieu de rester mêlée (μὴ κεκρημένον) à toutes les autres[2].

Les deux conceptions semblent à première vue assez proches, puisqu'on trouve, chez Platon comme chez Polybe, la thèse selon laquelle l'unité d'un mélange provient de la proportion de ses composants. Il faut cependant, ici encore, se demander si, sous des formules comparables, les deux textes expriment la même pensée. Plus précisément, Polybe entend-il

1. Traduction légèrement modifiée.

2. Hippocrate, *La Nature de l'homme*, édité, traduit et commenté par Jacques Jouanna, *Corpus Medicorum Græcorum* I, 1, 3, Berlin, 1975, 172, 15-174, 3. Dans son introduction, Jacques Jouanna traduit : « mélangées *au mieux* ».

la proportion dans le même sens que Platon, comme une mesure déterminée selon laquelle le mélange ne corrompt pas ses éléments ?

On peut d'abord remarquer que, à supposer que Platon ait connu ce texte de Polybe ou d'autres textes hippocratiques qui défendent la même conception de la santé – ce qui est probable[1] –, on ne comprendrait plus la dépréciation de la médecine en 55 e *sq.*, son classement parmi les arts empiriques et routiniers, si, vraiment, le médecin hippocratique fondait son art sur une connaissance de l'exacte mesure de la santé. Comment Platon peut-il à la fois trouver dans la *Collection hippocratique* le modèle de sa théorie du mélange mesuré, et faire de la médecine un art qui ignore la mesure ? Il n'y a que deux façons de sortir de ce dilemme. La première est de supposer que la pratique médicale dépréciée en 55 e *sq.* ne concerne pas la médecine hippocratique, mais la pratique plus empirique de médecins plus vulgaires. On trouve, dans les *Lois*, une distinction entre la pratique servile et la pratique libérale de l'art médical qui va dans ce sens, notamment au livre IX, en 857 c-d, où Platon oppose « les médecins qui exercent la médecine en se guidant sur une expérience que n'accompagne point le raisonnement » et les médecins qui argumentent « d'une manière qui est proche de celle de la philosophie », s'attachent « à suivre la marche de la maladie depuis le commencement, et en remontant à ce qui est, d'une façon générale, la nature du corps »[2]. Toutefois, le *Philèbe* ne distingue pas ces deux sortes de pratiques de l'art médical. Les *Lois* n'introduisent cette distinction qu'à titre d'illustration ou d'analogie pour expliquer la différence entre la législation proprement dite et l'instruction des citoyens. C'est pourquoi le médecin apparenté à la philosophie peut bien désigner, dans les *Lois* comme dans le *Phèdre*, un médecin idéal plutôt qu'une catégorie empirique de praticiens. En revanche, le *Philèbe* traite de l'art médical pour lui-même, et non comme *analogon* de l'art politique. D'une manière générale, on peut montrer que l'appréciation de la médecine par Platon est généralement laudative lorsqu'il utilise l'essence de l'art médical comme point d'appui pour une analogie, et tout aussi généralement péjorative lorsqu'il envisage la médecine effectivement pratiquée à son

1. Platon fait référence à Hippocrate dans le *Protagoras*, en 231 b 6, et dans le *Phèdre*, en 270 c 3.

2. Traduction Léon Robin, *op. cit. Cf.* Jacques Jouanna, « Le médecin modèle du législateur dans les *Lois* de Platon », *Ktema* 3, 1978, p. 77-91 et Gilles Susong, « Qui est le médecin des *Lois* de Platon ? », dans Renate Wittern et Pierre Pellegrin (éd.), *Hippokratische Medizin und antike Philosophie. Verhandlungen des VIII. Internationalen Hippokrates-Kolloquiums in Kloster Banz/Staffelstein vom 23. bis 28. September 1993*, Medizin der Antike, Band 1, Hildesheim-Zürich-New-York, 1996, p. 143-148.

époque et qu'il la considère pour elle-même[1]. Dès lors, il ne reste qu'une seule issue pour comprendre comment Platon peut à la fois emprunter aux médecins le modèle de sa théorie du mélange déterminé et, en même temps, critiquer l'absence de mesure en médecine : il faut supposer que, si Platon reprend une définition hippocratique, il en modifie radicalement la signification. Une étude comparée de la proportion dans le *Philèbe* et dans *Nature de l'homme* confirme cette hypothèse.

Dans le *Philèbe*, comme le dit la formule que je viens de citer, en 64 d, un mélange est parfait s'il ne corrompt pas ses éléments. Cela suppose que les éléments possèdent une essence propre, connaissable en soi, indépendamment de leur mélange, pour que cette propriété de chacun des ingrédients, propriété qui doit demeurer dans le mélange, puisse servir de critère pour juger de la qualité de ce mélange. Enfin, cela se produit si le mélange est régi par la mesure et la proportion, lesquelles sont déterminées et connaissables en soi.

Un bon mélange est donc, d'abord, un mélange qui ne corrompt pas ses éléments, c'est-à-dire qui leur permet d'être ce qu'ils sont. C'est pourquoi les sciences impures sont admises dans le mélange de la vie mixte, parce qu'elles ne peuvent perturber les sciences pures (62 d), ni même les plaisirs (63 b-c), tandis que les plaisirs impurs sont rejetés parce qu'ils font obstacle à la sagesse et à l'intellect, et tuent dans l'œuf les savoirs qui en naissent (63 d-e).

La connaissance de la qualité du tout suppose donc la connaissance de l'essence de ses éléments et celle de leur influence réciproque. C'est pourquoi, sous la forme d'une prosopopée des plaisirs, en 63 b-c, Platon estime la nécessaire présence de la φρόνησις dans le mélange en ces termes :

> De tous les genres, comparés un à un, celui qui nous serait le meilleur compagnon, c'est celui qui, connaissant tout le reste, connaît aussi chacun de nous aussi parfaitement que possible.

Cette répartie montre qu'un bon mélange suppose qu'on considère ses éléments un à un (ἓν ἀνθ' ἑνός), et que la connaissance du tout est aussi la connaissance de chacun de ses éléments. C'est pourquoi Socrate construit son mélange en choisissant les éléments d'abord dans leur plus grande vérité propre (61 e 6 pour les sciences, et 63 d 1 pour les plaisirs), vérité qu'ils présentent quand on les considère séparément, même si le mélange leur est finalement profitable.

Enfin, la mesure et la proportion qui permettent cette union sans corruption des éléments sont des quantités déterminées. Plus précisément,

1. *Cf.* Laurent Ayache, « Platon et la médecine », conférence diffusée par le Centre d'Études de la Pensée Antique « *kairos kai logos* », Aix-en-Provence, 1996.

comme on le sait, la rectification finale de l'échelle des biens, en 66 a *sq.*, va permettre de distinguer le *summetron* et le *metron* qui sont encore, en 64 d, indifférenciés. Le *metron* apparaîtra, avec le *metrion* et le *kairion*, en tête de la hiérarchie des biens, tandis que le *summetron* sera relégué, avec le *kalon*, le *teleon* et l'*ikanon*, au second rang. Cette discrimination finale articule les principes et les effets, comme l'a montré Jean-François Mattéi [1]. La proportion est l'effet de la mesure. Cela signifie que la proportion n'est pas relative : elle suppose, dans l'ordre de l'être comme dans l'ordre du connaître, une mesure absolue qui est la règle du mélange bien proportionné. Le *Politique*, déjà, avait souligné la nécessité de dépasser la mesure relative pour atteindre la juste mesure en soi, sans laquelle, disait l'Étranger, nous « ruinerions les arts mêmes et la totalité entière des ouvrages de ces arts » (284 a)[2].

Qu'en est-il à présent dans *Nature de l'homme ?* Faut-il penser que, pour Polybe comme pour Platon, la santé est une proportion, déterminée par une mesure, d'éléments qui sont, et sont connaissables, en soi, en dehors du mélange, et que le mélange laisse être dans leur essence propre ? Comme on va le voir, l'auteur de *Nature de l'homme* ne partage aucun des moments de cette définition platonicienne du bon mélange. La proportion du mélange est indéterminée, aucun de ses éléments n'est connaissable ni même possible en dehors du mélange mutuel, le meilleur mélange est celui qui, loin de préserver la propriété de ses constituants, les dissout au mieux.

On présente habituellement l'auteur de *Nature de l'homme* comme un adversaire des monistes, philosophes ou médecins qui « prétendent qu'il existe une substance unique [...] et que cette substance change d'aspect et de propriété » (chap. 2, 166, 15-16[3]). Contre ces partisans de l'unité, Polybe soutient une théorie médicale fondée sur quatre éléments :

> Le corps de l'homme renferme du sang, du phlegme, de la bile jaune et de la bile noire. Voilà ce qui constitue la nature du corps ; voilà ce qui est cause de la maladie et de la santé (chap. 4, 172, 13-15).

Cette présentation est conforme à l'introduction du traité ; elle n'est donc pas inexacte, mais elle laisse entière la question de savoir ce que Polybe substitue à l'unité absolue qu'il conteste. Si la santé, pour Polybe, n'est pas une unité simple, mais l'unité d'une pluralité dans un mélange, il reste à savoir quelle est la nature de ce mélange : s'agit-il d'un agrégat, c'est-à-dire d'une composition des quatre humeurs considérées comme des

1. Jean-François Mattéi, *Platon et le miroir du mythe. De l'âge d'or à l'Atlantide*, Paris, 1996, p. 244-245.

2. Trad. Léon Robin, *op. cit.*

3. La pagination et la linéation sont celles de l'édition Jouanna, *op. cit.*

substances, ou d'une unité synthétique par laquelle les éléments se dissolvent en un tout dans lequel ils disparaissent ? En insistant excessivement sur la contestation du monisme, on est naturellement conduit à considérer que Polybe défend l'agrégat, sans vraiment poser le problème. On applique alors au texte hippocratique une combinatoire des caractères élémentaires dont on fait des éléments discrets.

En effet, chacune de ces humeurs est conforme aux qualités d'une saison : le phlegme à l'hiver (froid et humide), le sang au printemps (chaud et humide), la bile jaune à l'été (chaud et sec), la bile noire à l'automne (froid et sec). Dans chacune des saisons, l'humeur qui prédomine est celle dont les qualités sont conformes à la saison. On obtient ainsi un tableau de la prédominance des humeurs selon les saisons, conforme au chap. 7 du traité :

> Dans l'année, c'est tantôt l'hiver qui prédomine, tantôt le printemps, tantôt l'été, tantôt l'automne. De même aussi dans l'homme, c'est tantôt le phlegme qui domine, tantôt le sang, tantôt la bile, d'abord la bile jaune, puis la bile dite noire (chap. 7, 186, 5-10).

Il y aurait donc, selon *Nature de l'homme*, quatre mélanges possibles des humeurs suscitant la santé, selon l'humeur dominante, conformément à la saison.

Qualités des saisons

hiver	printemps	été	automne
humide		sec	
froid	chaud		froid

Qualités des humeurs

phlegme	sang	bile jaune	bile noire
humide		sec	
froid	chaud		froid

Prédominance des humeurs selon les saisons

hiver	printemps	été	automne
phlegme	sang	bile jaune	bile noire

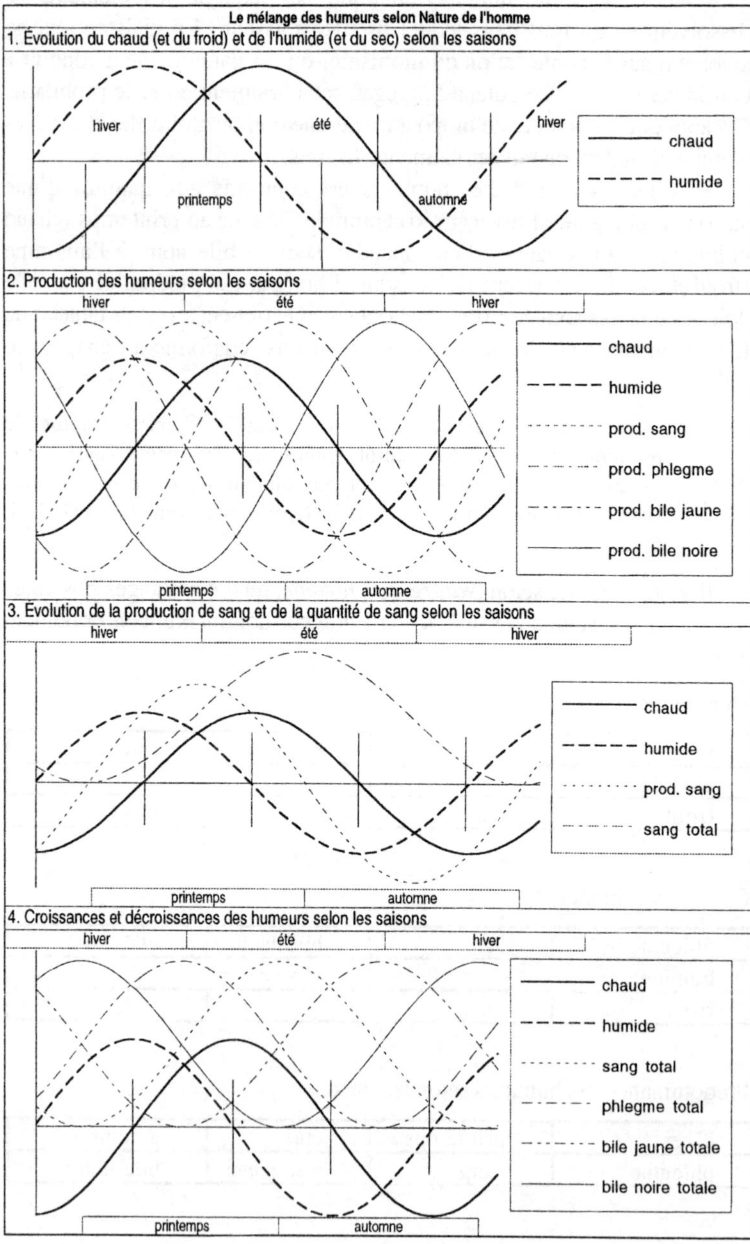
Le mélange des humeurs selon Nature de l'homme
1. Évolution du chaud (et du froid) et de l'humide (et du sec) selon les saisons
hiver
été
hiver
printemps
automne
chaud
humide
2. Production des humeurs selon les saisons
hiver
été
hiver
chaud
humide
prod. sang
prod. phlegme
prod. bile jaune
prod. bile noire
printemps
automne
3. Évolution de la production de sang et de la quantité de sang selon les saisons
hiver
été
hiver
chaud
humide
prod. sang
sang total
printemps
automne
4. Croissances et décroissances des humeurs selon les saisons
hiver
été
hiver
chaud
humide
sang total
phlegme total
bile jaune totale
bile noire totale
printemps
automne

Mais un tel tableau doit être complété et corrigé. D'abord, on trouve dans le texte qu'on appelle *Régime salutaire*, mais qui n'est autre que la suite de *Nature de l'homme*[1], la mention des « six mois d'hiver » (chap. 20, 212, 2). On peut dès lors supposer que les saisons, selon l'auteur de *Nature de l'homme*, durent chacune six mois, et donc se chevauchent et se mélangent de part et d'autre de la période où l'une d'elles domine.

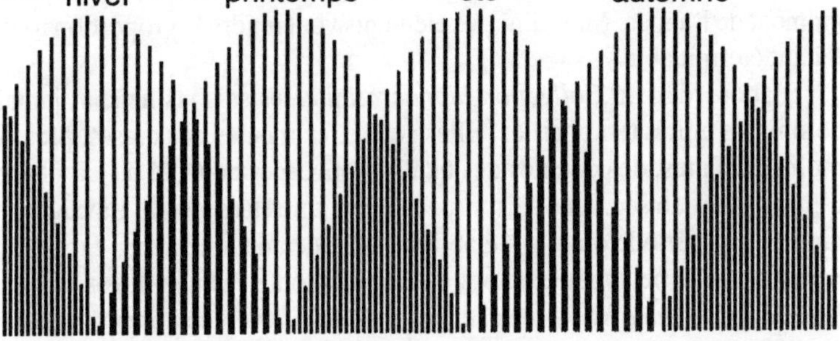

Si l'on admet cette hypothèse, alors on peut, sans incohérence avec la lettre du traité, comprendre la période où les caractères de la saison sont conformes à ceux de l'humeur comme la période non pas du maximum de l'humeur dans le corps, mais de son augmentation. Il faut attendre, non la saison suivante, mais la saison opposée, pour que l'humeur diminue. C'est bien ce que dit le chap. 7 de *Nature de l'homme*, lorsqu'il décrit les phases saisonnières de chaque humeur. Prenons l'exemple du sang :

> Au printemps […] le sang augmente […]. En été, le sang conserve encore sa force […]. En automne, le sang diminue. […] Le sang, en automne, atteint son minimum dans l'homme[2].

Comme on le voit, le printemps est la période d'augmentation du sang, jusqu'à son maximum qu'il atteint au milieu de l'été, c'est-à-dire à la fin du printemps si l'on accepte l'hypothèse de saisons de six mois. Cette hypothèse permet de réduire l'apparente incohérence des deux dernières propositions selon lesquelles le sang diminue en automne et atteint son minimum, non pas en hiver, mais encore en automne : c'est en effet exactement à la fin des six mois d'automne, selon mon hypothèse, que le sang atteint son minimum. Dès lors, la proportion des humeurs dans le corps en bonne santé varie de façon continue tout au long de l'année, et la période de maximum, pour chaque humeur, est, non pas la saison qui lui

1. Voir l'introduction de l'édition de Jacques Jouanna, *op. cit.*, p. 19 *sq.*

2. Trad. légèrement modifiée. Se reporter aux schémas de la p. 46.

est conforme, mais celle qui la suit, puisque la saison conforme à l'humeur produit un renforcement seulement progressif de l'humeur correspondante.

Cette correction du tableau de prédominance des humeurs selon les saisons évoqué plus haut conduit à substituer à la combinaison d'éléments discrets, une variation de facteurs continus. Cette différence n'est pas insignifiante : en passant du discret au continu, on passe de quatre combinaisons possibles des humeurs à une infinité. Cependant, la proportion demeure encore déterminée (bien que difficilement calculable) pour chaque moment de l'année. Mais d'autres éléments vont rendre la proportion tout à fait indéterminable.

D'abord, dans la *Collection hippocratique*, les saisons ne sont jamais de simples unités temporelles. Elles sont elles-mêmes des crases, plus ou moins parfaites, des couples des qualités opposées de froid ou de chaud, d'humide ou de sec. Une saison peut avoir du retard ou de l'avance par rapport à la période où elle s'établit d'habitude annuellement; exceptionnellement, elle peut même ne pas s'établir de toute l'année. Il est vrai que *Nature de l'homme* n'évoque pas l'établissement éventuellement imparfait ou différé des saisons. Mais comme il ne fait pas, non plus, correspondre les saisons avec les périodes du calendrier, il n'y a pas de raison de penser qu'il s'oppose à cette conception des saisons exprimée notamment par *Airs, eaux, lieux*, *Épidémies*, *Humeurs* et *Aphorismes*. Dès lors, les courbes idéales d'évolution des humeurs selon les saisons ne correspondent jamais à la réalité.

De surcroît, d'autres considérations doivent entrer en compte pour déterminer le mélange : lorsqu'il s'agit de soigner, il faut, dit Polybe, « prendre en considération l'âge et la constitution du patient, la saison de l'année et le caractère de la maladie » (chap. 9, 190, 7-9), pour ajuster de la façon la plus exacte possible la rectification du régime, lorsque celui-ci est à l'origine d'une maladie. Ces facteurs concourent en effet à modifier les proportions du mélange des humeurs, différent, pour une même saison, selon les individus. Par exemple, les jeunes sont par nature plus chauds que les vieux (chap. 12, 200, 1-3), et cela influe sur leur crase humorale et surtout sur son évolution, car les flux d'humeurs sont plus difficiles chez les enfants.

On pourrait objecter que ces facteurs modifient le mélange réel et non le mélange idéal : qu'il s'agit de facteurs de trouble plutôt que des facteurs de santé. L'examen de la pathologie et des prescriptions hygiéniques et thérapeutiques développées dans le traité dément cette objection. Certes, toutes ces formes de mélange ne sont pas pour autant sur le même pied : chacune d'elles est plus ou moins fragile et, semble-t-il, d'autant plus fragile qu'une humeur y prédomine nettement, en sorte qu'elle peut facilement devenir excédentaire et rompre l'unité de la crase. Le cycle des saisons peut ainsi rythmer les maladies parce que les saisons modifient la proportion des humeurs dans le corps, favorisant les maladies dues à l'excès de l'humeur qui prédomine naturellement dans la saison, mais aidant à la guérison des maladies dues à l'humeur opposée, que la saison fait décroître :

> Toutes les maladies qui croissent en hiver doivent s'éteindre en été, toutes celles qui croissent en été cesser en hiver (chap. 8, 186, 13-15).

Cependant, ici encore ce principe doit être rectifié : il existe des maladies qui se terminent en huit jours, d'autres qui durent une année, d'autres qui, après une longue rémission, peuvent resurgir. Ces dernières affectent notamment les patients « âgés » (c'est-à-dire de plus de trente cinq ans) qui, après une vie de labeur, se sont libérés de leur activité : cette rupture de l'habitude entraîne « un profond divorce entre la partie primitive et la partie surajoutée, au point que l'accord est impossible » (chap. 12, 198, 8-9). Les prescriptions hygiéniques et thérapeutiques confirment ce que cet exemple nosographique laisse supposer : aucun mélange n'est en soi pathologique, mais ce sont les changements soudains qui rompent la crase des humeurs, isolant celle qui surabonde et suscitant son flux dans le corps. C'est pourquoi les soins doivent toujours modifier progressivement l'équilibre fragile du malade. Par exemple, pour les saignées,

> il faut avoir soin de faire les incisions le plus loin possible des endroits où les douleurs ont tendance à se produire et le sang à s'accumuler. Car, de la sorte, [on évite] au maximum un changement important et soudain (chap. 11, 196, 11-14).

L'action du médecin se fera toujours « progressivement, car avec un changement subit il y aurait à craindre quelque perturbation dans le corps » (chap. 9, 190, 19 *sq.*). La diététique préconisée par la partie finale du traité (celle qu'on appelle *Régime salutaire*) poursuit ce double objectif de s'opposer aux caractères extrêmes des saisons, mais surtout « d'éviter un changement important brutal à l'organisme » (chap. 16, 206, 10-11) en anticipant par le régime l'évolution de la crase humorale consécutive au passage d'une saison à la suivante. L'imputation du mal au changement est un thème récurrent dans la *Collection hippocratique*. On en trouve un écho dans les *Lois* de Platon, au livre VII, 797 d-e, mais Platon ajoute au modèle hippocratique une exception qui reflète une pensée radicalement différente :

> Un changement, *sauf quand il est changement d'une chose mauvaise en une meilleure*, nous apparaîtra toujours comme ce qu'il y a de plus risqué, et de beaucoup : dans les saisons, dans les

> vents, dans le régime de notre corps, dans le comportement de nos âmes[1].

La dépréciation du changement relève d'une mesure relative; elle est limitée, chez Platon, par la considération de la juste mesure absolue. En revanche, dans la *Collection hippocratique*, l'absence de mesure absolue fait du changement soudain la cause principale de la corruption des mélanges. Cette dépréciation du changement est l'indice que, selon les auteurs hippocratiques, aucune détermination absolue du bon mélange des humeurs n'est possible. La bonne santé possède une infinité de formes et varie continuellement. La complexité des facteurs qui influent concurremment sur l'état de santé est telle que la santé n'est pas déterminable conceptuellement. Aucun nombre, aucune mesure, aucun poids n'indique l'exacte proportion souhaitable, chez un individu donné, en un lieu et un temps, de chaque humeur. Mais cette impossibilité n'est pas seulement due à une défaillance de la technique humaine, dépassée par la multiplicité des facteurs et par leurs variations continuelles. Si la proportion qui définit la santé n'est pas déterminable par le médecin, c'est qu'elle est indéterminée *en soi*, pour la raison que les éléments ne sont pas identifiables dans la crase.

En effet, l'opposition entre *Nature de l'homme* et les théories qu'il conteste ne porte pas essentiellement, malgré les apparences, sur le nombre des éléments ou des humeurs. En vérité, l'auteur de *Nature de l'homme* s'oppose, plus fondamentalement, à une double condition à laquelle toute théorie moniste est amenée, selon lui, à souscrire, condition selon laquelle, d'une part, on devrait pouvoir *isoler* un élément pur, c'est-à-dire sans mélange, et d'autre part, cet élément substantiel devrait pouvoir demeurer identique à lui-même. Cette double condition est en effet requise pour ériger un élément en principe :

> Pour ma part, de celui qui prétend que l'homme est exclusivement du sang et rien d'autre, j'attends qu'il montre que cette substance ne change pas d'aspect, ni ne subit des modifications multiples, et qu'il existe une période, soit dans l'année, soit dans la vie de l'homme, au cours de laquelle le sang est manifestement l'élément exclusif dans l'homme [...]. Ces mêmes remarques s'appliquent à qui prétend que l'homme n'est que phlegme ou que bile (chap. 2, 168, 9 – 170, 3).

Cet argument pourrait surprendre, si on se souvient que les monistes prétendent, selon l'auteur de *Nature de l'homme*, que la substance unique

1. Trad. Léon Robin, *op. cit.*

« change d'aspect et de propriété ». Mais précisément, selon l'auteur hippocratique, ces changements mettent en cause la substantialité même de l'élément considéré parce que rien ne demeure en deçà ou au-delà de ce qui change. Aussi, *Nature de l'homme* n'oppose pas tant une doctrine des quatre humeurs à la doctrine de l'élément ou de l'humeur unique, qu'il n'oppose une doctrine du mélange et du mouvement universels à une doctrine qui suppose qu'un élément puisse être abstrait et considéré à part dans sa substantialité. Au paradigme de la composition des totalités à partir d'éléments premiers (qu'ils soient un ou plusieurs), *Nature de l'homme* oppose une pensée selon laquelle c'est le tout qui est premier. Sans substantialité, la partie n'est que l'ensemble de ses relations à la totalité. C'est pourquoi elle change en même temps que la totalité dont elle se nourrit :

> Pas un seul être dans notre univers ne pourrait subsister un seul instant sans tous les autres, et l'absence d'un seul entraînerait la disparition de tous ; car c'est en vertu d'une même nécessité qu'ils se trouvent tous réunis et qu'ils se nourrissent (τρέφεται) les uns les autres (chap. 7, 186, 1-3).

La prédominance d'une humeur dans la crase n'est pas une simple affaire de quantité. L'humeur dominante modifie chacune des autres. D'abord, sa force et sa quantité diminue la force et la quantité de l'humeur opposée, car les humeurs, comme les qualités physiques du froid et du chaud, du sec et de l'humide, et comme les saisons (hiver-été, printemps-automne), désignent d'abord, deux à deux, les pôles de séries continues : celle qui va du bilieux au phlegmatique, et celle, propre à *Nature de l'homme*, qui va de la prédominance du sang à la prédominance de la bile noire. À cela s'ajoute une influence diffuse de la variation de l'humeur entre ses deux pôles sur l'autre couple d'humeurs : un sang de bilieux n'est pas un sang de phlegmatique. Le mélange hippocratique n'est donc pas un agrégat : il ne compose pas des éléments substantiels, mais il mélange chacun de ces éléments lui-même, comme le confirme l'action des médicaments qui évacuent sélectivement une humeur. Par exemple :

> Les phlegmagogues commencent par attirer un phlegme très pur, puis un phlegme mélangé (φλέγμα μεμιγμένον) (chap. 6, 180, 16 – 182, 1).

Le phlegmagogue attire d'abord l'humeur pure, surabondante, qui n'est pas mêlée aux autres et qui flue dans le corps, puis il extrait de la crase humorale, dans un deuxième temps, ce qui en est le plus phlegmatique. Ce qui s'écoule alors n'est pas un agrégat de phlegme et d'autres humeurs, mais une humeur différente des humeurs principales, qui possède les qualités du phlegme et, dans une moindre mesure, les qualités des autres humeurs. De même, *Nature de l'homme* distingue le sang pur et le sang phlegmatique et bilieux (φλεγματωδέστερόν τε καὶ χολωδέστερον, chap. 6, 182, 3).

Galien a bien perçu la nature de la crase hippocratique quand, dans son commentaire de *Nature de l'homme*, il déclare :

> Hippocrate est le premier, à notre connaissance, à avoir dit que les éléments sont mélangés. [...] En cela il différait d'Empédocle. En effet, celui-ci déclare que nous avons été engendrés à partir des mêmes éléments que ceux dont parle Hippocrate, nous ainsi que tous les corps sur la Terre, non à partir d'un total mélange mutuel (οὐ μὴν κεκραμένων γε δι' ἀλλήλων), mais par juxtaposition partielle et contact (ἀλλὰ κατὰ σμικρὰ μόρια παρακειμένων τε καὶ ψαυόντων)[1].

Dans le *De causis Contentiuis*, 5, 2-3, Galien précise : « Le seul sens d'un mélange total est que chaque ingrédient a subi un changement complet »[2]. À l'inverse du bon mélange platonicien, aucun élément n'y est plus ce qu'il est : toutes les individualités s'évanouissent, aucune n'exprime ses caractères propres. En un sens, donc, on peut dire que l'homme en bonne santé n'a ni bile, ni phlegme, ni sang purs, et que la présence et la manifestation d'une de ces humeurs est déjà, en soi, une maladie.

C'est ce que confirme l'*Ancienne Médecine :*

> Ces « substances » [mais faut-il traduire ainsi ?], tant qu'elles sont mélangées et tempérées l'une par l'autre, ne sont pas manifestes et ne font pas souffrir l'homme; mais quand l'une d'entre elles se sépare et s'isole, alors elle devient manifeste et fait souffrir l'homme (chap. 14).

Le bon mélange est un mélange qui prive ses éléments de leur capacité propre d'agir. Polybe et l'auteur d'*Ancienne Médecine* défendent donc une théorie du mélange idéal qui est assez exactement *l'inverse* de celle que Platon défend dans le *Philèbe*. La différence entre *Nature de l'homme* et *Ancienne Médecine*, le premier traité dénombrant quatre humeurs principales (mais aussi d'autres fluides, comme l'*ichôr* ou le pus) quand le second les dit innombrables, est bien moins significative à cet égard que l'inversion radicale du rapport des parties à la totalité qui oppose ces deux traités hippocratiques à Platon. Pour les médecins hippocratiques, la

1. D.-K. 31 A 34 (= *Galeni In Hippocratis De natura hominis*, CMG V, 9, 1, p. 27), trad. Jean-Paul Dumont, *Les Présocratiques*, Paris, 1988, p. 340.

2. C. M. G. supplementum orientale II, Berlin 1979, p. 58-60, version arabe.

proportion exacte est indéterminée, les éléments du tout sont inconnaissables et même impossibles en dehors du mélange, le mélange parfait produit une dissolution de ses constituants.

LES PLAISIRS MÉLANGÉS

Il est clair à présent que lorsque *Ancienne Médecine* exclut la mesure, le nombre et la pesée de l'art médical, le traité hippocratique ne regrette pas un défaut de méthode ou d'instrumentation pour l'investigation des processus vitaux, mais il tire les conséquences d'une indétermination ontologique. Le στοχάσασθαι n'est pas le substitut d'une métrétique en droit possible comme chez Platon, mais il est le seul mode approprié pour une mesure en soi indéterminée [1].

Sous des formules ressemblantes, le *Philèbe* d'une part, *Nature de l'homme* et *Ancienne Médecine* d'autre part, défendent deux conceptions opposées du mélange, lesquelles sont à l'origine de deux méthodes : l'une fondée sur la stochastique, l'autre sur la métrétique. Platon connaît ces deux méthodes. Il attribue la première à certains arts manuels dont la médecine, et la dévalue nettement par rapport à la seconde, parce que tous les arts portent sur des réalités qui sont, en soi, déterminées et qui sont par là même, en droit, susceptibles de mesure et de quantification. Le fondement de la critique platonicienne de la médecine réside précisément dans cette divergence quant à l'essence de la santé. Pour Platon, la santé désigne la nature propre d'un être; elle est une harmonie déterminée entre des éléments proportionnés par une cause intelligente, et c'est pourquoi son entretien et son recouvrement relèvent de la sagesse universelle (30 b 1-4). Dans la *Collection hippocratique* en revanche, la santé est généralement conçue comme une crase indéfinie dans laquelle les éléments perdent leur identité et se dissolvent. Le tempérament mutuel des éléments du mélange ne suppose aucune cause intelligente.

Pourtant, Platon n'ignore pas la crase hippocratique. Par une inversion notable, le « mélange mutuel total » qui qualifie la santé chez les médecins, désigne, chez Platon, le mauvais mélange, celui qui, « privé de mesure et de proportion [...] corrompt ses composants et se corrompt tout le

1. C'est pourquoi, lorsque *Ancienne Médecine* proclame dans son chap. 9 : « il faut en effet viser à une mesure; or il n'y a pas de mesure, pas plus du reste qu'un nombre ni qu'un poids... », les deux occurrences de « mesure (μέτρον) » n'ont pas le même sens. La seconde désigne une mesure arithmétique impossible et inutile, la première, la visée du singulier propre à l'art médical.

premier » (64 d 9-11). Ce mélange (σύγκρασις, 64 d 10) est faux ontologiquement : « ce n'est plus [...] un mélange, ce n'est jamais qu'un vrai pêle-mêle intempéré (τις ἄκρατος συμπεφυρμένη), un réel gâchis (συμφορά) pour les êtres où il se produit (64 d 11-e 3) ». C'est sa fausseté ontologique qui fonde sa mauvaiseté axiologique (*cf.* ἀξία en 64 d 4).

Ce faux mélange, à quoi s'oppose le mélange régi par la mesure et la proportion, n'est autre que le mélange des indéterminés, lorsque aucun déterminant ne vient « mettre fin à l'opposition mutuelle des contraires, les rend[re] commensurables et les harmonis[er] en y introduisant le nombre » (25 d 11-e 2). C'est pourquoi c'est à l'occasion de l'étude du mélange du plaisir et de la douleur que l'on trouve l'expression exacte de la crase au sens hippocratique du terme, quand plaisir et douleur se mêlent ὥστ' εἰς μίαν ἀμφότερα κρᾶσιν ἰέναι, « au point que les deux en arrivent à une crase unique » (47 c 6). Par cette confusion, plaisir et douleur se rendent indiscernables ; et c'est ainsi qu'il est donc bien possible, selon Platon, de « peiner le plaisir » (23 b 1), lorsque le mélange n'articule pas plaisir et douleur mais produit une impression unique qui « tantôt s'appelle plaisir, tantôt douleur » (46 c 3-4).

Cette confusion du plaisir et de la douleur est étudiée pour elle-même de 46 b à 50 e. Socrate distingue les mélanges qui s'opèrent dans le corps, entre le corps et l'âme, et dans l'âme (46 b 8-c 4). Ces divers mélanges, s'ils conduisent tous à une confusion entre le plaisir et la douleur, semblent régis par deux principes différents. Dans le cas des mélanges corporels, la crase conduit à la domination de l'un des deux contraires. Celui qui l'emporte dans le mélange semble d'autant plus marquer de sa coloration l'ensemble mélangé que la victoire a été difficile. « Lorsque, ayant froid, on se réchauffe ou que, d'autres fois, ayant chaud, on se rafraîchit », il se produit « une douceur mêlée d'amertume » qui n'est pas seulement une impression moyenne mais qui suscite « une impatience qui va, finalement, jusqu'à une excitation sauvage » (46 c-d). De même, la victoire du plaisir sur la douleur ou, à l'inverse, de la douleur sur le plaisir lors de la friction superficielle du galeux ou de son traitement interne (46 d-47 b) multiplie le plaisir et la douleur à l'infini : « il jouit de tels plaisirs jusqu'à en mourir » (47 b 3-4).

Le mélange des plaisirs et des douleurs entre âme et corps, et de ceux dans l'âme seule, semblent en revanche, non pas les démultiplier, mais les compenser ; c'est le cas lorsque « on désire être rempli et qu'on jouit de cet espoir tout en souffrant de se sentir vide » (47 c 7-9) : « Douleur et plaisir se fondent [alors] en un mélange unique (μεῖξις μία) » (47 d 3-4), sans qu'il soit fait mention d'une exacerbation de l'un ou l'autre dans le mélange.

C'est le cas, aussi, lorsque, dans l'âme seule, la douleur de l'envie se mêle (συγκεραννύναι, 50 a 7) au plaisir de rire dans les comédies.

On ne trouve, à ma connaissance, dans les textes que la tradition nous a légués sous le nom d'Hippocrate, aucun passage qu'on puisse précisément désigner comme source de cette étude de la confusion du plaisir et de la douleur. Notamment, parmi les rares évocations de la gale humaine, seul le chap. 14 de *Nature de l'homme* présente un intérêt, puisqu'il enseigne que la gale peut effectivement affecter l'intérieur du corps – en l'occurrence la vessie –, ce qui explique l'opposition platonicienne entre les douleurs et les plaisirs internes et externes. En revanche, on trouve bien, dans *Ancienne Médecine* notamment, la dualité du principe du mélange, par exacerbation ou par compensation. Ainsi, *Ancienne Médecine* oppose le mélange du chaud et du froid aux crases de toutes les humeurs. Dans le cas du chaud et du froid, le principe qui triomphe devient d'autant plus fort qu'il a surpassé son opposé :

> Si un individu en bonne santé veut en hiver refroidir son corps soit en prenant un bain froid, soit de quelque autre façon, plus fortement il l'a refroidi [...], plus intensément encore et plus fortement son corps se réchauffe une fois qu'il a remis ses vêtements et regagné un abri (chap. 16).

En revanche, dans le cas des humeurs, le mélange est régi par la coction qui dissout les constituants au point qu'à la limite, « elles ne manifestent plus aucun pouvoir particulier » (chap. 19). Dans ce cas en effet, c'est le mélange lui même qui domine (κρατεῖ) ses éléments.

Aussi c'est bien dans l'esprit de la crase hippocratique que Platon étudie le mélange indéterminé des indéterminés que sont le plaisir et la douleur. Socrate qualifie de tels plaisirs mêlés à des douleurs de « faux plaisirs (ψευδεῖς ἡδοναί) » (36 c 6). Je ne prétends pas ici résoudre les difficultés de cette théorie des faux plaisirs et des fausses douleurs, mais je voudrais insister sur l'enracinement de celle-ci dans la conception du bon et du mauvais mélange. Le mélange déterminé est lié à la vérité (64 e 9-10 : « La vérité leur est unie dans le mélange »); à l'inverse, le mélange indéterminé est lié à la fausseté. Protarque, comme on le sait, est très réticent à admettre que l'on puisse qualifier les plaisirs et les douleurs de « faux ». En effet, si le plaisir est défini par ce qu'on éprouve, il paraît impossible, même lorsque l'objet qui suscite le plaisir est illusoire, de nier la réalité de l'acte de jouir. De cela, Socrate convient en 37 b 2-4, et ce n'est donc pas l'irréalité de l'épreuve du plaisir qu'il a en vue lorsqu'il soutient qu'il existe des faux plaisirs.

La fausseté du plaisir ou de la douleur ne peut être comprise qu'en référence à une vérité initiale à laquelle ils dérogent, comme l'a montré

F. Bravo[1], mais sans déterminer suffisamment, à mon sens, les conditions particulières de la vérité des indéterminés. En effet, les indéterminés ne peuvent être connus en eux-mêmes :

> La multiplicité privée de détermination (πλῆθος ἄπειρον) de chacun et dans chacun, en chaque cas, te rend privé de notion (ἄπειρον [...] τοῦ φρονεῖν) (17 e 2-3)[2].

On ne peut définir « plus chaud » ou « plus froid », qui sont des relatifs, sans faire référence à une mesure déterminée; mais, ce faisant, on leur ôte leur indétermination :

> Le « plus chaud » et le « plus froid » n'existeraient plus, une fois qu'ils auraient reçu la quantité (24 d 2-3).

L'impossibilité d'évaluer en eux-mêmes les indéterminés est reprise en 41 b-42 c, à propos des plaisirs et des douleurs : la relativité du plaisir et de la douleur conduit à l'échec la discrimination de chacun, dès qu'ils coexistent, sans même se mélanger. Un même plaisir peut paraître plus grand ou plus petit selon qu'il accompagne ou non une douleur. Si l'on en restait là, il faudrait conclure à l'impossibilité de qualifier les plaisirs non seulement de faux, mais aussi de vrais.

Platon trouve cependant un biais pour exprimer la vérité du plaisir et de la douleur. En effet, les indéterminés n'existent jamais seuls. Tout ce qui vient à être naît de l'union des indéterminés et d'une détermination, comme Socrate l'affirmait en 16 c 8-10, et c'est pourquoi le plaisir et la douleur apparaissent naturellement « dans le genre mixte » (31 c 2-3). Dès lors, la genèse d'un indéterminé fait référence à autre chose qu'à lui-même : à une juste mesure, par le biais de laquelle il peut être défini négativement. Cela explique que les indéterminés sont toujours désignés par des couples de contraires. Si l'on dispose de deux termes : « plus froid » et « plus chaud », pour exprimer la variation continue de la température, c'est parce que plus froid et plus chaud indiquent eux-mêmes, tout en y dérogeant, la juste mesure du tempéré : « dans "plus chaud" et "plus froid", il y a toujours le plus et le moins » (24 b 4-5). Le cas du plaisir et de la douleur paraît d'abord semblable : « nous ne pourrions jamais étudier le plaisir sans considérer en même temps la douleur » (31 b 5-6), car chacun indique un mouvement contraire *en référence à la santé*, c'est-à-dire à une proportion déterminée. Cependant, le lien entre plaisir et douleur d'une part, santé

1. Franscisco Bravo, « La critique contemporaine des faux plaisirs dans le *Philèbe* » dans Monique Dixsaut (éd.), *Contre Platon*, tome II, *Le Platonisme renversé*, Paris, 1995, p. 235-270 (voir notamment p. 264).

2. Je traduis en tentant de rendre le jeu de mots.

d'autre part, est encore plus fort que celui qui rapporte les autres indéterminés à leur juste mesure propre, car « plus froid » et « plus chaud » peuvent désigner chacun un mouvement vers le tempéré ou, au contraire, un éloignement de la juste mesure, alors que le plaisir pur est toujours un mouvement vers la santé, et la douleur pure un mouvement opposé. Plaisir et douleur articulent ainsi d'autres indéterminés à leur juste mesure : « plus froid » sera plaisir s'il s'approche du tempéré, douleur s'il s'en éloigne et, de même, « plus chaud » (32 a 1-8). Plaisir et douleur sont donc, parmi les indéterminés, ceux qui, dans leur genèse, sont dans le rapport le plus étroit à la détermination. C'est pourquoi, *a fortiori*, la vérité du plaisir et de la douleur est exprimée, non directement par l'épreuve du plaisir ou de la douleur, mais par le biais de leur genèse réelle, c'est-à-dire par le mouvement qui est le soubassement de ce que l'on éprouve :

> Quand la forme vitale créée [...] par l'union naturelle de l'indéterminé et du déterminé vient à se détruire, cette destruction est douleur; mais, dès que la voie se retourne vers la restauration de l'essence propre[1], c'est ce retour qui, chez tous les êtres, constitue le plaisir (32 a 9-b 4).

Cette définition est tellement importante pour comprendre la possibilité du plaisir faux qu'elle est répétée à six reprises, en 31 d, en 32 a-b, en 32 e, en 35 e, en 42 c-d, en 46 c. Manifestement, la vérité du plaisir et de la douleur n'est essentiellement ni gnoséologique ni éthique, mais elle est *physiologique*. « Tout ce qui se fait contre nature est douleur, tout ce qui arrive naturellement est plaisant » dira le *Timée*, en 31 d 9-e 2. Le vrai plaisir est le mouvement vers la nature, c'est-à-dire vers le juste mélange de la santé (25 e 7-8). On peut donc poser l'hypothèse qu'à l'inverse, le plaisir faux manque à son essence : il n'est pas ce mouvement de reconstitution de la nature propre d'un être. Or, cette corruption du plaisir est rendue possible par la nature du mélange indéterminé des indéterminés. En effet, dès lors que les indéterminés, lorsqu'ils se mélangent sans détermination, opèrent une crase dans laquelle chacun des deux contraires se dissout dans une unité nouvelle, par compensation ou par sublimation, il s'ensuit que l'épreuve du plaisir ou de la peine mélangés ne correspond plus au mouvement réel de reconstitution ou de dégradation de la santé par lequel seul, pourtant, on peut désigner leur essence. Lorsque le plaisir se mêle à la douleur, on n'éprouve donc plus, dans leur confusion, la réalité de l'un et de l'autre.

Comme on le sait, cette étude des plaisirs mélangés ne constitue que le moment final d'une argumentation qui comporte trois assauts successifs

1. Εἰς τὴν αὐτῶν οὐσίαν, formule dans laquelle οὐσία équivaut à φύσις (*cf.* 31 d 5) et donc à ὑγιεία (*cf.* 31 d 8).

(36 c, 38 a, 41 a *sq.*) et semble contenir des digressions. Toutefois, ce dernier moment produit le fondement des deux premiers, en dévoilant les raisons pour lesquelles le plaisir éprouvé peut ne pas être conforme au plaisir – ou à la douleur – réel. En effet, les deux premiers moments tentent seulement de construire des situations exemplaires dans lesquelles le plaisir manque à son essence, c'est-à-dire dans lesquelles le plaisir éprouvé, en totalité ou en partie, n'est pas un plaisir réel : un mouvement vers l'harmonie du vivant. Mais ces deux premiers moments ne fondent pas la fausseté du plaisir dans ces situations, fausseté dont la raison ne sera donnée que lors du troisième assaut, par l'étude des mélanges du plaisir et de la douleur. Il est donc important de délimiter exactement le début et la fin de la question des plaisirs faux dans le *Philèbe*. Elle apparaît à l'occasion de l'évocation du mélange de la douleur du corps qui éprouve une destruction de son état naturel, par la soif ou la faim, et du plaisir de l'âme qui jouit, grâce à la mémoire, de l'espoir d'une reconstitution : « Voilà donc un moment où soit un homme, soit n'importe quel autre animal, à la fois souffre et jouit » (36 b 8-9). C'est à cette occasion que Socrate pose la question des douleurs et des plaisirs faux (36 c 6-8). Ce premier exemple est donc le modèle d'un plaisir faux, parce que la douleur du corps et la jouissance de l'âme ne se coordonnent pas mais se confondent en un sentiment mixte unique qui masque en partie le mouvement de corruption du corps. La question des plaisirs faux s'achève en 50 d 4-6 : « Le corps sans l'âme, et l'âme sans le corps, et les deux ensemble, sont pleins de plaisir ainsi mêlé aux douleurs ». Fonder la fausseté des plaisirs et des douleurs revient donc exactement à fonder leur mélange.

La première argumentation de Socrate, qui échoue à convaincre Protarque, développe un parallèle entre les opinions fausses et les plaisirs qui manquent leur objet (ἁμαρτάνουσαν, 37 e 6). Ce passage ne contraint pas à conférer au plaisir la structure d'un jugement : le plaisir qui manque son objet est un faux plaisir, non pas sur le mode de l'opinion fausse, mais parce qu'il s'éprouve comme plaisir alors qu'en l'absence d'objet plaisant il n'est pas un mouvement de perfection de soi. Le second moment de l'argumentation de Socrate, qui comprend l'allégorie de l'écrivain et du peintre dans l'âme, conduit au même résultat : la représentation erronée de plaisirs futurs permet à l'homme le plus vil d'éprouver une jouissance que n'accompagne aucun perfectionnement de son être. Il n'y a là, à mon sens, aucun transfert immédiat de la fausseté de la représentation de plaisirs futurs à la fausseté du plaisir de cette représentation, malgré ce qu'a suggéré Justin Cyril Bertrand Gosling en 1959 [1]. La fausseté de la représentation est

1. Justin Cyril Bertrand Gosling, « False Pleasures : *Philebus* 35 C – 41 B », dans *Phronesis* 4, 1959, 44-54, voir notamment p. 52.

d'ordre gnoséologique; la fausseté du plaisir qu'elle suscite est d'ordre *pathologique*. Le plaisir n'est pas ici un plaisir, il en est seulement une imitation (μεμιμημέναι, 40 c 5), parce que la représentation de plaisirs futurs et en général l'espérance (39 e 5-6) opèrent comme un voilement de la dégradation de l'homme et non comme un réel mouvement de restauration. Si Protarque semble un moment donner son assentiment à Socrate et admettre la fausseté de certains plaisirs anticipés, il refuse finalement l'assimilation de la fausseté à la mauvaiseté, en sorte que Socrate doit se tourner vers un autre mode de discours (κατ' ἄλλον τρόπον [...] λεκτέον).

Si ces deux premières argumentations échouent, c'est que Protarque pense que Socrate fonde la fausseté du plaisir d'abord sur des motifs gnoséologiques (le plaisir faux serait une opinion erronée, à quoi Protarque rétorque : « Dans la circonstance, c'est l'opinion que nous avons déclarée fausse, mais quant au plaisir lui-même, jamais personne ne voudrait l'appeler faux », 37 e 11-38 a 2), puis sur des motifs éthiques (le plaisir faux relèverait d'une attitude vicieuse, à quoi Protarque rétorque : « Ce n'est pas du tout pour leur fausseté qu'on déclarerait [...] mauvais les plaisirs », 41 a 3-5). En réalité, Socrate construit des exemples de plaisir qui apparaissent dans le contexte d'une opinion erronée ou d'une attitude mauvaise sans réduire sa fausseté à l'erreur ou à la mauvaiseté, mais seulement parce que, dans ces deux circonstances, le plaisir éprouvé n'est pas conforme à la réalité des mouvements de dégradation et de restauration de l'homme qui l'éprouve.

Le troisième assaut comprend, avant l'étude des plaisirs mélangés proprement dits, deux moments : d'une part, la question de la discrimination des plaisirs et des douleurs quand ils coexistent sans se mélanger, d'autre part, l'évocation de l'état neutre, sans plaisir ni peine. Le premier temps (41 b 42 c) se borne à tirer les conséquences de l'indétermination des plaisirs et des douleurs, qui conduit à une évaluation relative de chacun, que j'ai déjà évoquée. Quant à l'état neutre que certains identifient avec le plaisir, il ne touche pas exactement à la question des faux plaisirs : ceux qui identifient l'absence de douleur avec le plaisir n'éprouvent pas de plaisir, ni vrai ni faux ; ils se trompent donc seulement sur la qualification de ce qu'ils éprouvent. L'évocation de cette position a une utilité dialectique, puisqu'elle permet de découvrir que les plaisirs les plus vifs et les plus violents supposent un état de maladie.

Sans entrer dans le détail des argumentations, on peut donc poser l'hypothèse que le *seul* fondement de la fausseté du plaisir réside dans son mélange *indéterminé* et donc, que c'est le mélange qui rend raison des exemples de plaisirs faux exposés par Socrate dans ses deux premières tentatives d'argumentation : dans les deux cas en effet, un plaisir suscité par une représentation erronée peut, par confusion, masquer les mouvements réels de restauration ou de dégradation de la nature de celui qui les éprouve.

Dès lors, il faut conclure que Platon parvient à qualifier les plaisirs et les douleurs de vrais ou de faux parce qu'il articule d'une part leur indétermination propre qui leur permet de se mélanger par confusion, d'autre part leur genèse réelle qui, elle, se produit en référence à une détermination, en l'occurrence celle de la santé. Le plaisir est vrai s'il se produit dans un mouvement vers la restauration de l'harmonie ; mais seuls les plaisirs purs sont vrais : lorsqu'ils se mêlent entre eux ou avec la douleur, ils produisent un mixte indiscernable qui ne correspond plus au mouvement réel de restauration ou de dégradation de l'être vivant. Ainsi, les réalités indéterminées ne viennent à être qu'en référence à une détermination qui peut servir de critère pour les qualifier de vrais ou de fausses. L'indétermination des indéterminés n'empêche donc pas de fonder un art véritable, pour peu que les praticiens rapportent cette indétermination à la détermination par rapport à quoi elle est un mouvement d'écart ou de rapprochement. Or, c'est précisément ce que ne fait pas la médecine hippocratique. Ainsi, *Ancienne Médecine* ne rapporte pas le plaisir à une juste mesure de la santé que, selon Platon, il indique dans sa pureté ou dans un mélange déterminé ; c'est pourquoi le traité hippocratique condamne, à trois reprises, ceux qui « n'écoutent que leur plaisir » (chap. 5) et leur oppose le régime réglé par la médecine. Mais ce régime salutaire ne peut qu'être approché puisqu'en l'absence de détermination de la santé, le médecin est privé du nombre, de la mesure et de la pesée. Ainsi envisagée, l'originalité du traitement platonicien des plaisirs réside moins dans la reconnaissance de plaisirs faux que dans la découverte d'une vérité du plaisir, d'où découle la possibilité, pour un indéterminé, de renvoyer, non pas toujours à une ὕϐρις, mais au contraire, sous certaines conditions, à un μέτριον. Cette découverte fonde la critique des arts empiriques qui, par leur existence même, prouvent que les indéterminés qu'ils prennent pour objet ne sont pas étrangers à la juste mesure mais qui, dans leur empiricité, ignorent cette détermination.

En définitive, si le *Philèbe* puise en des moments décisifs dans un fonds de conceptions et de théories médicales, en usant de formulations parfois proches de passages de la *Collection hippocratique*, on ne peut en inférer ni une proximité des pensées hippocratique et platonicienne, ni, *a fortiori*, des emprunts de Platon à Hippocrate, mais il faut plutôt penser que la confrontation avec la doctrine hippocratique de la crase est l'un des moteurs de la progression dialectique du *Philèbe*.

LA *CHARIS* DES MUSES
LE PLAISIR MUSICAL DANS LES *DIALOGUES* DE PLATON

Anne Gabrièle Wersinger

Lasos d'Hermione, maître du poète Pindare et musicien actif à Athènes à la fin du VIe siècle semble être l'inventeur, avec le premier traité consacré à la musique, du terme *mousikè* [1], dont l'étymologie nous rappelle qu'elle est le fait de la Muse, *mousa*. Cette dérivation est significative car elle révèle, en raison du nombre des attributions des Muses (au nombre de neuf depuis Hésiode [2]), que la musique est indissociable des domaines de la connaissance et des arts du langage (notamment de l'épopée, de la tragédie et de la rhétorique [3]). Mais il ne faut pas oublier la personnalité pythagoricienne [4] de Lasos qui rend la musique indissociable aussi des mathématiques. C'est ce double aspect du concept de musicalité qu'il faut avoir à l'esprit lorsque l'on désire étudier le plaisir musical dans les *Dialogues* de Platon.

Il y a une certaine évidence à parler de plaisir musical. Hésiode chante le plaisir que la Muse apporte à celui que chagrine le deuil, plaisir fait d'oubli (ἐπιλήθεται) [5], plaisir assurément plus affin de cette vérité que les Grecs

1. Aristoxène de Tarente, *Harmoniques*, I, 3; Martianus Capella, *Les Noces de Philologie et de Mercure*, 9, 936.

2. *Théogonie*, 75-79. Hésiode leur donne des noms conformes au culte des Muses de Thespis qui diffère de celui d'Ascra ; *cf.* Pausanias, IX, 29, 1.

3. Le *Protagoras* appelle *mousikè* la diérèse de Prodicos, 340 a 8-b1.

4. D'après Théon de Smyrne, *Connaissances mathématiques utiles pour la lecture de Platon*, II, § 12bis, éd. J. Dupuis, Paris, 1982, p. 97. Cependant, cette filiation est contestable (*cf.* Wilhelm Burkert, *Weisheit und Wissenschaft. Studien zu Pythagoras, Philolaos und Platon*, 1962, Nüremberg, traduction anglaise, *Lore and Science in Ancient Pythagoreanism*, 1972, p. 378) et il convient d'évoquer seulement les influences pythagoriciennes qui se sont exercées sur le maître de Pindare.

5. *Théogonie*, 102.

appellent ἐτυμότης que de celle qu'ils appellent ἀλήθεια. Vérité douce, ondoyante, persuasive, intimement enveloppée dans les mots ou dans les sons, vérité qui relève de la signification, du Sens donc, plutôt que du μαρτύρημα, du témoignage. Est-ce parce qu'elle promeut l'oubli que Socrate, dans l'énumération des Muses à laquelle il procède dans le *Phèdre*, omet celle qui se nomme la réjouissante, Euterpe[1], muse de la mélodie ? Le Socrate de la *République*[2] inclut néanmoins la musique dans son programme éducatif : car si l'on ne goûte pas la musique, c'est le désir tout entier qui s'assèche, qui devient sourd, cette surdité entraînant l'aveuglement, et par voie de conséquence la grossièreté dans toutes les sensations.

Ces remarques soulignent, au fond, l'existence d'une ambivalence de la musique : élevant l'âme, initiant le désir, la musique est l'appui, μεθ' ἡδονῆς de la Raison et de la Loi[3], mais c'est aussi la musique qui ébranle insidieusement les Constitutions Politiques en insinuant dans l'âme, selon la belle formule de Socrate[4], la décadence avec le plaisir[5]. La musique, comme si son destin était précisément de refléter un trouble qui est déjà celui du plaisir, aurait donc cette faculté de discipliner mais aussi de mimer et surtout de renouveler dangereusement les plaisirs[6].

L'étude à laquelle je vais procéder se propose donc d'examiner cette ambivalence de la musique qui est aussi celle du plaisir. Je commencerai par faire l'analyse aussi technique et précise que possible du langage musical et mathématique dont use Platon lorsqu'il s'agit du plaisir en général, ce qui m'entraînera inévitablement à évoquer la vie morale du sage et la constitution d'un modèle mathématique de l'âme tempérante. Je montrerai ensuite comment ce langage nous conduit à une conception du plaisir spécifique à la musique, plaisir qui prend le nom de *charis*, et l'enjeu plus politique que mathématique des choix musicaux propres au philosophe.

Symptomatique de l'ambivalence de la musique est le recours aux métaphores musicales dès qu'il est question de souligner ou de désigner l'existence la plus belle et la philosophie. Le *Phèdre*, la *République*, le

1. *Phèdre*, 259 c 7-d 6.
2. *République*, 411 d 3-5.
3. *Lois*, 654 a 2-3. La musique est un don des dieux aux hommes qui leur apporte, par le plaisir, le sens du rythme et de l'harmonie.
4. *République*, 424 d 3-4.
5. *Lois*, 700 a ; *Rép.* 424 c 4 et d 3-4.
6. *Lois*, 657 b 5.

Philèbe, le *Phédon*[1], pour ne mentionner qu'eux, placent la philosophie sous l'égide des Muses.

De telles métaphores doivent être prises au sérieux. C'est en effet à la musique que l'on emprunte son vocabulaire technique lorsque l'on veut parler de morale, de politique ou de médecine.

Deux termes notamment reviennent sans cesse dans les *Dialogues :* celui de συμφωνία, qu'il faut traduire par consonance, et celui d'ἁρμονία, l'harmonie.

Si le premier de ces termes reçoit une définition dépourvue d'ambiguïté, ce n'est pas le cas du second dont j'examinerai chacun des aspects.

La *sumphonia* (terme étymologiquement composé du préfixe *sun-* et du nom *phonè*, la parole sonore) désigne la consonance, c'est-à-dire l'accord élaboré mathématiquement entre deux sons. On appelle symphones des sons qui sont fixés une fois pour toutes en un rapport mathématique, un logos. Ils sont, comme le dit Johannes Lohmann[2], « les piliers inamovibles de l'harmonie », au sens où, pour accorder une phormynx ou une lyre, c'est par eux que toujours il faut commencer. La consonance concerne les rapports de l'octave (le diplasion, 2 :1), de la quinte qu'on appelle rapport hémiole (3 : 2) et de la quarte qu'on appelle rapport épitrite (4 : 3).

Dans le *Philèbe* (25 e 1-2) Socrate explique que la consonance est l'effet de ce qui suspend le différend, le conflit des contraires, en mettant en œuvre le nombre en termes d'égalité, de double et de quantité en général. C'est pourquoi, la consonance est sinon synonyme en tous cas voisine de la commensurabilité (συμμετρία), toutes deux, en effet, mettant fin à la contrariété. Par exemple, le rapport diplasion qui définit l'octave établit grâce à la consonance de la note la plus aiguë (la nète) et de la note la plus grave (l'hypate) une sonorité commune, c'est-à-dire une homophonie. Il en est de même pour la commensurabilité qui dans un domaine précis, celui du mélange de qualités physiques telles que le chaud et le froid, coïncide avec l'égalité des mesures, mais qui dans le domaine des mélanges liés aux rites symposiaques tels que celui du vin et de l'eau, coïncide avec les rapports consonants, accordant le vin et l'eau de façon plus nuancée, comme des voix[3].

Cette petite mise au point permet d'éviter l'assimilation trop rapide entre consonance et proportion. La consonance est l'expression d'un rapport mathématique où le nombre est pris relativement à un autre nombre (ἀριθμὸς πρὸς ἀριθμόν). Elle est donc le logos de deux nombres. Aussi,

1. *Phèdre*, 259 d 2-3 ; *République* 548 b 7 ; *Philèbe*, 67 b 6 ; *Phédon* 60 d-61 c.

2. *Mousikè et Logos*, trad. P. David, T.E.R. Mauvezin, 1989, p. 37.

3. Pline, *Histoire Naturelle*, XXIII, 51.

son usage dans un contexte moral ou politique signifie-t-il que, tels des sons, des éléments de l'âme sont mis en rapport de façon à leur faire produire une même opinion ou une même attitude. C'est pourquoi la consonance est accord (ὁμολογία), selon l'expression du *Banquet* (187 b 4).

Ainsi, dans la *République* (442 d 2), c'est la consonance qui produit l'amitié et la tempérance (σωφροσύνη). Cette dernière doit en effet son existence à l'opinion commune (ὁμοδοξία, 442 d 2) qui permet à l'irascibilité et au désir de s'entendre moyennant leur commune soumission à la raison, de même que deux sons s'accordent moyennant un rapport consonant. L'homophonie est donc en correspondance isomorphique avec l'homodoxie : tout comme des amis partagent une même opinion, tout comme des notes musicales partagent une même sonorité, les facultés de l'âme, en se soumettant à la raison, se mettent en rapport.

Dans les *Lois* la tempérance reçoit une application identique mais cette fois plus précisément en relation avec les plaisirs et les douleurs qui doivent être consonants avec les jugements droits (τοῖς λόγοις, 696 c 3-9). Tout comme dans l'exemple précédent, c'est la consonance qui sert de schème organisateur à la morale.

Le deuxième terme musical dont nous avons relevé la récurrence est l'harmonie dont nous pouvons maintenant aborder l'examen difficile. Cette notion ne doit pas être confondue avec la précédente même si l'octave, parfois, est appelée harmonie.

Dans la *République* (443 d 6-c 3), l'homme juste est celui qui harmonise (ξυναρμόσαντα) les trois parties de son âme comme les trois parties de l'harmonie, la nète, la mèse et l'hypate. Il lie (ξυν-δήσαντα) tous ces éléments et de multiple il devient un, à la fois tempérant et plein d'harmonie. Alors que la consonance se définit, nous l'avons vu, par le rapport entre deux éléments, l'harmonie dont il est ici question ne met plus en rapport les termes un à un mais deux à deux, dans le cadre d'une proportion, c'est-à-dire d'une égalité de rapports. Chacune des consonances reçoit une fondation mathématique qui lui permet d'entrer en relation avec les autres pour former avec elles une progression musicale : c'est la proportion arithmétique qui permet de fonder la consonance de la quinte, entre la nète et la mèse, et la proportion harmonique qui fonde celle de la quarte, entre la mèse et l'hypate. Harmoniser c'est en ce sens mettre en relation les rapports, en dégager les raisons communes, établir une progression musicale que l'auteur de l'*Epinomis* (991 a 5-b 5) désigne comme le « don des Muses » par excellence. L'harmonie est donc analogie (ἀναλογία). Elle est un moyen de créer de l'unité. Elle dépend dans le *Philèbe* de l'action réconciliatrice de « la race » de la limite (πέρας)[1].

Lorsque dans la *République* (443 d 6-d 3) Socrate évoque la justice comme harmonie et unité du multiple (ἕνα [...] ἐκ πολλῶν), il est clair qu'il la considère comme un *analogon* musical. Cela implique que ce n'est pas la proportion géométrique qui structure la justice mais les deux proportions que nous avons analysées, la proportion arithmétique et la proportion harmonique, qui fondent les consonances.

Selon Boèce (*De la musique,* III, II, fr. A 19, D.K.), Archytas a en effet établi que les rapports superpartiels ne sauraient être dimidiés : il n'y pas de proportion géométrique en musique (on ne peut pas calculer le rapport exact de la moitié de l'octave, du ton, *etc.*). Il est vrai que notre âme relève plus de la progression musicale que de la proportion géométrique (qu'elle n'exclut pas puisque dans le *Timée*, sa construction débute par deux séries géométriques). A cet égard, la perspective est différente de celle du *Gorgias* où Socrate prônait la proportion géométrique comme panacée universelle[2]. C'est qu'entre temps, le *Politique* a mis en évidence la double nature de la métrétique et notamment la supériorité de celle qui a égard à l'opportun et au convenable et qui considère les discours, les arts et les actions[3].

Cela dit, le plaisir pose un problème complexe. Il est difficile en effet de dire s'il relève plutôt de la progression musicale que de la progression géométrique comme le montrent ces quelques exemples :

L'Athénien des *Lois* déclare (en 792 d 2) que le milieu (τὸ μέσον) est agréable (ἵλεων), adjectif qu'il emploie aussi pour décrire l'état de gaieté qui s'empare de celui qui s'est légèrement enivré[4]. Mais que désigne le mot *méson ?* On ne peut l'identifier sans ambages à la mèse, c'est-à-dire, on s'en souvient, à la note du milieu de la nète et de la parhypate, mais à la *mésotès*, c'est-à-dire à l'une des trois moyennes géométrique, arithmétique ou harmonique. Le *méson* est donc le moyen terme d'une proportion, mais pas d'une proportion géométrique puisque le passage renvoie explicitement à la consonance dont il était question en 696 c 3-9. Dans ce contexte, le plaisir est donc bien défini musicalement et la gaieté du sage est une gaieté qui résulte de la progression musicale et non de la progression géométrique. Vérifions cette proposition en la confrontant aux indices que l'on trouve dans un autre dialogue, le *Philèbe*.

1. *Philèbe,* 25 d 11. Ajoutons que l'absence du terme *analogia* dans ce Dialogue ne doit pas déconcerter. Tout comme l'*analogia* explique la consonance, elle est à l'origine de la *summetria*. Ainsi, dans l'*Epinomis* (991 a 5-b 5), c'est la progression (musicale) qui produit la *summetria*.

2. *Cf. Gorg.*, 508 a 4-7.

3. Voir *Pol.*, 283 e-284 e.

4. Ainsi en *Lois*, 649 a.

Dans le *Philèbe* (31 d 4) on peut lire que le plaisir découle de l'harmonie. Il ne s'agit pas évidemment du plaisir considéré en soi et dont nous verrons qu'il est illimité mais de ce plaisir du sage qui relève de la vie mixte. Cependant de quelle harmonie s'agit-il ici ? De celle qui découle de la proportion géométrique ou de celle qui s'inscrit dans une progression musicale ? L'hésitation est permise, dès lors que ce plaisir est *summetria* dans un contexte où il est question du chaud et du froid, qualités qui dépendent d'éléments corporels (le feu et l'eau) dont on nous dit dans le *Timée* qu'il faut les lier par le plus beau des liens, celui de l'*analogon* géométrique[1]. Mais le *Timée* explique aussi que la santé du corps est indissociable de celle de l'âme[2] sans laquelle il ne saurait y avoir même la conscience du plaisir. C'est en conséquence la gymnastique et la musique qui, grâce au rythme et à l'harmonie, permettent à la santé d'atteindre l'équilibre. Le plaisir est donc une affaire musicale puisque l'âme est musicale.

De cette brève étude de l'usage d'un lexique musical pour décrire la vie morale, et notamment le plaisir, nous pouvons conclure de la manière suivante : il existe selon Platon un plaisir du sage, lié à la tempérance et à la santé que procure l'équilibre de l'âme et du corps. Ce plaisir obéit à une structure qui relève de la même mathématique que celle qui permet de définir les deux concepts musicaux que sont la consonance et l'harmonie en tant qu'elle est issue d'une progression musicale.

Mais l'harmonie est, nous allons le voir, une notion polysémique. Elle ne concerne pas seulement les *analogiai* étudiées à l'instant. Elle se rapporte aussi aux notes et aux sons dont on dit qu'ils ne sont pas symphones, c'est-à-dire ces sons mobiles et variables que l'on n'accorde pas définitivement et qui se trouvent entre les trois consonances. Platon y fait allusion lorsqu'il évoque les sons intermédiaires (μεταξύ)[3]. L'étude des intermédiaires relève de la partie la plus importante de la musique : celle qui traite de la répartition des intervalles dans le tétracorde, c'est-à-dire celle qui porte le nom d'harmonie des Genres. La mention de tétracorde s'impose ici parce que le tétracorde est considéré comme l'une des deux parties de l'heptacorde disjoint ou de l'octocorde qu'on fait coïncider avec l'octave. Le tétracorde désigne en effet un ensemble de quatre notes en partant de la mèse et en descendant jusqu'à l'hypate. « Remplir le tétracorde », c'est-à-dire donner un statut aux intermédiaires entre les

1. 31 c 2-32 b 3. Que deux moyennes géométriques soient nécessaires ne change rien à notre problème dès lors que fondamentalement c'est le principe qui joue et non l'effectivité ou la réalisation effective de cette double proportion à l'époque de Platon.

2. 88 c 6 *sq.*

3. *République,* 443 d 6-c 3.

consonances, c'est là la tâche du véritable musicien mathématicien, comme le précisent le *Phèdre* (268 e 1-7) et le *Philèbe*.

Toute l'opération repose sur l'interprétation de la lichanos et de la parhypate qu'il est possible de disposer selon trois modèles : le genre diatonique, le genre enharmonique et le genre chromatique. C'est, par exemple, un tétracorde diatonique que l'on trouve dans le *Timée*, caractérisé par deux tons et un *lemma* (soit deux fois la différence d'une quinte et d'une quarte à quoi l'on ajoute la différence entre une quarte et deux tons)[1]. Le choix du genre diatonique par Timée n'est évidemment pas gratuit. Sans exagérer la valeur du commentaire que fait Proclus de ce passage du *Timée*[2], il est néanmoins remarquable que ce genre qui procède par tons, comme l'indique son nom, est le plus modéré. Cela signifie qu'il évite le resserrement extrême du dernier intervalle de la lichanos vers les graves ; il évite aussi la division trop forte du genre chromatique, dont nous aurons l'occasion d'étudier la dangereuse tendance modulatrice vers le « chromaticisme ». C'est ainsi que, pour distinguer sa propre voix philosophique des pensées d'Empédocle et d'Héraclite, l'Étranger du *Sophiste*, recourant aux métaphores musicales, évoque les Muses tendues d'Héraclite et les Muses relâchées d'Empédocle[3]. Ces deux qualités, le tendu (συντόνος) et le relâché (μαλακός), sont généralement utilisées pour opposer le resserrement multitonique et la recherche d'une division des tons[4].

Dans l'élaboration des genres la mathématique joue encore le rôle fondamental. Et c'est dans cette acception mathématique de la musique que nous devons interpréter les passages des *Dialogues* où la tempérance est décrite en termes de tension et de mollesse.

Tel est le cas dans la *Républiqu*e (442 a) et les *Lois* (731 b 3) où il est dit qu'il faut équilibrer les intermédiaires et pour cela rechercher l'équilibre entre la tension et la mollesse, c'est-à-dire établir (entre l'irascibilité et la douceur ou entre l'irascibilité et la raison) une répartition diatonique.

Le genre diatonique qui préside, dans le *Timée*, à la constitution de la structure de l'âme (cinq octaves et une quinte et un ton) peut être considéré comme une mathématique de la tempérance (ce qui n'a rien à voir avec la musique tempérée qui prétend trouver l'origine du ton dans la sensation et que Platon réprouve[5]). Platon, à qui il arrive de se moquer des mathématiques, semble admettre pourtant le plus souvent que la vie morale, tout

1. *Tim.*, 36 a-36 b 5.

2. *Commentaire sur le Timée*, trad. Festugière, p. 214.

3. *Soph.*, 242 d 6 à 243 a 1.

4. Sur cette question, *cf.* A.G. Wersinger, « Muses d'Ionie, Muses de Sicile (*Sophiste* 242 d 6-243 a 2) », *Philosophia*, n° 27-28, Athènes, 1997-98, 99-110.

5. *République*, 530 e-531 a, *Philèbe*, 56 a 3-7, *Phèdre*, 268 e.

comme la musique, se règle mathématiquement. La muse philosophique est mesurée, ce qui signifie qu'elle pratique le genre de l'harmonie diatonique et les mathématiques de la *sophrosunè*.

Jusqu'ici, mises à part quelques petites difficultés que cette mise au point a cherché à dissiper, nous avons dégagé facilement l'essentiel du bon usage de la musique. Le plaisir n'en est point exclu et l'on reconnaîtra que le sage éprouve cette gaieté particulière liée à la maîtrise de soi et à la modération.

Tout autre est la difficulté dès que l'on aborde la redoutable question des harmonies dites « éthiques ».

Les travaux des spécialistes permettent d'identifier ces harmonies. Jean Chailley, Annie Bélis, M.L. West nous apprennent en effet que Platon connaissait ce qu'il faut considérer comme des variantes du genre enharmonique dont Aristoxène évoque l'ancienneté en les nommant « les tropes archaïques »[1]. Comme le remarque Annie Bélis, « contrairement à la lichanos dont la position enharmonique est fixée pour qu'elle forme avec la mèse un diton, la parhypate peut diviser le demi-ton restant de la quarte de plusieurs *manières* que les Anciens avaient sans doute codifiées[2]. »

Sans doute les pythagoriciens se sont-ils passionnés pour ces « harmonies » qui donnaient lieu à des tables combinatoires, les diagrammes, destinés, selon l'expression de Bacchius l'Ancien, « à mettre sous les yeux ce que les oreilles ne pouvaient pas capter » toutes seules, à savoir ces nuances parfois infimes que seules les mathématiques permettent d'atteindre sans avoir besoin de « forcer les cordes chevillées à rendre des sons qu'elles refusent », selon l'expression ironique et un peu obscure de Socrate dans la *République* (531 a 4-b 8)[3]. La table combinatoire semble

1. *Traité d'Harmonie,* Meib. 23. 4-11.

2. A. Bélis, *Aristoxène de Tarente et Aristote : le Traité d'Harmonique*, Klincksieck, Paris, 1986, p. 93.

3. Il ne s'agit pas de tables « diatoniques » : E. Moutsopoulos (*La Musique dans l'œuvre de Platon*, PUF, Paris, 1959, p. 56) et Annie Bélis (*op. cit.*, p. 111 note 44) précisent que la traduction de πυκνώματα par diatonique est fausse puisque le diatonique est l'intervalle dont les divisions sont les plus espacées alors que le *puknon* induit, au contraire, la réalité d'intervalles serrés. Ajoutons que si ces musiciens sont des « empiristes » qui feraient passer l'oreille avant l'esprit, ils ne peuvent annoncer en tous cas Aristoxène qui les critique violemment (*cf. Traité d'Harmonie*, Meib., 28.9). Cela dit, si la *katapuknôsis* est, selon les témoignages que cite A. Bélis, *op. cit.*, p. 94 (notamment celui de Bacchius l'Ancien, *Isagogè*, Meib., p. 15, § 62), le procédé des harmoniciens mathématiciens, il devient difficile de comprendre quels sont ceux que visent les moqueries de Socrate ! Après tout, Socrate est ironique à l'égard de chercheurs qui veulent forcer les cordes à rendre des sons qu'on n'entend pas (puisqu'ils sont contraints de tendre l'oreille et se perdent en controverses !). Mais n'est-ce pas là la marque de la mathématique que de contraindre l'oreille à faire l'effort que l'esprit lui impose ? Il se pourrait donc que les musiciens dont il est question dans

correspondre à ce que Socrate décrit dans le *Philèbe* (17 c-18 d 4) comme les systèmes (συστήματα) que les anciens ont transmis avec leurs noms d'harmonies, et qui se caractérise par la considération de l'illimité (ἀπειρόν) dans la musique comme nous allons le montrer dans un instant. De tels diagrammes systématisaient en effet la recherche des différentes interprétations de la *diesis* qui désigne le passage d'un son à l'autre et qu'il ne faut pas confondre avec le demi-ton, sous peine de vider l'opération de division qui lui correspond de toute signification. Ces divisions issues des mathématiques produisent par exemple le *lemma* et l'*apotome*, mais aussi le *diaschisma* (soit 531441 : 524288). Aristoxène, en bon disciple d'Aristote, se moque ingénument de tels rapports, prétextant que la voix humaine est incapable de chanter plus de deux quarts de ton consécutifs, et déclare que ces rapports sont en réalité ἀλόγοι (ce qui signifie seulement pour lui qu'ils sont imprononçables et anonymes, et non pas incommensurables comme le sont les lignes δυνάμεις dont il est question dans le *Théétète*[1] et dans le livre X des *Éléments* d'Euclide, par exemple la diagonale du carré).

Or, l'attitude de Platon à l'égard de ces recherches est remarquable. Lui qui met dans la bouche de Socrate et de l'Athénien tant d'éloges du pouvoir transcendant des mathématiques[2] (et tant d'exhortations à poursuivre le programme mathématique de l'Académie), les transforme en inquisiteurs ignorants ou feignant l'ignorance[3] devant celui des genres que les spécialistes s'accordent à reconnaître comme le plus mathématique[4].

C'est que les protagonistes des *Dialogues* se réclament de Damon l'Athénien[5]. Ce dernier avait en effet assigné à chaque trope enharmonique

ce passage si énigmatique font passer l'oreille non pas « avant » (*pro*) l'esprit mais « devant » (*pro*) lui au sens où ils chercheraient à éprouver concrètement les subdivisions infimes déduites mathématiquement. On trouvera des remarques suggestives de ce point de vue dans l'ouvrage de Serge Martin, *Le Langage musical. Sémiotique des Systèmes*, Klincksieck, Paris, 1978, comme celle-ci : « L'esthétique est toujours métaphysique. Au contraire, la notion de *phénomène* implique, par son étymologie, une critique du donné qui sera soumis à une investigation théorique » (p. 12); « l'écriture musicale impose une distinction entre le son, donnée empirique et la note, puisqu'à un même son correspondent plusieurs notes » (p. 79). Pour une étude approfondie des enjeux de cette interprétation, voir A.G. Wersinger, « Les mesures de l'infini », *Philosophie*, n° 59, 1998, 69-92.

1. 148 b 8 : δυνάμεις [...] ὡς μήκει [...] οὐ συμμέτρου, et dans la *République*, 534 d 6 et 546 c 5.

2. Pensons notamment aux *Lois*, 747 a, où l'Athénien évoque la variété (ποικίλια) des nombres touchant les domaines de la géométrie, de la stéréométrie, de l'harmonie, de la cinématique et de l'astronomie (*cf.* aussi 820 a 6-10).

3. Voir *République*, 399 a 5.

4. Ainsi Proclus. Voir *Commentaire sur le Timée*, p. 214.

5. *Rép.*, 400 b.

et à son nom d'origine ethnique (le lydien, le dorien, le phrygien, l'ionien) une correspondance éthique et mimophonique. Chacun connaît l'anecdote protreptique rapportée par Galien[1] : « un jour que le musicien Damon se trouvait aux côtés d'une joueuse de flûte qui jouait des airs phrygiens pour des jeunes gens avinés, en proie au délire de l'ivresse, il lui ordonna de jouer des airs doriens : cela eut pour effet immédiat de faire revenir les jeunes gens de leur comportement déraisonnable. »

Socrate aussi pense que le Dorien, en raison de son mouvement sévère et militaire, convient à l'éducation[2] tandis que les autres tropes, notamment le mixolydien efféminé et larmoyant, sont à bannir. Or le genre mixolydien se trouve être le genre qui donne le plus de plaisir tout en poussant paradoxalement les mathématiques le plus loin dans la recherche des rapports les plus fugitifs et les plus nuancés[3]. Tout se passe comme si le triomphe du plaisir en musique coïncidait avec son degré de sophistication mathématique et sa liberté dans l'interprétation de la *diesis*. C'est pourquoi, il est difficile de soutenir que les raisons qui poussent les protagonistes des *Dialogues* à rejeter la musique dont le but avoué serait le plaisir, sont d'ordre épistémologique.

Les *Dialogues* répètent à l'envi que la musique contemporaine, dont le but suprême est le plaisir, est condamnable. Ainsi dans le *Timée* (47 d 1-3) sont opposés l'harmonie des Muses et le « plaisir sans raison (ἄλογον) », c'est-à-dire celui qui fait fi non pas des mathématiques, mais de l'harmonie consonante dont nous avons vu qu'elle assurait la tempérance. C'est la même critique acerbe que l'on trouve dans la *République* (424 c 4) et dans les *Lois* (700 d 3-e 4), fondée sur des raisons morales et non épistémologiques.

Chacune de ces allusions musicales peut être aujourd'hui historiquement précisée. Le papyrus d'Hibeh n° 13[4] témoigne en effet de ce que la musique contemporaine de Platon privilégie le plaisir au détriment du mimophonisme damonien, comme le dit par exemple Evanghélos Moutsopoulos : « Les représentants de ce courant, auteurs de dithyrambes

1. *Des Dogmes d'Hippocrate et de Platon*, V, 453, éd. Müller, Diels Krantz, fr. A 8, p. 457, J. P. Dumont pour la traduction (*Les Présocratiques*, Gallimard, Paris, 1988).

2. *République*, 398 e-9 c ; 399 a 3 ; *Lachès*, 188 d, 193 d.

3. Lorsqu'on croit pouvoir incriminer l'empirisme de l'*aulos* dans le genre mixolydien, on oublie que Lasos d'Hermione a cherché à reproduire les petits intervalles de la flûte obtenus en obturant légèrement un trou, en inventant une nouvelle disposition des intervalles de la lyre. *Cf.* F. Lasserre, *Traité du Pseudo-Plutarque 'De la musique'*, Lausanne, URSGRAF, 1954, p. 37.

4. Plusieurs études existent, à commencer par celle de C.E. Ruelle, « Le papyrus musical de Hibeh », *Revue de Philologie* 31, 1907, p. 235-240. Voir la bibliographie dans M.L. West, *Ancient Greek Music*, Clarendon Press, Oxford, 1992.

pour la plupart, le principal représentant étant Télestès de Sélinonte, formulent des doutes sur la vérité des doctrines damoniennes [...] qu'ils réfutent par des raisonnements[1]. » L'auteur du fragment, peut-être Hippias, proteste par exemple contre l'attribution de telle qualité morale ou de telle origine ethnique à un genre d'harmonie.

Ainsi, la musique nouvelle recherche la virtuosité en vue du seul plaisir et se moque de la morale. Et ce plaisir, elle le veut illimité (ἀπειρός). Reste à comprendre ce qu'est ici l'illimité ?

Dans les *Dialogues*, l'illimité est généralement assorti de la mention « du grand et du petit », et Léon Robin[2] par exemple, explique qu'il s'agit de définir par cette expression « l'oscillation indéfiniment perpétuée entre deux contraires ». En *République* 438 b 1-c 5, Socrate définit l'illimité comme ce qui résulte d'un rapport continu entre le grand et le petit. Ce que nous traduisons par rapport est la préposition πρός que nous avons déjà rencontrée dans la terminologie des rapports mathématiques. Ainsi, explique Socrate, une chose est plus grande par rapport à une autre chose plus petite et ainsi de suite. Cette définition de l'illimité enveloppe tous les termes qui relèvent de l'excès et du défaut : le plus et le moins, le double et la moitié, *etc*. Dans le *Philèbe* cependant, Socrate modifie pour la compléter cette description de l'illimité, d'une part en sous-entendant la distinction entre une relativité indéterminée (le plus et le moins) et une relativité déterminée, conforme aux rapports (le double et la moitié)[3], d'autre part en précisant que l'illimité indéterminé n'a ni commencement, ni milieu, ni fin. Toujours en mouvement, en branle perpétuel, cet illimité est inachèvement[4]. Le *Philèbe* se donne ainsi les moyens de conférer une valeur opératoire à l'*apeiron*. Il permet notamment de ranger dans une même catégorie et donc de ramener à l'unité « tout ce qui nous apparaît comme passant par le plus et le moins » (24 e 7). Dans le *Philèbe*, cet *apeiron* possède le statut d'un genre (γένος).

Appliqué à la musique, tout illimité qu'il est, il permet notamment d'arraisonner tous les passages de la *diesis* en les faisant tendre vers une limite comme le dit à demi-mot Socrate à la page 25 a 3-5 du *Philèbe* : ὅσα διέσπασται καὶ διέσχισται συναγαγόντας (« rassemblant tout ce qui est disjoint et divisé afin de lui imposer une nature selon une seule puissance, κατὰ δύναμιν μίαν »). Le préverbe *dia* présent dans les verbes *diaspaô* (mettre en pièces, diviser) et *diaschizô* (séparer, écarter), pourrait évoquer la

1. *Op. cit.*, p. 197.

2. L. Robin, « Études sur la signification et la place de la physique dans la philosophie de Platon », dans *La Pensée hellénique des origines à Epicure*, PUF, Paris, 1967.

3. Voir *Phil.*, 25 a-b.

4. *Ibid.*, 24 a 8-b 3.

diesis et le *diaschisma*, dont la valeur serait obtenue par soustraction de deux fois la valeur d'un *lemma* du ton. L'idée de Socrate est peut-être ici de penser toute la série, illimitée en droit, des divisions de la *diesis*, selon un paradigme de la *dunamis* qui a déjà fait ses preuves dans les mathématiques de l'incommensurabilité. (Précisons tout de suite qu'il ne s'agit évidemment que d'un paradigme, c'est-à-dire d'un modèle ou d'une méthode, et non pas d'une assimilation radicale de la problématique musicale à une problématique des lignes incommensurables !).

C'est pourquoi analyser le plaisir suppose d'analyser l'illimité. Et comme il n'y a pas d'illimitation sans relativité, le plaisir ne peut être considéré indépendamment de la douleur, son contraire. Dans la *République,* Socrate, qui a posé que le plaisir et la douleur sont les contraires l'un de l'autre, fait admettre à son interlocuteur qu'entre les deux (μέσον) existe un état intermédiaire (μεταξύ) d'indifférence. Il évoque alors les aveux des malades qui, lorsqu'ils ne souffrent plus, s'imaginent éprouver du plaisir (τὸ χαίρειν) et ceux qui, au contraire, dès lors qu'ils sortent d'un grand plaisir croient souffrir. Socrate tire alors la leçon de son examen : cet état qui n'est en réalité qu'indifférence de l'âme, absence de tout sentiment, apparaît tantôt comme plaisir tantôt comme douleur[1] : c'est la preuve du caractère relatif du plaisir qui provient du balancement indéfini d'une comparaison : « si on le compare à la douleur cet état paraît être un plaisir, une douleur si on le compare au plaisir ». Une image[2] (qui suggère la caverne de la *République)* représente les oscillations de cette relativité : Socrate divise une ligne verticale en trois parties, le bas, le milieu et le haut; les hommes qui circulent le long d'une moitié seulement, ignorent ce qu'est la hauteur et prennent pour elle ce qui n'est que le milieu. Il en est de même pour ces gens qui, faute de connaître le blanc, opposent le gris au noir. Le terme ἀπειρία qui apparaît ici avec le double sens d'absence d'expérience et d'absence de limite[3], exprime bien l'interprétation qu'il convient de faire de cet illimité pensé littéralement comme une privation, un manque. Un plaisir illimité se réduit dans ce cas à l'errance de ceux qui ne connaissent que le manque.

Si tels sont le plaisir et l'ambition des musiciens de la trempe novatrice, il faut reconnaître que cette errance n'est qu'un pauvre jeu sans intérêt. Cependant, Socrate prend un dernier exemple, inspiré des techniques de la peinture skiagraphique, et compare la relation du plaisir et de la douleur à une ébauche qui ne prend couleur que par juxtaposition des ombres et des

1. *Rép.*, 583 e 5.
2. *Ibid.*, 584 d 4-5.
3. Le même mot est utilisé dans le *Philèbe* avec le sens d'illimité en 16 c 10.

lumières[1]. A première vue cette comparaison est de même facture que les autres mais nous allons voir qu'il n'en est rien.

Pour le comprendre, il convient de se référer à nouveau au *Philèbe* lorsque Socrate, qui vient d'examiner les situations exemplaires de la démesure des plaisirs, se demande ce qui se passe lorsque nous cherchons à discerner (διαγνῶναι) laquelle de ces deux affections est comparativement plus grande ou plus petite (τίς τούτων πρὸς ἀλλήλας μείζων καὶ τίς ἐλάττων), la douleur relativement au plaisir ou la douleur relativement à la douleur et le plaisir relativement au plaisir (41 e 3-e 6). Socrate procède alors (41 e 9-42 a 2) à une comparaison inspirée des effets d'illusion optique appelés scénographie : « dans la vision, voir de près ou de loin supprime l'appréciation vraie des grandeurs et rend faux le jugement (ψευδῆ ποιεῖ δοξάζειν) » Appliquant sa comparaison aux plaisirs et aux douleurs, il fait alors cette remarque : « les douleurs et les plaisirs se renversent (μεταβαλλόμεναι) à être regardés de près ou de loin et corrélativement, étant disposés l'un relativement à l'autre (τιθέμεναι παρ' ἀλλήλας), les plaisirs paraissent (φαίνονται) plus grands et plus vifs à côté d'une douleur (παρὰ τὸ λυπηρόν) et inversement (42 b 2-6). »

La skiagraphie et la scénographie mettent en scène un même phénomène, celui de la modification de la sensation par la seule disposition des éléments. Placés l'un à côté de l'autre, relativement l'un à l'autre deux éléments donnent lieu à une illusion de couleur ou d'intensité.

Que l'on prenne bien garde à saisir la différence entre cette comparaison et les autres. Dans les deux cas il est question certes, de la relativité et donc de l'illimitation (ἀπειρόν) des plaisirs et des peines. Mais entre les premières comparaisons et la dernière il y a toute la différence qu'il y a entre une fonction monotone et un feuilleté. Dans les premières en effet, la variable est homothétique, elle procède linéairement, par degrés, sans surprise. Dans la dernière, la variable fluctue, elle devient vague, libre, elle est modulée par un entourage et un contexte. Au rythme régulier de l'illimité tendant vers sa limite se substitue un illimité plus difficile à saisir, celui des μεγάλαι μεταβολαί, des grands renversements. Il est remarquable que la description de la scénographie des plaisirs et des peines se teinte d'un vocabulaire musical : la préposition παρά, qui s'est substituée à πρός, évoque le phénomène musical de la paraphonie et le participe μεταβαλλόμεναι suggère celui de la métabole.

Dans la *République* (397 b 6), Socrate oppose à la musique simple, qui ne varie pas ou peu, la musique à laquelle toutes les harmonies (πασῶν ἁρμονίων) sont nécessaires. La métabole nécessite en effet ce que certains

1. *Rép.*, 586 c 1.

ont appelé « l'exharmonie »[1] qui désigne péjorativement le mécanisme par lequel le musicien, au lieu de se borner à un seul système d'harmonie (par exemple le lydien), pouvait aller chercher l'interprétation de ses « lichanoi » dans d'autres registres (le dorien par exemple). Cette transgression crée des effets de modulation et de chromaticisme. Mélanippide, Phrynis, Timothée de Milet et Philoxène ont fait usage de ces courbes modulatrices qui ne se réduisent pas à une simple prestation de virtuosité. Par exemple, la structure des *Mysiens*, pièce de Philoxène de Cythère, témoigne de ce que les métaboles étaient conçues en simultanéité avec la progression dramatique[2]. Comme ce mécanisme ne s'est pas cantonné à la mélodie mais s'est étendu dans les autres parties de la musique, notamment dans la rhétorique, on peut illustrer le procédé de la métabole par un passage du *Banquet*, le discours d'Agathon. Agathon était le disciple de cette conception nouvelle de la musique héritée de Timothée de Milet. Il fut le premier à introduire le chromaticisme dans la tragédie et Platon en a pastiché le procédé. Ainsi, à la page 196 a-b 3 du *Banquet* l'expression κατ' ἄνθη fait surgir comme en un bouquet sonore tous les termes qui lui sont anagrammatiquement proches et qui ont été savamment orchestrés depuis le début du discours tels que ἀνανθεῖ, ἀπηνθηκότι, εὐανθής, ἐνταῦθα, mais aussi πάντῃ ou λανθάνειν. Ce procédé rhétorique et musical contribue à briser l'axe linéaire de la lecture en créant des effets à distance et à retardement.

Le deuxième procédé qui nous intéresse est la paraphonie. Nous pouvons en trouver une description dans les *Lois* (812 c-d) de Platon (où il apparaît du reste sous le nom d'hétérophonie). En dépit de ce que suggère ce terme, il ne s'agit pas d'une préfiguration de la polyphonie qui n'existe pas en tant que telle chez les Grecs. Le procédé consistait à faire chanter la voix et l'accompagnement sur deux registres de l'harmonie opposés, brisant de la sorte l'une des lois les plus sacrées de la musique, la consonance : on fera par exemple dissoner une nète et une paranète ou encore une trite et une parhypate. On peut illustrer le procédé par le papyrus de Michigan (n° 2958) dont Annie Bélis a fourni récemment une interprétation inédite[3].

Or, chacun de ces procédés doit procurer le plus grand plaisir, c'est là sa finalité. Ainsi, dans l'hétérophonie, comme l'explique un passage du traité

1. West, *op. cit.*, p. 196.

2. *Op. cit.*, p. 365.

3. « Nouvelle interprétation d'une partition antique (Papyrus Michigan 2958) », *Revue des Etudes Grecques* 109, 1996, p. X-XI.

pseudo-aristotélicien des *Problèmes* (19-39), l'accompagnement en dissonance avec la voix finit en unisson avec elle, ce qui fait succéder au déplaisir le plus grand des plaisirs. L'intérêt de cette remarque réside évidemment pour nous dans le fait que la situation ainsi décrite coïncide de façon troublante avec la catégorie du plaisir illimité examinée par Socrate dans le *Philèbe*. C'est relativement à l'inconfort que le plaisir est à son comble. Il en est de même pour la métabole à en croire le traité pseudo-hippocratique *Du régime*[1] selon lequel c'est la plus grande diversité dans les notes musicales qui se révèle la plus agréable et la variété des modulations qui offre le plus grand plaisir.

Or on peut affirmer, en rapprochant un passage des *Propos de table*[2] de Plutarque d'un fragment du *Traité de la musique*[3], que les procédés que l'on désigne sous le terme « couleurs » (χροαί), à savoir le chromaticisme et la paraphonie, étaient interprétés comme des figures d'infléchissement telles que le pli, la sinuosité, la courbe (καμπή). Ces figures suffisent à témoigner du caractère hautement théorisé de cette musique que trop d'interprètes veulent réduire à la caricature qu'en ont fait ses ennemis. On voit bien quelle distance il y a entre cette interprétation de l'*apeiron*, constitué de conflits, de boucles, de renversements et d'infléchissements, et le modèle socratique de l'*apeiron* où les variations se bornent à suivre la pente des degrés de la *diesis*. Dans la musique nouvelle, le plaisir naît d'un illimité *paradoxal*. Celui-ci n'est pas moins mathématique que le premier et les mathématiciens savent aujourd'hui modéliser ces structures d'indécidabilité et de conflit, faisant justice du même coup aux morphologies vagues et phénoménologiques que dessinent ou tissent les techniques anciennes : la skiagraphie et la scénographie en peinture, et la métabole et l'hétérophonie en musique.

Or le plaisir paradoxal porte traditionnellement un nom riche d'implications. Chez Homère, l'émotion esthétique est appelée χαρίς. Françoise Frontisi Ducroux[4] explique que la *charis* naît de l'effet de surprise produit par les objets chryséléphantins aux surfaces chatoyantes qui donnent l'illusion du vivant et de l'animé. L'expression θαυμὰ ἰδέσθαι qui apparaît dans ces contextes, nous permet de comprendre que le plaisir résulte de l'émerveillement fait d'étonnement et de surprise devant le paradoxe du mouvement de l'inerte, c'est-à-dire du renversement des contraires. Le renouveau des poèmes homériques à partir de la fin du ve siècle dont se font

1. XVIII 1 et *De victu*, 1. 18. 1.
2. III, 645 d-645 e 4.
3. Cité par le *Traité de la musique* du Pseudo-Plutarque.
4. *Dédale. Le Mythe de l'artisan en Grèce ancienne*, Maspero, Paris, 1975, p. 72.

écho les *Dialogues* de Platon nous autorise à émettre l'hypothèse d'une résurgence, dans la musique nouvelle, du plaisir paradoxal de la *charis*.

L'examen des occurrences du terme *charis* dans les *Dialogues* montre qu'en général il y est synonyme des autres termes que l'on traduit par plaisir, ce qui relève d'une simple différence nominale comme c'est le cas par exemple dans le *Philèbe* (11 b 4-5). Cependant, il arrive qu'en de rares passages d'importance inégale, les protagonistes s'intéressent soudainement à la différence qui sépare la *charis* de ses synonymes. Dans la *République* (357 b 7) Socrate déclare que le fait d'éprouver la *charis*, le χαίρειν, est un plaisir sans dommage (ἀβλαβεῖς) parce qu'il n'a d'autre finalité que sa jouissance. Pure de tout mélange avec la douleur, pure de cet *apeiron* qui caractérise le plaisir de la musique nouvelle, la *charis* pourrait être le nom de ces plaisirs purs que sont les sons homophoniques dont nous avons parlé plus tôt à propos des consonances, et que Socrate évoque dans le *Philèbe* (51 b 3-5). De tels sons que fixe, on s'en souvient, la proportion mathématique, sont les correspondants sonores des lignes droites et des cercles qu'analyse la géométrie (51 c 3-c 7).

Ce plaisir recherché pour lui-même et non pas pour ses suites réapparaît dans les *Lois* où il reçoit la définition de ἡδονὴ παρεπομενή (667 d 2), un plaisir parépomène, plaisir de l'ornement. La *charis* apparaît donc comme le plaisir gratuit et gracieux par excellence, plaisir qui naît par surcroît, agrément gracieux. Ce passage est particulièrement intéressant parce qu'il est en corrélation avec le problème des rapports entre le plaisir et la vérité (ἀλήθεια). Il s'agit en effet de répondre à la question capitale de savoir si le plaisir peut être un critère musical comme le prétendent les artistes de la musique nouvelle. Pour l'Athénien, la réponse est négative : « lorsqu'on prétend que la musique se juge d'après le plaisir qu'elle procure, il ne faut pas accepter cette assertion, ni rechercher cette musique là comme sérieuse (668 a 9-b 1). » Seule la vérité est juge musical. Aussi est-ce dans la mesure où la musique a su se conformer aux exigences de la raison, comme par exemple la sculpture sait se conformer aux exigences mathématiques de la *summetria* (pensons au Doryphore de Polyclète), dans la mesure où la musique est droite (ὀρθότης), c'est-à-dire dans la mesure en somme où la musique est pure, que le plaisir est *charis*, plaisir gracieux. La *charis* est la grâce du vrai, entendons la grâce du mètre, de la mesure : ἔμμετρον εὔχαριν dit la *République* [1].

Une telle interprétation de la *charis* a évidemment pour conséquence d'évider le plaisir esthétique de toute sa portée paradoxale. La *charis* émane du vrai, du bien proportionné et non du paradoxe, telle est la thèse des *Dialogues*. Ainsi, les protagonistes des *Dialogues*, qui n'évacuent pas le

1. 486 e 1 ; *cf.* 602 d 8.

plaisir esthétique, en ont cependant inversé tout le sens : par exemple, dans une réplique des *Lois* (682 a 4), Homère lui-même n'est appelé χαρίεις et n'est dit inspiré par les Charites que parce qu'il chante κατ' ἀλήθειαν. La situation est pleine de saveur : les mots sont presque ceux de l'*Odyssée*, mais la lettre est vidée de son esprit.

Il n'est pas question de reprendre ici l'ensemble du dossier platonicien de la tragédie, cette partie de la musique dont Homère est présenté comme l'*hégémôn*, mais seulement de suggérer que c'est dans la tragédie que la *charis* semble déployer toute la constellation de ses sens les plus enfouis en même temps que triomphe le plaisir paradoxal.

On se souvient que selon Socrate, la tragédie est poésie imitative et qu'elle imite les hommes plongés dans des actions accomplies librement ou sous la contrainte, en conséquence desquelles ils s'abandonnent à la douleur ou au plaisir (χαίροντας)[1]. Le caractère contradictoire de l'émotion vécue par l'âme du spectateur en cette circonstance est aussitôt souligné. Il y a bien sûr la honte de pleurer devant autrui mais il y a surtout que le tragique fait naître en nous un plaisir paradoxal :

> lorsque les meilleurs d'entre nous entendent Homère ou quelque autre poète tragique imitant un héros dans l'affliction, qui débite une longue tirade de gémissements, ou qui chante son mal en se frappant la poitrine, tu sais que nous éprouvons du plaisir (οἶσθ' ὅτι χαίρομεν), que nous nous laissons aller à le suivre avec compassion (καὶ ἐνδόντες ἡμᾶς αὐτοὺς ἑπόμεθα συμπάσχοντες). (*Rép.*, 605 c 10-d 4)

Par exemple, le deuil d'Achille décrit à la page 388 a nous émeut de pitié (606 b 3), cette passion paradoxale faite de plaisir et de douleur qui s'insinue dans nos cœurs verrouillés par le savoir-vivre pour nous rendre sensibles aux maux d'autrui (606 b 7). Or, l'intérêt de la critique formulée à cet endroit de la *République* réside dans le fait qu'elle ne se contente pas de fouiller la douleur pour y dénoncer le plaisir malveillant ou frénétique qui s'en repaît.

Ce qui n'est pas le cas dans les *Lois* (656 a) et dans le *Philèbe* (48 a 1) où Socrate observe que les deuils recèlent des plaisirs et que dans les spectacles tragiques nous jouissons de nos larmes (χαίροντες κλάωσι, 48 a 6). Ce point de vue a l'effet de mettre sur le même plan le plaisir paradoxal tragique et le soulagement du désir brutal impatient de satisfaire sa curiosité comme il est illustré dans l'anecdote de Léontios dans la *République* (439 e 6). On remarquera néanmoins que dans le *Philèbe*, Socrate fait sa démonstration à partir du théâtre comique où il a beau jeu de

1. *République*, 603 c 5.

débusquer derrière le plaisir de se moquer du ridicule d'autrui, l'existence douloureuse d'une âme en proie à l'envie[1]. Mais l'argument, appliqué à la tragédie se révèle fragile : il ne semble pas que le paradoxe du plaisir tragique se laisse expliquer comme la simple inversion symétrique de ce qui se passe dans la comédie. Car si dans la comédie, le plaisir se délecte de la douleur qui lui est sous-jacente, il se pourrait bien que le plaisir tragique résulte au contraire de la découverte qu'au fond de tout plaisir gît la douleur comme pourraient le dire les physiciens mélancoliques du *Philèbe* (44 c 5-d 1).

Le passage précité de la *République* nous entraîne en effet à nous interroger sur ce qui constitue l'essence de la *charis* chez Homère. Les travaux d'Emile Benveniste[2] ont mis en évidence que le terme *charis* était le centre d'une constellation de substantifs et de verbes dont les plus importants éclairent chacun l'un des aspects de la *charis :* χαρά (la joie), χαρίεις (le gracieux), χαρίζεσθαι (rendre grâce, être agréable, faire plaisir). Dans ce contexte, la *charis* serait la joie qui découle du bienfait et de la reconnaissance et aurait pour essence les relations de réciprocité et de don. Or, chez Homère, la *charis* que provoque le chant de l'aède possède une fonction sociale : comme le souligne Ulysse au chant IX de l'*Odyssée, «* il n'y a pas de réussite plus agréable [« qui ait plus de *charis* »] que l'*euphrosunè*, la joie que chacun dans le *démos* éprouve lorsqu'un poète chante à l'heure du dîner[3] ». Il se trouve que cette définition de la poésie vient peu après le chant VIII (v. 531) où l'aède Démodocos a décrit successivement les malheurs des Achéens mais aussi ceux des Troyens, faisant naître la pitié et les larmes d'Ulysse comparé dans un magnifique paradoxe à une femme en deuil. Cet épisode, trop souvent mal interprété, suggère en conséquence que la poésie serait capable d'ouvrir l'âme de l'auditeur à la souffrance de ses ennemis, comme Ulysse apitoyé par les Troyens. Cette faculté de reconnaître un autre que soi exprimée dans le verbe grec χαρίζεσθαι serait alors ce qui prédomine dans le plaisir de la *charis*.

Platon n'ignore pas la portée sociale de la *charis*, lui qui, dans les *Lois* (680 c 2), écrit à propos d'Homère, appelé χαρίεις, qu'il est ἀστεῖος, de civilité, de convivialité, ou qui cherche une étymologie du mot χαρά, la

1. *Phil.*, 48 b 9.

2. *Vocabulaire des institutions indo-européennes*, 1975, p. 199-201. Voir aussi B. Mac Lachlan, *The Age of Grace*, Princeton, 1993; et surtout les remarquables études de D. Saintillan, « Le discours tragique sur la vengeance », *Cahiers du Gita*, 3, 1987; « Du Festin à l'Echange : les Grâces de Pandore », dans *Le Métier du mythe, Lectures d'Hésiode*, éd. du Septentrion, Lille, 1996.

3. Je cite ici la traduction glosée de G. Nagy, *The Best of the Acheans*, Johns Hopkins University Press, 1979 (trad. franç. N. Loraux, Seuil, Paris, 1994, p. 119).

joie, dans l'entrelacement des hommes dans les chœurs[1]. Il semble savoir tout aussi bien que la *charis* est un plaisir paradoxal. Par exemple, dans la *République* (331 a 1-333 a 9), les vers de Pindare qui paradoxalement soutiennent que l'espérance réchauffe le cœur des vieillards, sont commentés par les adverbes χαριέντως et θαυμαστῶς qui en soulignent l'agrément et le merveilleux. De même, Socrate insiste dans d'autres passages de la *République* sur l'affinité du plaisir tragique avec la skiagraphie et la scénographie et leurs effets illusoires (εἰδωλοποιοῦντα, 605 c 3). On peut du reste, pour illustrer les choses, rappeler par exemple que c'est à la faveur du plaisir que l'illusion tragique s'empare du spectateur des tragédies, selon Gorgias[2]. Ce plaisir d'où est issue l' ἀπάτη tragique est le plaisir préparé par les instruments rhétoriques et harmoniques de la mise en scène mimétique, mais dans la tragédie ce plaisir est tourné, comme l'écrit Gorgias dans l'*Éloge d'Hélène*[3], « vers la crainte et la pitié qui arrache les larmes ou ce regret qui éveille la douleur lorsque sont évoqués les heurs et les malheurs que connaissent les autres ».

Se peut-il que la musique nouvelle, notamment celle qui se rapporte à la tragédie, se soit proposé de renouer avec l'essence à la fois politique et esthétique de la *charis* ? L'accumulation, dans le passage précité de la *République*, des termes de la racine du mot *charis* (χαῖρον, χαίρομεν, χαίρειν, χαριζόμενον[4]) pourrait le suggérer, tout comme la dépréciation dont fait l'objet cette même famille de termes dans certains des *Dialogues*, notamment le *Gorgias* dont, pour terminer cette étude, j'aimerais souligner quelques effets.

Dès le début (447 a 7-8), l'enjeu de l'entretien est suggéré, avec humour, par le nom de l'un des interlocuteurs, Χαιρεφῶν (dans lequel on reconnaît la racine qui nous intéresse) qui met Socrate en retard et lui fait manquer les beaux entretiens de Gorgias le rhéteur. Après quelques détours ponctués çà et là par le terme χαρίζεσθαι[5], Socrate définit lui-même la rhétorique dans une formule où la *charis* joue un rôle essentiel[6]. Polos son interlocuteur souligne alors (462 c 8-9) naïvement la beauté d'un art dont la finalité est de complaire (χαρίζεσθαι) aux hommes. Dans la bouche de Polos il ne fait pas de doute que ce mot n'a rien de péjoratif : complaire aux hommes, c'est assurément mettre l'accent sur la reconnaissance, le bienfait

1. *Lois*, 654 a 5.

2. Comme le suggère A. Garzya, « Gorgias et l'apatè de la tragédie », *Cahiers du Gita* 3, 1987, p. 154

3. DK B XI, trad. J.-L. Poirier dans J. P. Dumont, *Les Présocratiques*, § 9, p. 1033.

4. χαῖρον, 605 a ; χαίρομεν, 605 c 10-d 6 ; χαίρειν, 605 e ; χαριζόμενον, 605 c.

5. Ainsi en 458 d 4.

6. En 462 c 7.

gratuit et gracieux. Mais Socrate, on le sait, démontre dans la suite que cette grâce là n'est que *kolakeia*, complaisance détournée en flatterie[1]. C'est le tournant du dialogue et l'interlocuteur du moment, Calliclès, abandonne la lutte tout en soulignant au passage que sa volonté est partisane : étant l'ami, le *philos* de Gorgias[2], il veut lui rendre grâce (χαρίζομαι, 501 c 8). Socrate mène cependant la discussion à son terme et l'on distingue alors clairement que la cible de ses attaques n'est autre que la musique nouvelle (dont il cite l'un des représentants, Cinésias, surnommé du reste le philanthrope[3]) et ses espèces au nombre desquelles figure la tragédie, parce que, dit-il (502 a 1), leur but est de χαριεῖσθαι τῷ ὄχλῳ. L'une des dernières définitions de la poésie tragique donnée par Socrate (en 502 c 5-7) achève de mettre en évidence le caractère politique de la tragédie et le sens politique que prend la *charis* dans la tragédie : si l'on ôte de la poésie, explique Socrate, le mètre, le rythme et la mélodie, il reste la δημηγορία, le discours au peuple.

Sans doute faut-il référer cette définition de la tragédie comme *dèmègoria* à la critique formulée dans les *Lois* contre ce que l'Athénien appelle la « Théâtrocratie », caricature destinée à dénoncer le mécanisme de déchéance politique et morale auquel conduit la décadence musicale. Ce qui fait surtout problème dans cette histoire athénienne de la musique dont on pourrait mettre en évidence le caractère sévère et solonien, c'est l'étrange formule qui, selon l'Athénien, caractérise le peuple *avant* la décadence : il « était l'esclave consentant des lois » (ἑκὼν ἐδούλευε τοῖς νόμοις, 700 a 5). Cette formule est à peu près la même que celle que l'on trouve dans le *Philèbe* (58 b 1-2) pour définir la rhétorique et l'art de Gorgias : « il réduit en esclavage [...] par consentement et non par force (δοῦλα δι' ἑκόντων ἀλλ' οὐ διὰ βίας) ». L'un des paradoxes apparents des *Lois*, on s'en souvient, réside dans la résurgence bien soulignée par les commentateurs, de tous les aspects pourtant condamnés, de la *mousikè :* ainsi les μέλη et même la variation (665 c 5) sont-ils finalement nécessaires parce qu'il faut que les chanteurs des hymnes enchantent la cité par les principes édictés et y trouvent du plaisir (665 c 4-7). Le législateur doit recourir à la persuasion (663 c 1) et ses Lois devenir « la bonne tragédie » (817 b 6).

C'est dans le même sens que va la définition de la rhétorique philosophique dans le *Phèdre* (277 c 3) et la nécessité proférée par Socrate d'user, en cas de besoin, de toutes les harmonies.

1. 501 b 8.

2. En 447 b 2, Calliclès a dit φίλος γάρ μοι Γοργίας.

3. Dont Aristoxène réprouve le style philanthropique, selon le Traité du Pseudo-Plutarque *De la musique*, 1134 b, éd. F. Lasserre, note p. 162.

Ces observations suffisent à invalider la thèse d'une dénonciation platonicienne de la nature aliénante et psychagogique d'une *mousikè* qui propagerait les standards de l'idéologie culturelle et éducative au moyen de mécanismes verbaux-moteurs à la façon de *nursery rhymes*[1]. Ce n'est pas la persuasion à laquelle répugne l'Athénien. Seule en fin de compte, la tragédie et ses harmonies endeuillées, son plaisir paradoxal, sont obstinément refusés par lui. Peut-être, suggérons pour conclure cette hypothèse, parce qu'il convient, comme le soutient Socrate à la fin du *Phèdre* (273 e 6-7), de χαρίζεσθαι les dieux et non pas nos compagnons de captivité, les hommes.

1. Comme le soutient Éric Havelock, *A Preface to Plato*, Harvard Univ. Press, 1963, p. 125.

SPEUSIPPE ET LE PLAISIR

John DILLON

Arracher à l'oubli, et examiner comme il le mérite, l'apport à la philosophie de Speusippe, neveu et successeur de Platon à la tête de l'Académie, voilà une tâche qui est loin d'être terminée. Aristote, peut-être vexé peut-être sincère, donne nettement l'impression de ne pas le prendre au sérieux[1], et les commentateurs modernes se contentent en général de suivre ses traces.

Je me suis déjà risqué à la défense de sa métaphysique[2], et constate avec plaisir que je ne suis plus seul à estimer qu'il mérite d'être considéré sérieusement comme penseur[3]. J'aimerais ici défendre un principe essentiel de son éthique : sa doctrine est que le bonheur, ou bien-être (*eudaimonia*),

1. On en trouvera de bons exemples en *Mét.*, 1028 b 21 *sq.* (sur ses premiers principes), *PA*, 642 b 5 *sq.* (sur sa logique) et *EN*, 1153 b 1 *sq.* (sur sa théorie éthique).

2. « Speusippus in Iamblichus », *Phronesis* XXIX, 1984, 325-332. Il s'agissait surtout de développer des intuitions apportées par Philip Merlan dans son pénétrant ouvrage *From Platonism to Neoplatonism*, La Haye, 1954 (2ᵉ éd. 1960 ; 3ᵉ éd. 1968), et de critiquer ce qui me paraissait être le scepticisme outrancier de Leonardo Tarán dans son édition (par ailleurs très précieuse) des fragments de Speusippe, *Speusippus of Athens*, Leiden, 1983. On trouvera une importante contribution tant à notre connaissance de Speusippe qu'à l'interprétation antique du *Parménide* de Platon dans l'article de Jens Halfwassen, « Speusipp and die metaphysische Deutung von Platons *Parmenides* » in *Hen Kai Plèthos*, Festschrift Karl Bormann, éd. L. Hagemann & R. Glei, Würzburg, 1993.

3. Principalement Margherita Isnardi Parente et (malgré ce que je considère comme un entêtement coupable sur plusieurs points) Leonardo Tarán dans leurs recueils respectifs de fragments ; et encore R.M. Dancy, en particulier dans « Ancient Non-Beings : Speusippus and Others », *Ancient Philosophy* 9, 1989, 207-243, repr. dans *Two Studies in the Early Academy*, Albany, 1991.

pour l'homme se trouve dans « la délivrance du trouble » (*aokhlèsia*)[1], et que la douleur et le plaisir sont au même degré des maux, qui s'étendent à partir de ce « moyen » dans une série infinie de gradations allant en quelque sorte dans l'une et l'autre direction.

Il ne sera peut-être pas mauvais de citer intégralement le témoignage de Clément, car c'est à peu près le seul que nous ayons pour reconstituer la position de Speusippe :

> Σπεύσιππός τε ὁ Πλάτωνος ἀδελφιδοῦς τὴν εὐδαιμονίαν φησὶν ἕξιν εἶναι τελείαν ἐν τοῖς κατὰ φύσιν ἔχουσιν ἢ ἕξιν ἀγαθῶν, ἧς δὴ καταστάσεως ἅπαντας μὲν ἀνθρώπους ὄρεξιν ἔχειν, στοχάζεσθαι δὲ τοὺς ἀγαθοὺς τῆς ἀοχλησίας. εἶεν δ' αἱ ἀρεταὶ τῆς εὐδαιμονίας ἀπεργαστικαί.
>
> Speusippe, le neveu de Platon, affirme que le bonheur est un état parfait dans le domaine de ce qui est naturel, ou l'état (de la possession) de[2] biens, état vers lequel tous les hommes tendent naturellement[3], tandis que les hommes bons visent à la délivrance du trouble. Ce seraient les vertus qui seraient créatrices du bonheur.

Nous avons là un résumé très sommaire (mais exact dans l'ensemble, espérons-le), de la doctrine de Speusippe. Il admet que la plupart des hommes s'efforcent de parvenir au bonheur, mais il semble restreindre la portée de cette affirmation en disant que les bons visent à l'*aokhlèsia*. Il semble y avoir là une ellipse, encore qu'elle me paraisse due au fait que Clément doit sûrement condenser sa source. L'état (*katastasis*) pour lequel tous les hommes ont une *orexis* est peut-être l'*eudaimonia*, mais il n'est pas impossible que Speusippe ait poursuivi en disant que la plupart des hommes croient de façon insensée qu'on le trouve dans l'acquisition et la jouissance du plaisir, tandis que seuls les sages comprennent qu'en réalité il réside dans la délivrance du trouble. En ce cas Speusippe accorderait au moins aux partisans de l'hédonisme (tels qu'Aristippe, fondateur de l'école cyrénaïque, et son propre collègue Eudoxe de Cnide) que le plaisir est bien

1. Le terme lui est attribué par Clément d'Alexandrie (*Strom.*, II, 22, 133, 4 = fr. 77 Tarán) et, à en croire Clément, semblerait avoir été de son invention. Il est attesté plus tard chez Épicure et les Épicuriens, ce qui est assez ennuyeux ; mais il serait surprenant que Clément emploie ce terme précis pour caractériser la doctrine de Speusippe si ce terme était connu pour être épicurien, sauf s'il s'agissait justement d'un mot forgé par Speusippe.

2. Tentative bien hésitante pour rendre ce qui semble être une variation sur les deux emplois de *hexis* ici. On à peine à croire que Clément utilise *hexis* en deux sens différents, « état » et « possession », dans la même ligne, mais peut-être l'ambiguïté est-elle plus apparente en anglais ou en français qu'en grec.

3. Étant donné le problème qui nous attend sur la sorte de *phusis* à propos de laquelle les *duskhereis* (les moroses) de *Philèbe* 44 a sont « experts » (*deinoi*), relevons déjà l'ambiguïté du terme : il pourrait se rapporter soit à la nature humaine soit à la « nature des choses ».

un objet auquel tendent naturellement tous les êtres vivants, mais il nierait que cela prouve ce que cela prétend prouver : que le plaisir est le bien de l'homme. Speusippe souhaite au contraire soutenir que pour l'homme, en tant qu'il est un être rationnel, le plaisir est un but qui doit être transcendé, ce qui est une conséquence de la dialectique, et supplanté par une aspiration rationnelle à l'*aokhlèsia*.

Speusippe paraît avoir utilisé un certain nombre d'arguments à l'appui de sa thèse (développée probablement pour s'opposer à celle de son collègue Eudoxe, qui soutenait que le plaisir était le seul bien, étant l'objet naturel de l'appétit[1]) ; un de ces arguments est vigoureusement critiqué par Aristote[2], dont la critique ne vise cependant pas le cœur de la doctrine, lequel n'est pas pris en compte par Aristote, ce qui n'est pas surprenant, puisque son dessein est avant tout polémique. Mais, selon moi, c'est seulement si on considère l'éthique de Speusippe à la lumière de sa métaphysique que la logique interne en devient perceptible[3].

1. Il me semble assez clair que Philèbe, dans le *Philèbe* de Platon, a pour fonction, en substance, de représenter Eudoxe, et qu'Eudoxe se fait gentiment taquiner d'un bout à l'autre (voir la pique finale en 67 b sur le fait de tirer des déductions du comportement des animaux). Il ne semble pas que nous ayons un seul titre d'un ouvrage qu'il aurait composé sur le sujet, et il est possible qu'il se soit contenté d'avancer oralement ses idées, encore que cette hypothèse ne soit pas indispensable. (En disant que Philèbe représente Eudoxe « en substance », je ne veux pas dire que Philèbe soit censé être un *portrait* d'Eudoxe, ni que sa position reflète d'une manière complète ou équitable la position d'Eudoxe. Philèbe est plutôt du genre grossier, ce qu'Eudoxe n'était pas, et son hédonisme est en fait une sorte de « plus petit commun dénominateur » de la position hédoniste la plus générale, qui ne passe pas par l'usage de certains arguments dont nous savons qu'ils sont propres à Eudoxe. J'avance seulement que c'est l'effort d'Eudoxe pour redonner vie à l'hédonisme à l'intérieur de l'Académie – et les tentatives de Speusippe pour s'y opposer – qui a poussé Platon à écrire ce dialogue).

Quant à Speusippe, sa doctrine est à coup sûr formulée principalement dans son traité *Sur le Plaisir*, peut-être pour répondre à la façon dont Eudoxe avait exposé sa doctrine ; mais son dialogue *Aristippe* traitait vraisemblablement du même thème : tout en mettant en scène Aristippe, disciple de Socrate et fondateur de l'école cyrénaïque, partisan notoire de l'hédonisme, il est certain que ce dialogue visait principalement Eudoxe. Je considère le *Philèbe* comme le commentaire et le jugement ironiques de Platon sur la dispute qui se déroulait entre deux de ses disciples les plus éminents. Rien, après tout, n'oblige à supposer que les idées de l'un et de l'autre n'ont été publiées qu'après la mort de Platon, ou même postérieurement à la composition du *Philèbe* – ce point aura son importance dans mon argumentation. On date généralement le *Philèbe* vers 355 av. J.-C., date à laquelle Speusippe avait déjà plus de cinquante ans (il serait né vers 410 av. J.-C.) et Eudoxe (né vers 390) était déjà probablement mort, puisqu'il mourut à environ trente-cinq ans.

2. *EN*, VII, 14, 1153 b 1-7 (= fr. 80 Tarán), et X, 2, 1173 a 5-28 (= fr. 81 Tarán).

3. Il est intéressant de noter, dans ce contexte, que l'un des rares aspects positifs rapportés par Diogène Laërce (qui s'appuie sur l'autorité d'un Diodore inconnu au livre I de ses *Mémoires*) dans sa consternante « vie » de Speusippe (IV, 2) est qu'il « a été le premier à discerner l'élément commun à tous les objets d'étude (*en tois mathèmasi etheasato to*

J'espère qu'on m'accordera maintenant comme raisonnablement certain que Jamblique, au chapitre 4 du *De communi mathematica scientia*, restitue (d'une manière ou d'une autre, de première ou de seconde main) l'ensemble de la position métaphysique de Speusippe[1]. Sa structure repose sur un couple de principes, l'Un ou l'Unité, et le Multiple, très proches de ceux qui sont attribués à Platon dans son enseignement oral[2] (et qui sont bien présents dans le *Philèbe* sous les traits de la Limite et l'Illimité). C'est par l'action de l'Unité sur la Multiplicité que se trouve généré chaque niveau d'être dans l'univers.

Il n'est pas nécessaire, fort heureusement, de parcourir ici tous les détails de ce processus qui s'étage sur plusieurs niveaux – processus complexe certes, sans aller jusqu'à mériter le traitement satirique que lui inflige Aristote en *Met.*, XII 10. Je vais donc me concentrer sur ce qui me semble être l'intuition essentielle de Speusippe, reflétée dans le *Philèbe :* au niveau humain, l'*aretè* réside dans l'imposition d'un *peras*, d'une « limitation », à l'indéfini des émotions humaines.

Ce qui selon moi est sa conception se trouve en réalité nettement formulé, bien plus tard et en s'appuyant sur une théorie plus développée des vertus, par Plotin (*Enn.* I 2. 2, 15-18) en ces termes[3] :

> Les vertus [...] mettent réellement de l'ordre en nous et nous rendent meilleurs en imposant limite et mesure à nos désirs, et en introduisant de la mesure dans toute notre expérience; et elles abolissent les opinions fausses, grâce à ce qui est meilleur en général et du fait de la limitation, et par l'exclusion de l'illimité et de l'indéfini et l'existence du mesuré; et [les vertus] sont elles-mêmes limitées et clairement définies[4].

koinon), et a tenté de les coordonner (*synôikeiôse*) autant que possible. » Ce Diodore est donc inconnu par ailleurs, mais le fait qu'il écrive des « mémoires » (*apomnèmoneumata*) où, au livre I, apparaît Speusippe, indiquerait peut-être qu'il s'agit d'un auditeur occasionnel de l'Ancienne Académie, et ne serait donc pas une mauvaise source.

1. Voir sur ce point mon article « Speusippus in Iamblichus », p. 325-332, où je m'efforce de défendre l'hypothèse de Philip Merlan (dans *From Platonism to Neoplatonism*, chap. V) contre le scepticisme de Leonardo Tarán, *op. cit.*, p. 86-107.

2. *Cf.* Aristote *Mét.*, I 6.

3. Plotin parle ici des vertus « civiques » (*politikai)* distinctes des vertus « cathartiques » ou « purifiantes ». Speusippe ne connaît pas cette distinction. Nous prendrons ici vertu « civique » au sens de vertu en général.

4. Αἱ [...] ἀρεταί [...] κατακοσμοῦσι μὲν ὄντως καὶ ἀμείνους ποιοῦσιν ὁρίζουσαι καὶ μετροῦσαι τὰς ἐπιθυμίας καὶ ὅλως τὰ πάθη μετροῦσαι καὶ ψευδεῖς δόξας ἀφαιροῦσαι τῷ ὅλως ἀμείνονι καὶ τῷ ὡρίσθαι καὶ τῶν ἀμέτρων καὶ ἀορίστων ἔξω εἶναι καὶ τὸ μεμετρημένον, καὶ αὐταὶ ὁρισθεῖσαι.

La répétition ici de diverses formes verbales et nominales des concepts *horos* et *metron* est extrêmement remarquable. Bien entendu, il n'est point besoin de postuler ici la moindre influence directe de Speusippe sur Plotin, qui se contente de reformuler une doctrine platonicienne bien enracinée. Je ne la signale que parce que j'y vois une expression particulièrement claire de ce que je crois être la position de Speusippe.

Speusippe, je le répète, est critiqué par Aristote[1] pour avoir représenté le plaisir comme un mal exactement égal à la douleur quand il soutenait que, puisque le plaisir est le contraire de la douleur, il ne s'ensuit pas que si l'un d'eux – la douleur – est un mal, l'autre est un bien, puisque l'un et l'autre peuvent être des maux opposés à un troisième terme qui est un bien, tout comme le plus grand peut être opposé à la fois au plus petit et à l'égal. Aristote n'attaque pas cet argument en tant que tel (ce serait surprenant, puisqu'il est indispensable à son propre argument en faveur de la vertu comme milieu entre des extrêmes), mais il tente d'y trouver des failles sur un point précis : si quelque chose est un mal, il faut l'éviter (*pheukton*) et les hommes en réalité ne cherchent pas à éviter le plaisir alors qu'ils cherchent bien à éviter la douleur.

Ce n'est pas là, cependant, un argument que Speusippe soit contraint d'accepter. Il pourrait fort bien dire que le plaisir est assurément une chose à éviter, même si en général les hommes ne cherchent pas à l'éviter. Ce que cherchent les hommes est en fait le bonheur (*eudaimonia*)[2], et ils s'imaginent à tort l'atteindre par le plaisir, ou même croient qu'il consiste dans le plaisir. Ce qu'ils sont bien trop rares à comprendre, mais que tous *devraient* comprendre, est que l'état constitutif du véritable bonheur est celui dans lequel l'âme a atteint l'équilibre parfait entre plaisir et douleur, et que ceci passe par l'application scientifique du *peras* au spectre illimité du plus et du moins qui va de la douleur extrême au plaisir extrême, chacun de ces états représentant un grave désordre de l'organisme comme de l'âme qui gouverne celui-ci. C'est cet état médian que Speusippe appelle « délivrance du trouble » (*aokhlèsia*), et qu'Epicure nommera plus tard « plaisir katastématique », et les Stoïciens *khara*, la « joie ».

On pourrait croire que cette discussion repose, dans une certaine mesure, sur une chicanerie sémantique quant à ce qui constitue l'*hèdonè*, mais j'en doute. Speusippe ne refuserait pas, selon moi, que son état d'*aokhlèsia* soit d'une certaine façon agréable, mais son objection au

1. *EN*, 1153 b 1-7 (= fr. 80 Tarán), 1176 a 5-28 (= fr. 81 Tarán).

2. Que Speusippe accepte ce fait (passablement évident) est attesté par l'exposé doxographique de Clément (fr. 77 Tarán), où il affirme que l'*eudaimonia* est un état que tous les hommes ont le désir d'atteindre (*hès dè katastaseôs hapantas men anthrôpous orexin ekhein*).

« plaisir », avec ses connotations habituelles en grec, est qu'il s'agit essentiellement d'un *processus*, et en plus d'un processus sans fin, désordonné, alors que ce que lui-même cherche à atteindre, et qu'il recommande, est un *état stable*. Les Stoïciens devaient avancer par la suite un terme capable de dire cela, *khara*, pour rivaliser avec *hèdonè*, mais Speusippe n'en disposait pas, ou plutôt il n'est pas parvenu à l'inventer[1]. Au lieu de quoi, il s'en est tenu pour nommer son état idéal à ce terme à la connotation plutôt négative – sans pourtant, j'en suis sûr, vouloir qu'il soit entendu comme quelque chose de purement négatif.

Et ceci m'amène à mon sujet principal ici, l'identité des « ennemis de Philèbe » en *Phil.*, 44 a-d. Certes bien des commentateurs ont pris position sur ce point, souvent en faveur de l'identification avec Speusippe – citons parmi les principaux Döring[2], Wilamowitz[3], Philippson[4], Burnet[5], Taylor[6], Friedländer[7], Gauthier et Jolif[8], Düring[9], Krämer[10], et tout récemment Malcolm Schofield[11]. Chacun reconnaîtra qu'il s'agit là d'une armée impressionnante, mais Leonardo Tarán, dans son recueil des fragments de Speusippe (p. 78-85), ne se laisse pas impressionner et propose de repousser une identification qui ne serait fondée que sur des erreurs de compréhension et des témoignages insuffisants. Certes, Tarán n'est pas le seul à être sceptique[12], mais il est le dernier en date des contestataires, et un

1. Mais voir plus bas, note 27, sur la fréquence suspecte des usages de *khairein* en *Philèbe*, 43-44.

2. « Eudoxos von Knidos, Speusippos, und der Dialog *Philebos* », *Vierteljahrschrift für wiss. Philos. und Soziol.* 27, 1903 (en part. p. 125-127).

3. *Platon*, Berlin, 1919, II, p. 272-273.

4. « Akademische Verhandlungen über die Lustlehre », *Hermes* 60, 1925, 444-481, en part. p. 452-453 et 470-474.

5. *Greek Philosophy, I : Thales to Plato*, p. 324 *sq.*

6. *Plato, the Man and his Work*, 4° éd., Londres, 1937, p. 409-410, p. 423 et n. 1, p. 434-435 ; *A Commentary on Plato's Timaeus*, Oxford, 1928, p. 455-456.

7. *Plato 3 : The Dialogues, Second and Third Periods*, Princeton, 1969, p. 330 et p. 540 n. 61.

8. *L'Éthique à Nicomaque*, 2ᵉ éd. Louvain-Paris, 1970, II, 2, p. 777, 788, 801.

9. *Aristoteles. Darstellung und Interpretation seines Denkens*, Heidelberg, 1966, p. 457 n. 157.

10. *Platonismus und hellenistische Philosophie*, Berlin, 1971, p. 205-209 et n. 88.

11. « Who were οἱ δυσχερεῖς in Plato, *Philebus* 44 *sq.* », *Museum Helveticum* 28, 1971, 2-20 et 181.

12. Auguste Diès, dans son édition du *Philèbe* (dans *Platon, O.C.*, t. IX, 2ᵉ partie, Paris, Les Belles Lettres, « C.U.F. », 1941, Introd. p. lvii-lxii) le rejette lui aussi, mais pour des raisons que Tarán a raison d'écarter (« incompatible avec ce que nous savons du caractère de Speusippe par les sources »). Hackforth à son tour (*Plato's Examination of Pleasure*, Cambridge, 1945, p. 87-88), refuse de faire coïncider la position des *duskhereis* avec ce qu'il pense savoir de la doctrine de Speusippe, et penche timidement pour l'hypothèse de Grote qui voit en eux des « amis pythagorisants » de Platon. Mais, comme je m'apprête à le

contestataire énergique, aussi c'est à lui que j'ai l'intention de m'en prendre ici. Il ouvre avec ce qui me semble être une erreur de son cru :

> En raison de son extrême anti-hédonisme, plusieurs commentateurs ont attribué à Speusippe la doctrine adoptée par les ennemis de Philèbe dans le dialogue homonyme de Platon (44 b-d), selon laquelle le plaisir n'est que la cessation de la douleur. Cette conception du plaisir comme *quelque chose de purement négatif* [c'est moi qui souligne] peut difficilement avoir appartenu à la doctrine de Speusippe, puisque pour lui l'état neutre entre plaisir et douleur coïncide avec le bien. Cet état neutre devait pour lui s'identifier avec la délivrance du trouble (*aokhlèsia*) qui est selon lui la condition nécessaire de la vertu et du bonheur. Ainsi, selon Speusippe, l'homme vertueux doit se libérer tant de la douleur que du plaisir; et, si le plaisir n'était que la cessation de la douleur, il ne l'aurait pas considéré comme un mal, pas plus qu'il n'aurait pensé que l'homme vertueux doit l'éviter en tant que tel.

Il me semble que l'erreur de Tarán ici est de prendre Platon trop à la lettre, exactement comme il me semble bien souvent prendre Aristote trop à la lettre dans les attaques que celui-ci porte contre Speusippe[1]. Il n'y a certainement rien de *négatif* dans la doctrine de Speusippe sur le plaisir, mais cela n'entraîne pas que la présentation satirique qu'en fait son oncle ne cherche pas à la présenter comme négative – tout comme il est certain qu'il tord de diverses manières les arguments hédonistes d'Eudoxe.

Le débat entre Speusippe et Platon peut se voir après tout, au moins en partie, comme un débat sémantique. La simple cessation du plaisir pourrait

montrer, il a tort d'établir un contraste absolu entre l'assertion des *duskhereis* selon laquelle le plaisir ne consiste qu'à éviter la douleur, et l'opinion de Speusippe que le plaisir, tout en étant bien réel, est un mal.

1. Une preuve remarquable en est son interprétation de la critique adressée à Speusippe par Aristote en *Mét.*, 1092 a 11-17 (= fr. 43 Tarán), où Aristote tire comme conclusion polémique de la position de Speusippe que son premier principe « ne serait même aucune sorte d'être (*hôste mède on ti einai to hen auto*) ». En admettant même, comme l'affirme Tarán (et je ne suis pas d'accord), que le *hôste* avec l'infinitif implique que Speusippe n'a pas, quant à lui, tiré cette conclusion, cela ne suffirait pas à garantir que cela a bien été le cas. Je renvoie à ma discussion dans « Speusippus in Iamblichus » (cité note 3). Autre exemple : son traitement de la critique de Théophraste (*Mét.*, 11 a 18-26 = fr. 83 Tarán) qui reproche à Speusippe d'avoir limité le bien dans l'univers à un tout petit lopin au milieu, avec d'immenses zones de mal de chaque côté. C'est là un télescopage malveillant de la doctrine voulant que le « bien » n'apparaisse qu'au niveau de l'âme, l'Un n'étant pas apte à être décrit comme « bien » (voir plus loin), avec la doctrine éthique du bien situé entre les maux jumeaux de la douleur et du plaisir. Tarán prend ceci bien trop sérieusement (*op. cit.* p. 444-449).

bien être présentée comme un type de plaisir ; mais ce n'est pas nécessaire, et Speusippe a préféré ne pas la présenter ainsi. Il souhaite réserver le terme « plaisir » à la description de l'un des extrêmes, tous deux également répréhensibles, qui se trouvent de chaque côté de son état idéal, tandis que Platon semblerait vouloir élargir la notion de « plaisir » pour y intégrer cet état qui selon Speusippe transcende à la fois le plaisir et la douleur, et même lui donner le nom de plaisir « vrai » ou « pur ». Notons que ce n'est pas le seul endroit où Speusippe ose s'élever contre ce qu'il considère un flottement terminologique chez son oncle. Sur la grave question de savoir si la bonté peut à bon droit être prédiquée du premier principe, il s'oppose à Platon (en tout cas si nous en croyons, croyance justifiée selon moi, l'examen de la doctrine métaphysique que rapporte Jamblique en *De comm. math. sc.*, chap. 4). Il y affirme (p. 16, 10-14 Festa) :

> L'Un ne devrait être appelé ni beau ni bon, puisqu'il est supérieur à la fois à la beauté et à la bonté ; car c'est seulement à mesure que la nature s'éloigne des premiers principes que, d'abord, le beau fait son apparition, et ensuite, et au niveau d'éléments qui sont encore plus distants, le bon.

Certes Platon pourrait soutenir qu'il ne nomme Bien le premier principe qu'au sens où il est l'objet ultime de toute quête, mais on pourrait cependant critiquer cette terminologie en ce qu'elle entraîne des connotations trompeuses, notamment en ce qu'elle désignerait comme « mauvais » le principe dyadique indéfini opposé à l'Un. Il nous est impossible de savoir si cette correction du Maître, passablement impertinente, a circulé avant ou après la mort de celui-ci, mais rien n'interdit de penser que Speusippe l'ait proposée alors que Platon était en vie. Il semble en tout cas que ce soit la position prise par Speusippe sur la question de savoir si l'état intermédiaire parfaitement équilibré – qu'il postule entre le plaisir et la douleur – peut à bon droit être décrit comme plaisir. Visiblement cette description lui paraîtrait trompeuse à l'extrême, et il préfère réserver le terme *hèdonè* pour ces champs du spectre illimités et mobiles, qui s'étendent du côté de son état idéal opposé aux champs de douleur.

D'un autre côté il avait lui aussi son compte de problèmes terminologiques. Il est regrettable que Speusippe se soit senti obligé d'utiliser un terme négatif pour décrire son état idéal plutôt que, par exemple, *khara* comme le feront les Stoïciens, mais cela n'implique pas qu'il lui donne la moindre valeur négative. Il voulait certainement dire que cet état apportait une profonde satisfaction, pour ne pas dire de la joie. Mais, faute d'un meilleur adjectif, il peut s'être trouvé contraint de le décrire comme *hèdu*, « agréable / plaisant », tout en refusant qu'il comporte la moindre forme de *hèdonè*, et là son oncle aurait eu l'occasion de l'exécuter !

Examinons donc attentivement le passage crucial du *Philèbe*, et voyons si nous pouvons en dégager précisément la position qui y est critiquée. Commençons en 43 c. Socrate vient d'obtenir l'accord de Protarque sur le point suivant : tous les changements dans notre constitution ne procurent pas de plaisir ou de peine, mais seulement ceux de quelque importance. Il poursuit[1] :

> *Socr.* En ce cas, l'espèce de vie dont j'ai parlé tout à l'heure redeviendrait une possibilité.
> *Prot.* Laquelle ?
> *Socr.* Celle dont nous avons dit qu'elle est aussi bien dépourvue de peine que de joie.
> *Pr.* Elle le redeviendrait certainement.
> Socr. Dès lors, en résumé, admettons trois espèces de vie, l'une de plaisir, l'autre de peine, et une autre qui n'est ni l'un ni l'autre (*alypos te kai aneu kharmonôn*). Comment, toi, t'exprimerais-tu à ce propos ?
> *Prot.* Pas d'une autre façon que la tienne : il y a trois genres de vie.
> *Socr.* Mais alors, le fait de ne pas éprouver de peine pourrait difficilement être identique à celui de se réjouir (*khairein*), n'est-ce pas ?
> *Prot.* Bien sûr que oui.
> *Socr.* Donc, quand tu entends des gens dire que tout ce qu'il y a de plus plaisant (*hèdiston pantôn*) est de couler sa vie entière sans éprouver de peine, que penses-tu qu'ils veuillent dire ?
> *Prot.* Ils semblent dire que ne pas éprouver de peine est plaisant (*hèdu*).

Arrêtons-nous ici un instant. Une personne, ou une classe de personnes, est accusée de prétendre que la vie sans douleur est la plus plaisante de toutes[2]. S'il s'agit de Speusippe, alors on aimerait croire qu'il est délibérément caricaturé, sinon il serait d'une coupable négligence dans le choix

1. [La traduction française traduit la traduction citée par J. Dillon, celle de J.C.B. Gosling, *Plato, Philebus,* Clarendon Press, Oxford, 1975. Ce qui explique la différence avec les traductions françaises existantes, tant celle de Diès que celle de Robin. N.D.T.]

2. Ce n'est évidemment par la première apparition de cet argument. Au livre IX de la *République* (583 c-585 a), Platon critique ceux qui affirment que le plaisir n'est que la cessation de la peine (*paula lupès, lupès apallagè*), alors que cela revient à peu près à considérer que l'on a atteint le sommet d'une montagne, par exemple, quand on n'est péniblement arrivé qu'à mi-pente. Mais ici, les adversaires sont bien plus vraisemblablement des hédonistes que des tenants de la position de Speusippe, à moins que cette position ne soit sérieusement déformée.

de ses termes. Certes Speusippe a, comme je l'ai suggéré plus haut, un problème : il lui faut trouver un terme valorisé positivement pour caractériser son état idéal de l'âme, sans employer des dérivés de *hèdonè*. Mais le fait que Platon utilise dans ce passage à maintes reprises[1] le terme *khairein* pour décrire cet état laisserait penser que c'était le terme préféré des partisans de cette conception, et que les Stoïciens n'étaient pas du tout les premiers à l'utiliser en un sens technique. Il reste qu'aucun adjectif dérivé de *khara* n'est disponible pour définir l'état privilégié, et que Speusippe a pu être amené à se rabattre imprudemment sur *hèdu*, ce qui permettrait à Platon de remporter une victoire terminologique.

Mais poursuivons (43 e) :

> *Socr.* Supposons que nous ayons en face de nous trois choses, disons l'une d'or, l'une d'argent et une qui n'est ni l'un ni l'autre – cela, juste pour leur appliquer de beaux noms.
> *Prot.* Très bien.
> *Socr.* Celle qui n'est ni l'un ni l'autre pourra-t-elle devenir éventuellement l'une ou l'autre des deux, soit de l'or, soit de l'argent ?
> *Prot.* Comment le pourrait-elle ? [...]
> *Socr.* Pourtant, il y a en vérité des gens qui le disent et le croient
> *Prot.* Sans aucun doute.
> *Socr.* Pensent-ils donc qu'ils se réjouissent (*khairein*) dans les moments où ils n'éprouvent point de peine ?
> *Prot.* Tout au moins, c'est ce qu'ils disent.
> *Socr.* Ainsi donc ils croient qu'ils se réjouissent (*khairein*), sinon ils ne le diraient pas.
> *Prot.* Probablement.
> *Socr.* Pourtant ils émettent un jugement faux concernant le fait de se réjouir, s'il est vrai que se réjouir et ne pas éprouver de peine sont deux choses tout à fait différentes
> *Prot.* Mais on a reconnu que c'était deux choses tout à fait différentes.
> *Socr.* Nous devons donc faire un choix. Nous pouvons poser, comme nous venons de le faire, qu'il y a trois choses différentes, ou bien qu'il y en a seulement deux : d'une part la peine, qui, avons-nous dit, est un mal pour l'homme, et d'autre part la libération de la peine, qui, étant par soi-même un bien[2], doit être nommée plaisante.

1. A cinq reprises entre 43 d 3 et 44 a 5, plus *kharmonai* une fois en 43 c 7.

2. C'est peut-être une traduction assez faible de *auto touto agathon on*. Plutôt : « étant exactement ce que c'est que d'être bon » ?

Il me semble que nous trouvons là plusieurs exemples de mauvaise foi. En premier lieu, choisir « or » et « argent" comme exemples des deux extrêmes entre lesquels il devra se trouver une troisième chose qui ne sera ni l'un ni l'autre, cela me paraît éminemment tendancieux. D'abord ce ne sont pas des contraires ; ensuite, ils sont choisis de telle façon que tout autre chose appartenant à la même classe (les métaux, apparemment) leur sera inférieur – sauf s'il s'agit du légendaire orichalque !

De plus, Socrate s'efforce d'accuser les protagonistes de vouloir à la fois condamner le plaisir et louer néanmoins leur état intermédiaire préféré comme plaisant, ce qui serait à coup sûr incohérent, sans concéder qu'ils voulaient peut-être définir leur état intermédiaire par une condition de l'esprit bien supérieure au plaisir puisqu'il s'agirait du résultat de l'imposition de la limite et de l'ordre à l'éventail désordonné et illimité des sensations dont le plaisir est pour ainsi dire une « aile ». Ils ont peut-être eu du mal à trouver l'adjectif approprié (et du coup seraient retombés imprudemment sur *hèdu*), mais il semble bien que le verbe / nom qu'ils préféraient ait été *khairein / khara*.

Ce ne serait, après tout, pas la seule fois où Socrate est injuste envers une thèse qu'il réprouve. Mais continuons. Il en vient maintenant (44 b 5) à l'identification d'un groupe qu'il décrit comme « les ennemis de Philèbe », donnés comme « experts en science de la nature » (*deinoi ta peri phusin*) et comme affligés d'une certaine « morosité naissant d'une nature qui n'est pas sans noblesse » (*tis duskhereia phuseôs ouk agennous*) [1] :

> *Prot.* Pourquoi, Socrate, soulevons-nous cette question à ce stade ? Je ne vois pas où tu veux en venir.
> *Socr.* Ne comprends-tu pas quels sont ici les véritables ennemis de Philèbe ?
> *Prot.* De qui veux-tu parler ?

1. Le point précis de la répétition de *duskhereis / duskhereia* a été étudié de près par Malcolm Schofield dans son article « Who were οἱ δυσχερεῖς in Plato, *Philebus* 44 a *sq.* ? », *Museum Helveticum* 28, 1971, 2-20. Sa thèse ne peut être prouvée, au sens strict, mais je trouve très intéressante l'idée que *duskherès* ait été connu comme l'adjectif préféré de Speusippe quand celui-ci voulait décrire une difficulté, et qu'il y ait là une petite pique que nous sommes priés d'apprécier (« nous », bien entendu, étant les auditeurs de l'Académie ou les lecteurs du dialogue). Assurément, les quatre emplois de *duskher–* par Aristote lorsqu'il discute les doctrines de Speusippe (*Mét.*, 1086 a 2-5 ; 1090 a 7-10 ; 1091 a 33-b 1 ; 1091 b 22-5) viennent à l'appui de cette hypothèse.

Socr. D'hommes qui ont une réputation considérable comme experts en science de la nature[1], et qui refusent aux plaisirs toute existence réelle[2].
Prot. Comment arrivent-ils à cela ?
Socr. Selon eux, ce à quoi Philèbe et ses amis donnent présentement le nom de plaisirs se réduit en fait à des situations où nous nous trouvons soulagés de nos peines.

La question qu'il faut bien se poser est de savoir si la position formulée ici est aucunement compatible avec ce que nous savons par ailleurs être la doctrine de Speusippe. Le premier mouvement est évidemment d'en douter. Après tout Speusippe n'est pas connu pour avoir nié l'*existence* des plaisirs ; il a au contraire affirmé qu'ils étaient des maux à l'égal des douleurs, ce qui semblerait admettre leur existence au moins dans cette mesure-là.

Mais alors on se demande s'il s'est trouvé quelqu'un de sensé pour nier jusqu'à l'*existence* des plaisirs. Ce que Platon nous donne ici est sans doute la conclusion, formulée assez tendancieusement, d'un argument polémique contre le plaisir. Voici comment je vois cet argument (auquel pourrait théoriquement s'ajouter un argument contre l'existence substantielle de la douleur, à ceci près qu'il est superflu de sevrer les gens d'un attachement irrationnel à la douleur !). Quel que soit le plaisir qu'on appelle ainsi, il se révèle, dès qu'on l'analyse, comme étant une délivrance de l'organisme d'un malaise quelconque né d'un déséquilibre dans une direction donnée. Ce qui est appelé « plaisir » consiste simplement à faire basculer le déséquilibre dans la direction opposée. Ainsi les plaisirs n'ont pas d'existence substantielle, en ce que leurs manifestations sont toujours

1. La question de savoir ce que signifie la formule δεινοὶ λεγόμενοι τὰ κατὰ φύσιν est embarrassante. On considère souvent qu'elle renvoie à la connaissance de, ou à l'enthousiasme pour, ce que nous appellerions « la science de la nature ». Ce n'est pas certain, sans être pourtant exclu. Il serait aussi légitime de l'appliquer à ce que nous appellerions « les sciences humaines », y compris l'éthique. Je préfère y voir une pique aimable à l'égard de l'effort bien connu de Speusippe pour couvrir tous les rapports de tous les domaines du savoir entre eux (voir Diogène Laërce, IV, 2, et plus haut note 10) ; j'en rapprocherais volontiers l'affirmation suivante, critiquée par Aristote en *An. Post*., 97 a 6 *sq.* (= fr. 63 Tarán) : la connaissance de chaque chose exige la connaissance de ses *differentiae* vis-à-vis de toutes les autres, ce qui conduirait à la sorte de frénésie classificatoire moquée par Epicrate dans son célèbre fragment satirique (fr. 11 Kock), et exprimée dans les nombreux volumes de ses *Homoia*.

2. Le grec (*to parapan hèdonas ou phasin einai*) est loin d'être clair. Gosling préfère traduire par « qui nient absolument qu'ils [*sc.* les plaisirs naissant de la cessation du malheur] sont des plaisirs. » La phrase est cohérente, mais s'éloigne du sens naturel du grec. J'espère apporter une traduction compatible à la fois avec le grec et avec ce que crois être son véritable sens.

le produit accessoire du soulagement de la douleur. On éprouve une sensation de plaisir seulement dans le contexte du soulagement de quelque espèce de déséquilibre organique douloureux [1].

C'est là vraiment un argument tendancieux, mais au moins il n'est pas de pure folie, comme le serait un refus total de l'existence du plaisir ; et je crois que c'est là une position que Speusippe aurait pu adopter, d'après ce que nous savons de ses conceptions [2]. La grande difficulté où cela le mène – et c'est là qu'intervient sa « morosité » (*duskhereia*) – est qu'il est contraint de nier ceux que Platon souhaiterait appeler des « plaisirs purs » (51 *sq.*), comme ceux de l'odorat et de l'ouïe quand ils ne sont pas précédés de désagrément, ou en vérité la plupart des plaisirs de l'esprit, si on admet qu'ils méritent un tant soit peu le nom de plaisirs.

Mais bien entendu c'est précisément ce que Speusippe veut nier, et c'est là que sa querelle sémantique avec son oncle devient le plus vive. Platon, en 52 c, introduit une distinction très proche de celle que Speusippe devait faire, mais il la fait entre les plaisirs « purs » et « impurs » ; Speusippe, lui, l'aurait faite entre les « plaisirs », intrinsèquement dépourvus de mesure et désordonnés, d'une part, et d'autre part les sensations naissant de son état idéal d'équilibre.

> Donc maintenant nous avons distingué et séparé les plaisirs purs de ceux qu'on pourrait appeler non purifiés. A cela, ajoutons qu'aux plaisirs violents il faut attribuer défaut de mesure (*ametria*), et à ceux qui ne le sont pas, juste mesure (*emmetria*). Pour ceux qui comportent grandeur et intensité, qu'ils se produisent fréquemment ou rarement, nous devons les placer dans la catégorie mentionnée

1. On trouve comme un écho de cet argument dans la remarque, faite apparemment en passant, de Socrate au début du *Phédon* (60 b) au moment où il se redresse sur son lit et se frotte les jambes qui viennent d'être retirées des fers : le plaisir et la douleur ressemblent à des frères siamois nés d'une racine commune.

2. La position de certaines « personnes raffinées » (*kompsoi tines*) pour qui, en 53 d, le plaisir est toujours un état qui vient à être (*genesis*) mais n'est jamais un être (*ousia*), pose un problème intéressant. L'argument original, selon lequel, le plaisir est « une sorte de mouvement plein de douceur, greffé sur la sensation », est à peu près certainement attribuable à Aristippe (*cf.* DL, II 85), et donc un argument hédoniste (voir l'excellent commentaire de Diès, *op. cit.* p. lvii-x) ; mais il est moins évident qu'Aristippe aurait aimé définir le plaisir comme *genesis*, ce qui prêterait le flanc à la contre-attaque que nous trouvons ici. L'identification de la *kinèsis* comme *genesis* semble être une déduction polémique. N'oublions pas, à ce propos, que Speusippe a composé un *Aristippe* (malheureusement nous ignorons si c'était avant ou après le *Philèbe*). Dans un ouvrage de ce genre il ne pouvait manquer de réfuter l'aspect essentiel de la position d'Aristippe. Je suggère que Platon emprunte ici un argument à Speusippe (encore que Socrate remercie ironiquement ceux qui ont d'abord avancé cet argument en 54 d 4-5 puisqu'ils ont fourni de quoi se réfuter eux-mêmes). En admettant que l'*Aristippe* de Speusippe soit jugé postérieur, il me semble qu'il a dû se servir de cet argument, d'où plus tard l'allusion chez Aristote en *EN*, 1152 b 12 *sq.*

> plus haut, celle de ce qui est indéterminé (*to apeiron genos)* et dont les mouvements vers le moins et le plus parcourent à la fois le corps et l'âme. Nous devons placer les autres dans la catégorie des choses mesurées.

Socrate poursuit (52 d 5 *sq.*) en soutenant que la classe des plaisirs désordonnés et indéterminés peut à bon droit être dite « fausse », et que seuls les plaisirs ordonnées peuvent être appelés « vrais », pour des raisons très proches de celles qui avaient fait critiquer, en 44 b-c, les *duskhereis* pour avoir nié la réalité substantielle du plaisir. On peut remarquer que la position des *duskhereis* n'est pas, même ici, absolument rejetée; ils sont plutôt traités, ironiquement, comme des « prophètes inspirés » (*manteis*, 44 c 5), qui ont grâce à un talent naturel, appréhendé quelque chose de la vérité, mais sans l'avoir élaboré dialectiquement. C'est, il me semble, le moyen tout à fait élégant employé par Platon pour rabattre le caquet d'un neveu arrogant. En fait, leurs deux positions ne sont pas très éloignées; Platon ne voit simplement pas le sens qu'il peut y avoir à refuser le titre de « plaisir » aux états de l'organisme humain qu'il a identifié comme plaisirs « purs », alors que pour Speusippe la distinction essentielle entres ces états et ce qu'il veut, lui, nommer « plaisirs » tient précisément à ce que les uns sont justement des *états*, et les autres des *processus*, ou des mouvements, susceptibles d'indétermination et de « plus et de moins ».

Platon soutient que la position des *duskhereis*, pour honorable qu'elle soit, n'a pas été suffisamment réfléchie. Il me semble, d'autre part, qu'elle peut se défendre même si elle présente des difficultés. Si nous gardons à l'esprit, après tout, la vision du monde pythagoricienne de Speusippe (et, au fond, elle ne diffère guère de celle que présente le *Philèbe*), il est important que, dans la sphère de l'éthique, on postule l'existence d'états parfaits qui représentent l'imposition du *peras* au substrat désordonné de l'*apeiria*, et ce sont ces états qui engendrent l'*eudaimonia.* Comment décrire les effets secondaires de ces états qui peuvent inclure tout autant la jouissance prise à respirer l'odeur des roses, ou à écouter les chants d'oiseaux ou les quatuors pour cordes de Beethoven, que l'acte de philosopher, voilà un problème que Speusippe n'a peut-être pas surmonté totalement même s'il paraît possible, encore une fois, qu'il ait utilisé le verbe *khairein* dans cet esprit.

Pour achever notre exégèse du passage de 44 b-d : nous pouvons en tirer (ou plutôt de sa suite, 44 e-45 d) un nouvel argument polémique contre le plaisir que Speusippe aurait très bien pu avancer. Socrate, en tout cas, avec son ironie coutumière, remercie chaleureusement les *duskhereis* de le lui avoir fourni.

Voici comment l'argument se développe : si nous voulons voir clairement la nature d'une chose donnée, il nous faut la regarder sous sa forme la plus extrême ou la moins adultérée. Dans l'exemple de la dureté, si nous voulons acquérir une idée exacte de ce qu'elle est, il faudrait examiner les choses les plus dures que nous puissions trouver. De même, dans le cas du plaisir, nous recherchons les formes les plus extrêmes de plaisir pour en saisir la nature. Le problème est que ceci nous conduit à admettre que les personnes souffrant de maladie, qu'elle soit physique ou mentale (l'argument ne s'occupe pas de savoir si *toutes* les maladies sont recevables de ce point de vue), éprouvent davantage de plaisir et sous des formes plus extrêmes (quand elles sont soulagées de leurs souffrances diverses) que les personnes en bonne santé. L'argument est donc que ce sont les natures les plus déséquilibrées qui ont l'expérience des plaisirs les plus extrêmes. Il est donc ainsi indiqué (je ne dirais pas *prouvé*) que le plaisir est lié essentiellement à un déséquilibre organique, et est donc l'antithèse d'un état désirable.

Je ne vois aucune raison de ne pas admettre qu'en fait Platon emprunte cet argument à Speusippe et l'utilise à ses propres fins. Il fait en sorte que Socrate en remercie les *duskhereis*, ce qui nous montre clairement à quel point leurs positions étaient proches. Cela ne signifie pas, cependant, que Platon en voulait moins pour autant à Speusippe d'avoir adopté cette position. Platon n'aurait pas apprécié que son neveu adoptât une position à sa « droite », pour ainsi dire, sur une question aussi sensible que le statut du plaisir. Il semble surtout avoir estimé que cette austérité extrême de Speusippe manquait de rigueur dialectique. Les sensations des vertueux et des tempérants ont suffisamment de points communs avec celles des dissolus et des intempérants pour mériter de recevoir le même nom générique. La manière correcte de les évaluer est d'introduire la distinction élaborée plus loin dans le dialogue entre les plaisirs « impurs » et les plaisirs « purs », les plaisirs « faux » et les plaisirs « vrais », plutôt que de se retrouver avec une espèce de sensations pour laquelle on n'aurait trouvé aucun nom satisfaisant. C'est après tout précisément le rôle qu'est censé remplir la « tradition céleste » exposée en 16-19, puisqu'elle établit les distinctions correctes à l'intérieur de ce concept, jusque là vague et amorphe, nommé « plaisir ».

Peut-être, en fin de compte, est-ce Speusippe qui l'emporte. Les Stoïciens ne le cédaient à personne en rigueur logique, et il me paraît rétrospectivement qu'ils se situent dans le même camp que Speusippe. La théorie stoïcienne des *eupatheiai*, ou « bonnes affections », est justement destinée à fournir un ensemble de sensations (y compris celles du plaisir) qui conviennent à un sage libéré totalement du *pathos*, et c'est bien la sorte de sage pythagoricien que Speusippe semble avoir à l'esprit. Selon les Stoïciens, les expériences du sage ne doivent pas être confondues avec celles du vulgaire malgré des ressemblances superficielles, et nous sommes là tout près de ce qui était avant eux la position de Speusippe[1].

(traduit de l'anglais par Monique et Jean Dixsaut)

1. S'il est permis de conclure sur une note impertinente, Diogène Laërce (mauvaise langue certes, mais rien ne dit qu'il se trompe) rapporte que le philosophe était « facilement coléreux et vulnérable aux plaisirs » (ὀργίλος καὶ ἡδονῶν ἥττων ἦν). Si c'est le cas, il ne serait ni le premier ni le dernier des philosophes dont la vie privée n'était pas tout à fait à la hauteur de ses principes, même s'il faut dire que les exemples fournis par Diogène Laërce pour appuyer son affirmation sont parfaitement puérils et incohérents.

LE ΠΕΡΙ ΗΔΟΝΗΣ D'HÉRACLIDE DU PONT

(FR. 55 WEHRLI)

Aldo BRANCACCI

L'ÉCRIT *SUR LE PLAISIR*

Philosophe, lettré, savant, connu pour ses hypothèses astronomiques et pour sa théorie des ἄναρμοι ὄγκοι, auteur d'ouvrages célèbres dans l'Antiquité pour leurs qualités de style, et dont le contenu s'étend de la critique littéraire à l'éthique, à la physique, à la rhétorique et à l'histoire, Héraclide du Pont est l'une des figures les plus singulières qui soient liées à la phase la plus tardive de l'enseignement de Platon et à la constitution de l'Académie. Aristocrate, né à Héraclée du Pont vers la moitié des années quatre-vingts du quatrième siècle, Héraclide arriva à Athènes entre 367 et 364, et entra aussitôt en contact avec les plus grands philosophes de l'époque. Il fréquenta d'abord Speusippe, se rapprocha d'Aristote dans la période où tous les deux étaient membres de l'Académie ; il fut en relation avec des philosophes pythagoriciens, et les sources anciennes le disent disciple de Platon lui-même. Héraclide resta longtemps membre de l'Académie, même après que la direction de l'école, Platon étant mort en 347, fut passée à Speusippe, qui la conserva jusqu'en 339, année de sa propre mort. Ensuite, comme l'atteste l'*Index Herculanensis*, il fut candidat au scholarcat, mais Xénocrate l'emporta sur lui de quelques voix. Héraclide quitta alors Athènes définitivement, probablement avant qu'Aristote y fut revenu et y eut fondé sa propre école, en 335. Nous ne savons rien de précis sur l'activité qu'il put avoir après son retour dans sa ville natale ; nous sommes dans l'incertitude même sur l'année de sa mort, qu'on ne peut situer aux environs de 315 que de façon conjecturale [1].

Une place importante est dévolue, dans la pensée d'Héraclide, à des problèmes d'ordre éthique et, dans ce domaine, à la réflexion sur le plaisir. Cette réflexion fait l'objet du Περὶ ἡδονῆς, qui est certainement, parmi ses œuvres morales, la plus intéressante par son contenu, celle qui nous est la mieux connue, grâce au nombre et à la longueur des fragments qui en ont été conservés, et celle qui soulève les problèmes les plus importants sur le plan de l'interprétation. Cette œuvre est mentionnée dans la *Vie* que Diogène Laërce a consacrée à Héraclide, non pas cependant dans le catalogue de ses écrits, mais dans un passage où il est fait référence au style de ses œuvres, parmi lesquelles

> certaines sont composées dans le style comique, comme les écrits *Du plaisir* et *De la tempérance* ; d'autres dans le style tragique, comme les écrits *De ce qui se passe dans l'Hadès*, *De la piété* et *Du pouvoir* [2].

Le problème que pose ce témoignage est de savoir quelle est l'interprétation appropriée des mots κομικῶς πέπλακεν. Parmi les propositions avancées par la critique, on peut relever particulièrement celle de Bignone. Notant qu'Héraclide, pour traiter du plaisir, n'avait pas recours comme Platon et Speusippe à de subtiles argumentations philosophiques mais à des anecdotes, à des exemples historiques et à l'arme du comique et du ridicule, pour avoir prise sur un plus large public, Bignone en conclut que le caractère distinctif du Περὶ ἡδονῆς était son intention parodique et satirique, dans le but bien précis d'offrir une image déformée de la doctrine épicurienne [3]. Les arguments avancés par Bignone à l'appui de sa thèse feront plus loin l'objet d'une analyse approfondie. Notons pour le moment que le contexte dans lequel s'inscrit le témoignage de Diogène Laërce est celui d'un jugement de valeur d'ordre stylistique, et qu'il se poursuit ainsi :

> Lui appartient aussi un certain style intermédiaire, pour la conversation de philosophes ou d'hommes versés dans la stratégie et la politique qui dialoguent les uns avec les autres. [...] Et en

1. Pour les données chronologiques essentielles, *cf.* Diogène Laërce, V 86 (= fr. 3 Wehrli) et III 46 (= fr. 4 Wehrli) ; Acad. Philosoph. Ind. Hercul., p. 38 col. VI Mekler (= fr. 9 Wehrli) ; Diogène Laërce, VII 166 (= fr. 12 Wehrli) et V 92 (= fr. 13 a Wehrli).

2. Diogène Laërce, V 88 (= fr. 22 Wehrli) : Τούτων τὰ μὲν κωμικῶς πέπλακεν, ὡς τὸ Περὶ ἡδονῆς καὶ Περὶ σωφροσύνης· τὰ δὲ τραγικῶς, ὡς τὸ Περὶ τῶν καθ' Ἅιδην καὶ τὸ Περὶ εὐσεβείας καὶ τὸ Περὶ ἐξουσίας.

3. Voir E. Bignone, *L'Aristotele perduto e la formazione filosofica di Epicuro*, seconda edizione accresciuta, Firenze 1973, I, p. 256 *sqq.*

outre dans tous ses ouvrages il est varié et noble quant au style, et capable à suffisance d'entraîner l'âme de son lecteur[1].

La distinction entre style « comique », style « tragique » et style « intermédiaire », ce dernier étant propre à la conversation, décalque visiblement la division, courante dans l'Antiquité, des *tria genera dicendi*. On peut se demander si le caractère « comique » et « tragique » des ouvrages d'Héraclide dépend du sujet, des faits et des personnages décrits, ou bien, comme il semble plus probable, de l'élocution, c'est-à-dire des particularités du style adopté. Dans le premier cas, les dialogues « tragiques » auraient été ainsi appelés parce qu'ils traitaient des dieux et du monde d'outre-tombe, tandis qu'auraient été définis « comiques » ceux qui traitaient des affaires humaines et d'épisodes tirés de la vie de tous les jours. Dans le second cas, auraient été définis « tragiques » les écrits qui adoptaient un style solennel et élevé, tandis qu'auraient été dits « comiques » ceux qui se conformaient à un style à la fois simple et plaisant[2]. Il est d'ailleurs probable que ces deux nuances de signification n'allaient pas l'une sans l'autre, car c'est une règle de la rhétorique ancienne que le sujet traité détermine l'adoption du style correspondant, et il n'est pas pensable qu'Héraclide, qui fut célèbre dans l'Antiquité pour ses qualités de style, n'ait pas respecté pas ce précepte fondamental. Ce qui est sûr, c'est que la teneur du témoignage de Diogène Laërce n'offre pas un appui consistant à l'interprétation avancée par Bignone, laquelle semble présupposée plutôt que déduite du texte.

En parlant du Περὶ ἡδονῆς, j'ai parlé de dialogue, bien que cette qualification ne lui soit pas attribuée par les sources anciennes. Les fragments en notre possession sont cités tous, à l'exception d'un seul, par Athénée ; or, s'il mentionne l'ouvrage d'Héraclide en différents contextes, Athénée ne le désigne jamais par le mot διάλογος mais toujours par la formule de citation habituelle ἐν τῷ Περὶ ἡδονῆς. Il a en outre inséré les passages qu'il rapporte dans un contexte discursif, de telle manière que, même si l'ouvrage avait à l'origine une structure dialogique, elle a été complètement effacée. De plus, l'analyse syntaxique des fragments conservés ne révèle de trace d'aucune tournure caractéristique de l'interrogation ou de la réponse. Malgré cela, il est raisonnable et même nécessaire de penser que le Περὶ ἡδονῆς était un dialogue, parce que la

1. Diogène Laërce V 89 (= fr. 25 Wehrli) : Ἔστι δ' αὐτῷ [sc. Ἡρακλείδῃ] καὶ μεσότης τις ὁμιλητικὴ φιλοσόφων τε καὶ στρατηγικῶν καὶ πολιτικῶν ἀνδρῶν πρὸς ἀλλήλους διαλεγομένων. ἀλλὰ καὶ γεωμετρικά ἐστιν αὐτοῦ καὶ διαλεκτικά. ἄλλως τ' ἐν ἅπασι ποικίλος τε καὶ διηρμένος τὴν λέξιν ἐστὶ καὶ ψυχαγωγεῖν ἱκανῶς δυνάμενος.

2. Comme le suggère H. Gottschalk, *Heraclides of Pontus*, Oxford, 1980, p. 8.

distinction dont parle Diogène Laërce entre écrits composés κομικῶς et τραγικῶς ne peut s'appliquer qu'à des dialogues. Et, que la division des ouvrages d'Héraclide dont il est question dans ce passage concerne des dialogues résulte de façon encore plus claire de la mention faite ensuite de la ὁμιλητικὴ λέξις, utilisée pour représenter philosophes, hommes politiques et stratèges πρὸς ἀλλήλους διαλεγομένους. La familiarité particulière d'Héraclide avec la forme littéraire du dialogue est confirmée par le fait qu'un type spécifique de dialogue philosophique fut appelé « héraclidéen », précisément d'après son nom [1]. Rappelons en outre que, vers la fin du quatrième siècle, le dialogue ne présentait plus la structure expressive si variée et complexe que Platon lui avait donnée : y alternaient plutôt de longs λόγοι, et c'est exactement ce que laissent transparaître les fragments qui nous sont parvenus du Περὶ ἡδονῆς, dont chacun semble correspondre à une intervention autonome et bien caractérisée. En pensant à la division du « dialogue platonicien » exposée par Diogène Laërce, on pourrait même supposer que le Περὶ ἡδονῆς d'Héraclide – si c'était vraiment un dialogue – rentrait dans la catégorie « agonistique » (ἀγωνιστικός), « fondée sur la lutte d'idées », dans la mesure où s'y affrontaient deux thèses opposées [2].

Diogène Laërce lui-même rappelle, dans ce contexte, une classification des dialogues platoniciens dont il est important de se souvenir pour approfondir ultérieurement la question du caractère « comique » du Περὶ ἡδονῆς. Le passage fournit, par ailleurs, un autre indice à l'appui de la présomption que le Περὶ ἡδονῆς ainsi que les autres écrits κομικῶς et τραγικῶς πεπλασμένοι, étaient des dialogues :

> D'autres distinguent et classent autrement les dialogues. Car ils distinguent entre dialogues dramatiques, narratifs et mixtes. Mais cette distinction part du point de vue scénique plus que du point de vue philosophique [3].

Ce témoignage semble expliquer de manière convenable la distinction entre écrits composés κομικῶς et τραγικῶς appliquée aux ouvrages, c'est-à-dire aux dialogues, d'Héraclide. S'il en est ainsi, la question du comique et celle du caractère dialogique du Περὶ ἡδονῆς sont liées l'une à l'autre dans ce qui en est la caractéristique stylistique et littéraire. Mais, alors que Bignone attribuait cette caractéristique – interprétée comme une note

1. *Cf.* Cicéron, *ad Att.*, XV 27, 2; XV 4, 2; XVI 2,6; XV 13, 3; XVI 11, 3; XVI 12 (= fr. 27 a-f Wehrli).

2. Pour le genre ἀγωνιστικός du dialogue platonicien, *cf.* Diogène Laërce, III 49.

3. Diogène Laërce, III 50 : Οὐ λανθάνει δ' ἡμᾶς ὅτι τινὲς ἄλλως διαφέρειν τοὺς διαλόγους φασί - λέγουσι γὰρ αὐτῶν τοὺς μὲν δραματικούς, τοὺς δὲ διηγηματικούς, τοὺς δὲ μεικτούς - ἀλλ' ἐκεῖνοι μὲν τραγικῶς μᾶλλον ἢ φιλοσόφως τὴν διαφορὰν τῶν διαλόγων προσωνόμασαν.

parodique et polémique – surtout au fr. 56, de manière à accréditer sa thèse sur la relation entre Héraclide et Épicure, il faut signaler que cette caractéristique ressort encore plus clairement des fragments qui représentent la position anti-hédoniste. Ces fragments reprennent, sous divers aspects, des moyens et des caractères qui sont effectivement ceux de la comédie : formes linguistiques, personnages ayant déjà été objet de raillerie de la part des comiques, retournements imprévus de situations, qui présentent des caractères indéniablement « scéniques », comme dans le cas du suicide d'Autolycos et d'Epiclès dans le fr. 58 (Wehrli) ou dans celui de la castration de Dinias dans le fr. 60 (Wehrli).

On ne peut rien dire de précis quant à la position chronologique du Περὶ ἡδονῆς. Bignone voit dans la prétendue polémique anti-épicurienne d'Héraclide l'affrontement de deux écoles philosophiques contemporaines, appartenant toutes deux au monde de l'Asie mineure [1]. Cette thèse implique pour le Περὶ ἡδονῆς une datation très basse. Anticipant les résultats de la présente étude, on observera qu'une telle datation, peu probable en elle-même, est contredite par plusieurs données objectives. Les maîtres et les fréquentations philosophiques d'Héraclide, ses intérêts et sa chronologie elle-même sont autant d'indications de ce que son écrit se rattache au débat sur le plaisir dont le principal témoignage est pour nous le *Philèbe* de Platon : un débat dans lequel intervinrent aussi, avec des thèses philosophiques contraires et diversement argumentées, Speusippe, Xénocrate, Aristote, Théophraste et Straton, tous auteurs d'œuvres intitulées Περὶ ἡδονῆς [2]. Mais s'il en est ainsi, la composition de l'ouvrage d'Héraclide devra être située à une époque pas trop éloignée de celle du *Philèbe*, qui se place dans la dernière phase de l'activité littéraire de Platon, tout de suite après la série *Timée-Critias-Lois* selon certains, tout de suite avant les *Lois* selon d'autres. L'hypothèse de Bringmann, cependant, est tout à fait incertaine : tenant le dialogue de Platon pour une réplique à l'ouvrage d'Héraclide, il date le *Philèbe* de 354 environ, et le Περὶ ἡδονῆς de 360 environ [3].

L'ouvrage d'Héraclide devait être construit sur l'opposition entre deux thèses, l'une à caractère hédoniste, représentée pour nous par les fragments 55 et 56 (Wehrli), et l'autre à caractère anti-hédoniste, représentée par tous les autres fragments conservés. Si les participants au dialogue étaient

1. *Cf.* E. Bignone, *op. cit.*, I, p. 267-268.

2. Pour Speusippe, voir Diogène Laërce, IV 4; pour Xénocrate, voir *Id.*, IV 13; pour Aristote, voir *Id.*, V 22 et 24; pour Théophraste, voir *Id.*, V 44; pour Straton, voir *Id.*, V 59. Περὶ ἡδονῆς est aussi, il est inutile de le rappeler, le sous-titre du *Philèbe*.

3. Voir K. Bringmann, « Platons *Philebos* und Herakleides Pontikos' Dialog Περὶ ἡδονῆς », *Hermes* 100, 1973, p. 529. L'hypothèse de datation de Bringmann est accueillie favorablement par H. Gottschalk, *op. cit.*, p. 22 note 16.

nombreux, il est possible que le problème de la vie dédiée au plaisir et de ses conséquences ait été examiné de divers points de vue, de sorte que la thèse hédoniste elle aussi pourrait ne pas avoir été présentée une seule fois ni toujours dans la même formulation. Il n'est pas impossible que la discussion se déroulât dans le cadre d'un banquet. Cette éventualité, qui est en accord avec le thème de la discussion, qui a pour objet des thèmes comme la ἡδονή et l' ἔρως, pourrait s'appuyer soit sur quelques allusions poétiques présentées dans le fragment 55, soit sur le fait que tous les fragments du Περὶ ἡδονῆς en notre possession proviennent d'un ouvrage du même genre : les *Deipnosophistes* d'Athénée.

HÉRACLIDE CONTRE ÉPICURE ?

La prééminence de la vie dédiée au plaisir ainsi que ses caractères sont, dans le fragment 55, illustrés en ces termes :

> Héraclide du Pont, dans son livre *Sur le plaisir*, écrit ceci : « [1] Les tyrans et les rois, maîtres de tous les biens et qui ont fait l'expérience de tous les biens, donnent la prééminence au plaisir, car le plaisir rend plus magnanimes les natures des hommes. [2] Tous ceux qui honorent le plaisir et choisissent le luxe sont magnanimes et splendides, comme les Perses et les Mèdes. Eux qui, plus que tous les hommes, honorent le plaisir et le luxe, sont, parmi les barbares, les plus courageux et les plus magnanimes. [3] Jouir, en effet, et s'adonner au luxe, sont le propre des hommes libres, et l'âme en sort réconfortée et grandie. Souffrir, au contraire, est le propre des esclaves et des misérables, et c'est pour cette raison que ceux-là se rapetissent quant à leur nature. [4] La ville d'Athènes aussi, tant qu'elle fut dans le luxe, fut très grande et fut le berceau des plus magnanimes parmi les hommes. Ils s'enveloppaient de vêtements de pourpre, se couvraient de tuniques multicolores, et, se nouant les cheveux en chignon, ils portaient des broches en or autour du front et des tempes ; les esclaves portaient pour eux des chaises pliantes et des litières, pour qu'ils ne s'assoient pas au premier endroit venu. Et ce sont eux qui ont vaincu à Marathon et ont soumis, seuls, la puissance de toute l'Asie. [5] Et les plus sages, dit-il, et les plus renommés pour leur sagesse pensent que le plaisir est le bien suprême. Simonide dit en effet :
> " Quelle vie humaine est désirable sans le plaisir, quelle tyrannie ? Sans le plaisir la vie des dieux non plus ne serait pas digne d'envie " (fr. 71 Bergk = fr. 57 Diehl).

Et Pindare admonestant Hiéron, chef des Syracusains, dit : " N'éteins pas le plaisir dans la vie : ce qu'il y a de loin de meilleur pour l'homme, c'est une vie agréable " (fr. 126 Bergk = fr. 126 Snell).

Et Homère dit que la joie et l'allégresse sont la fin la plus agréable, quand, invité à un banquet, on écoute l'aède et que les tables alentour sont pleines (*Od.*, IX, 5-8). Et les dieux aussi, dit-il, ont la vie facile (*Od.*, IV, 805, V, 122, *etc.*), c'est-à-dire sans douleur, comme s'il voulait montrer que les pires des maux sont les tourments de la vie et la douleur " »[1].

Ce qui est caractéristique de ce passage, c'est l'expression d'une pensée hédoniste aux termes de laquelle le plaisir est qualifié de bien suprême et présenté comme le style de vie propre à des hommes qui ont obtenu le pouvoir, tels les tyrans et les souverains, et à des peuples et des cités éminents pour leur puissance et leur réputation, comme les Mèdes, les Perses et la cité d'Athènes. Dans cette optique réaliste et descriptive, à la présentation du système de vie hédoniste fait suite l'appel à la tradition

1. Athén., XII 512 A (= fr. 55 Wehrli) : Ἡρακλείδης δ' ὁ Ποντικὸς ἐν τῷ περὶ ἡδονῆς τάδε λέγει· οἱ τύραννοι καὶ οἱ βασιλεῖς πάντων ἀγαθῶν ὄντες κύριοι καὶ πάντων εἰληφότες πεῖραν τὴν ἡδονὴν προκρίνουσιν, μεγαλοψυχοτέρας ποιούσης τῆς ἡδονῆς τὰς τῶν ἀνθρώπων φύσεις. ἅπαντες γοῦν οἱ τὴν ἡδονὴν τιμῶντες καὶ τρυφᾶν προῃρημένοι μεγαλόψυχοι καὶ μεγαλοπρεπεῖς εἰσιν, ὡς Πέρσαι καὶ Μῆδοι. μάλιστα γὰρ πάντων ἀνθρώπων τὴν ἡδονὴν οὗτοι καὶ τὸ τρυφᾶν τιμῶσιν, ἀνδρειότατοι καὶ μεγαλοψυχότατοι τῶν βαρβάρων ὄντες. ἐστι γὰρ τὸ μὲν ἥδεσθαι καὶ τὸ τρυφᾶν ἐλευθέρων, ἀνίησι γὰρ τὰς ψυχὰς καὶ αὔξει, τὸ δὲ πονεῖν δούλων καὶ ταπεινῶν. διὸ καὶ συστέλλονται οὗτοι καὶ τὰς φύσεις. καὶ ἡ Ἀθηναίων πόλις, ἕως ἐτρύφα, μεγίστη τε ἦν καὶ μεγαλοψυχοτάτους ἔτρεφεν ἄνδρας. ἁλουργῆ μὲν γὰρ ἠμπίσχοντο ἱμάτια, ποικίλους δ' ὑπέδυνον χιτῶνας, κορύμβους δ' ἀναδούμενοι τῶν τριχῶν χρυσοῦς τέττιγας περὶ τὸ μέτωπον καὶ τὰς κόρρας ἐφόρουν. ὀκλαδίας τε αὐτοῖς δίφρους ἔφερον οἱ παῖδες, ἵνα μὴ καθίζοιεν ὡς ἔτυχεν. καὶ τοιοῦτοι ἦσαν οἱ τὴν ἐν Μαραθῶνι νικήσαντες μάχην καὶ μόνοι τὴν τῆς Ἀσίας ἁπάσης δύναμιν χειρωσάμενοι καὶ οἱ φρονιμώτατοι δέ, φησίν, καὶ μεγίστην δόξαν ἐπὶ σοφίᾳ ἔχοντες μέγιστον ἀγαθὸν τὴν ἡδονὴν εἶναι νομίζουσιν, Σιμωνίδης μὲν οὑτωσὶ λέγων,

τίς γὰρ ἁδονᾶς ἄτερ
θνητῶν βίος ποθεινὸς ἢ ποία τυραννίς ;
τὰς [δ'] ἄτερ οὐδὲ θεῶν ζηλωτὸς αἰών (fr. 57 Diehl).

Πίνδαρος <δὲ> παραινῶν Ἱέρωνι τῷ Συρακοσίων ἄρχοντι

ἠδ' ἀμαύρου, φησί, τέρψιν ἐν βίῳ, πολύ τοι
φέριστον ἀνδρί, τερπνὸς αἰών (fr. 126 Snell).

καὶ Ὅμηρος δὲ τὴν εὐφροσύνην καὶ τὸ εὐφραίνεσθαι τέλος φησὶν εἶναι χαριέστερον, ὅταν δαιτυμόνες μὲν ἀοιδοῦ ἀκουάζωνται, παρὰ δὲ πλήθωσι τράπεζαι (ι, 5) τοὺς δὲ θεούς φησιν εἶναι ῥεῖα ζώοντας (δ, 805, ε, 122 *etc.*) – τὸ δὲ ῥεῖά ἐστιν ἀπόνως – ὥσπερ ἐνδεικνύμενος ὅτι μέγιστόν ἐστι τῶν κακῶν ἡ περὶ τὸ ζῆν ταλαιπωρία καὶ ὁ πόνος.

littéraire et à la parole de poètes qui font autorité comme Simonide, Pindare et Homère, dans l'intention évidente de confirmer et de renforcer la thèse qui a été énoncée. Puisque ce fragment n'exprime pas le propre point de vue d'Héraclide, qui était ouvertement opposé à l'hédonisme, la critique s'est demandé s'il ne pourrait pas représenter la position d'un philosophe déterminé, qui se révélerait ainsi la cible polémique de l'ouvrage. Parmi les hypothèses qui ont été formulées, l'une présente un intérêt particulier, à cause de la richesse des arguments allégués à l'appui : il s'agit de l'hypothèse avancée par Bignone, qui, comme on l'a dit, voit en Épicure ce philosophe supposé. Cette hypothèse se rattache à son tour à une thèse historiographique beaucoup plus ample et plus complexe, dont le centre est la reconstruction d'une polémique anti-épicurienne plus générale, commune à toutes les traditions philosophiques du quatrième siècle.

Se fondant sur le présupposé que le Περὶ ἡδονῆς serait un ouvrage de nature parodique, Bignone en tire la conséquence logique que l'apologie du plaisir présentée dans le fragment 55 serait, en réalité, « tendancieuse », et aurait pour but de placer dans une fausse lumière l'hédonisme épicurien[1]. Bignone tire argument du passage où Héraclide cite et interprète les vers d'Homère qui font voir dans le plaisir le bien suprême :

> Et Homère dit que la joie et l'allégresse sont la fin la plus agréable, quand, invité à un banquet, on écoute l'aède et que les tables alentour sont pleines. Et les dieux aussi, dit-il, ont la vie facile (ῥεῖα ζώοντες), c'est-à-dire sans douleur (ἀπόνως), comme s'il voulait montrer que les pires des maux sont les tourments de la vie et la douleur (πόνος).

Bignone fait remarquer qu'Athénée, après avoir cité ce passage de l'ouvrage d'Héraclide, affirme que c'est Homère qui a initié Épicure à la doctrine du plaisir[2]. Énonçant le principe selon lequel « tout adversaire qui veut parodier la doctrine d'un auteur doit se servir d'éléments réels pour les placer de façon tendancieuse sous un mauvais éclairage », Bignone en tire la conclusion préliminaire qu'Épicure est la source d'où Héraclide aurait tiré la citation d'Homère. Recourant aux vers mêmes d'où Épicure avait tiré l'inspiration de sa doctrine, Héraclide aurait voulu démontrer que le philosophe de Samos avait indiqué comme fin moins l' ἀπονία, comme

1. Voir E. Bignone, *op. cit.*, I, p. 265-266.

2. E. Bignone, *op. cit.*, I, p. 269, cite à ce propos Athén., XIII, 513 a, mais n'oublie pas de mentionner aussi Sénèque, *ep.* 88, 5 ; Anonym., *schol. ad Od.*, IX 28 ; Lucien, *de parasit.*, 10 ; Ps. Plutarque, *vit. Hom.*, II 150 ; Héraclite, *quaest. Hom.*, 70 ; Eustathe, *comm. ad Hom. Od.*, p. 1216, 10.

c'est en réalité le cas, que la joie des banquets et des chants[1]. Bignone fait remarquer en outre qu'il y a deux passages d'Homère qui sont cités à l'appui de la thèse hédoniste dans le fragment 55 : le premier indique comme fin la plus agréable la joie des banquets et du chant de l'aède, tandis que le second se réfère au modèle des dieux, « qui vivent une vie facile ». Mais Bignone trouve « singulier » que « pour les hommes on parle de la vive joie des festins et des chants, pour les dieux au contraire (qui sont certainement des êtres plus heureux que l'homme) d'une simple absence de douleur, de l'aponie ». Cela signifie que le philosophe hédoniste parodié par Héraclide donnait ce second exemple, non pas simplement pour prouver que la douleur est un mal, mais pour démontrer que le bien suprême, qui est précisément celui dont jouissent les dieux, est l'absence de douleur, c'est-à-dire l'ἀπονία : et un tel philosophe ne peut être qu'Épicure[2].

Bignone considère en outre que l'interprétation de l'expression ῥεῖα ζῆν en termes d' ἀπονία n'est pas exacte, étant donné que chez Homère cette expression indique, de façon positive, « l'admirable facilité à jouir qui est le propre des dieux »[3]. Ne dérivant pas d'une constatation simple ou évidente tirée de la poésie homérique, l'interprétation particulière de ces vers est une preuve supplémentaire du fait qu'Héraclide, ayant tiré cet exemple des écrits d'Épicure, l'a délibérément détourné de sa signification originelle. Bignone pense avoir ainsi démontré suffisamment que la citation homérique du fragment 55 avait un but polémique bien précis : alors qu'Épicure voulait, par cette citation, prouver que le bien suprême et vraiment divin est l'absence de soucis, « Héraclide, de façon tendancieuse, donnait à croire qu'Épicure s'en servait pour prouver que le mal suprême est la douleur, alors que le *bien suprême* serait les *voluptés de la table et des chants* »[4].

A l'examen, le jugement porté par Bignone sur le Περὶ ἡδονῆς se révèle conditionné par deux présupposés de caractère général : le caractère parodique supposé du Περὶ ἡδονῆς et l'existence d'une polémique entre Héraclide et Épicure, à la lumière de laquelle sont interprétés les données de fait, les fragments conservés et la chronologie du philosophe. En outre, Bignone n'a aucun doute sur le fait qu'Héraclide pouvait disposer d'informations sur la pensée épicurienne ; il s'efforce même d'accréditer une pareille éventualité en s'appuyant sur ce qu'affirme Athénée, quelques lignes après avoir rapporté le passage d'Héraclide :

1. Voir E. Bignone, *op. cit.*, I, p. 270 et p. 302.
2. Voir E. Bignone, *op. cit.*, I, p. 290-294.
3. *Cf.* Hom., *Od.*, v 46, cité par E. Bignone, *op. cit.*, I, p. 290.
4. Voir E. Bignone, *op. cit.*, I, p. 291.

> Il semble que ce soit l'Ulysse d'Homère qui ait orienté Épicure vers son fameux plaisir, puisqu'il affirme : « vraiment, c'est cela qui me semble être la chose la plus belle » [1].

Mais le texte d'Athénée n'offre pas le moindre indice qui permette de mettre ce passage en rapport avec la citation qui précède dans le fragment d'Héraclide – à tel point qu'Athénée, rapportant l'information selon laquelle Épicure aurait tiré son inspiration des vers d'Homère, ne rappelle pas que ces vers étaient les mêmes que ceux cités par Héraclide; encore moins rapporte-t-il qu'Héraclide avait connaissance du fait qu'Épicure aurait tiré d'Homère sa conception de la fin éthique. En outre, qu'Épicure se soit défendu de l'accusation d'avoir fait consister sa fin éthique dans les plaisirs de la table, telle qu'elle semble résulter des vers d'Homère, ne peut pas servir à prouver l'existence d'une polémique entre Héraclide et Épicure, car cela ne signifie pas que cette accusation ait été lancée contre lui précisément par Héraclide. Il faut en effet bien distinguer la polémique supposée d'Héraclide contre Épicure et la défense de l'hédonisme par Épicure au moyen de la polémique qui s'ensuivit contre Héraclide et contre Aristote, ou contre ce que Bignone appelle, en bloc, l'école platonico-aristotélicienne.

Pour éclairer davantage l'inconsistance de l'hypothèse de Bignone, il est nécessaire de mentionner un autre aspect de la philosophie d'Épicure, à savoir sa polémique contre la théorie aristotélicienne de l' εὐφροσύνη. L'allusion polémique au concept d' εὐφροσύνη dans un passage du Περὶ τέλους induit en effet Bignone à croire que dans ce traité Épicure faisait aussi allusion aux vers d'Homère, précisément à ceux qu'Héraclide évoquait dans le Περὶ ἡδονῆς [2]. Dans l'optique de Bignone, l'allusion d'Épicure à Homère prend la valeur d'une « rétorsion polémique manifeste » contre le concept aristotélicien d' εὐφροσύνη. Le savant fait remarquer à ce sujet que la citation homérique est contenue dans un passage de la *Politique* qu'il démontre être dérivé du *Protreptique*, ouvrage que pour des raisons chronologiques Épicure pouvait bien connaître [3]. Bignone, pourtant, relève lui-même que ces vers d'Homère étaient d'un usage traditionnel dans l'école aristotélicienne, et qu'il sont cités aussi dans la partie du *Certamen Homeri et Hesiodi* qui, à la suite de récentes découvertes papyrologiques, a été attribué au *Mouseion* d'Alcidamas, et où

1. Athén., XII, 513 a : Ὁ δὲ παρὰ τῷ Ὁμήρῳ Ὀδυσσεὺς ἡγεμὼν δοκεῖ γεγενῆσθαι Ἐπικούρῳ τῆς πολυθρυλήτου ἡδονῆς ὅσπερ φησὶν τοῦτο τί μοι κάλλιστον ἐνὶ φρεσὶν εἴδεται εἶναι.

2. Cf. Cicéron, *Tusc. disp.*, III 18, 41 (= fr. 67 Usener).

3. La faiblesse de l'hypothèse de Bignone est montrée toutefois par le fait que la présence des vers d'Homère dans le *Protreptique* d'Aristote est purement conjecturale.

sont rapportés ces vers « d'or », que l'on chantait dans les occasions solennelles et lors des fêtes sacrées[1]. Compte tenu de ces remarques, l'affirmation de Bignone selon laquelle ces vers, Héraclide « les tirait adroitement des écrits d'Épicure », se révèle contradictoire[2]. En effet, il n'est pas vraisemblable de croire qu'Héraclide, dont de nombreux fragments et titres d'ouvrages attestent l'intérêt pour la littérature et en particulier pour l'exégèse homérique, ne connaissait ces vers que par l'intermédiaire des écrits d'Épicure. En réalité, le but de la citation homérique du fragment 55 ne paraît pas différent de l'usage qui en est fait dans la *Politique* d'Aristote, où le même groupe de vers est cité pour prouver que la musique est nécessaire à l'éducation libérale[3]. Que cette utilisation des vers homériques soit parfaitement conforme à leur usage traditionnel, c'est ce que confirme, outre Alcidamas, un passage de la *République* de Platon, où le même groupe de vers est cité, cette fois dans une intention polémique, dans la mesure où Homère célébrerait des plaisirs contraires à la vertu :

> Hé quoi ! lorsqu'un poète fait dire au plus sage des hommes que rien au monde ne lui paraît plus beau que
>
> « des tables chargées de pain et de viande, et un échanson qui porte le vin puisé au cratère et le verse dans les coupes » (Hom., *Od.*, IX, 8-10)
>
> crois-tu cela bien propre à porter un jeune homme à la tempérance[4]?

Tout cela démontre qu'il était habituel de se référer à ces vers pour soutenir aussi bien que pour critiquer telle ou telle doctrine, et il n'y a pas de raison de penser qu'Héraclide en ait fait un usage différent, d'autant plus que les expressions qui, dans le fragment 55, introduisent les citations poétiques ne laissent transparaître aucune intention polémique : « Et les plus sages et les plus renommés pour leur sagesse pensent que le plaisir est le bien suprême. Simonide en effet dit… Et Pindare, admonestant Hiéron, le chef des Syracusains, dit… Et Homère dit… »

L'interprétation particulière de l'expression homérique ῥεῖα ζῆν en termes d' ἀπονία, qui est à la base de la thèse de Bignone, se révèle d'autre part n'être compréhensible qu'à la condition d'être ramenée à ce qu'Héraclide dit auparavant dans le texte, c'est-à-dire à l'opposition entre τρυφή et πόνος. Nous démontrerons plus loin que l'hédoniste d'Héraclide fait allusion par là à un thème caractéristique de la tradition cynique, dont il

1. Cf. *certam. Hom. et Hes.* 54-214 A. (= Alcidamas fr. 5 Avezzù, p. 40, 32-38).
2. E. Bignone, *op. cit.*, I, p. 272.
3. *Cf.* Aristote, *Politique*, VIII, 3. 1338 a 21-30, et, sur ce passage, voir *infra*.
4. Platon, *République*, III, 390 a 8-b 4 (tr. E. Chambry).

renverse le sens. Toujours est-il que cette opposition ne présuppose en aucune façon une allusion polémique à Épicure, car, comme l'a déjà noté Wehrli[1], le philosophe de Samos ne défendait pas cette τρυφή dont parle à plusieurs reprises Héraclide.

A défaut, donc, de confrontations textuelles précises, l'hypothèse d'une polémique d'Héraclide contre Épicure doit être vérifiée sur la base de données chronologiques certaines et incontestables qui rendent possible une connaissance de la philosophie épicurienne par le philosophe d'Héraclée. L'information rapportée par Sotion, selon laquelle Héraclide suivit les leçons d'Aristote[2], ne fournit cependant qu'une date indicative pour l'arrivée du philosophe à Athènes : elle se réfère très probablement à l'époque où Aristote lui-même était membre de l'Académie, et elle ne prouve donc pas, comme le veut Bignone, qu'Héraclide et Épicure étaient contemporains. Les deux philosophes ne purent se trouver philosopher dans la même aire géographique qu'à partir de 335 environ, quand Héraclide quitta la Grèce. Étant donné qu'Épicure naquit en 341, et qu'Héraclide vécut jusqu'en 315 environ, il est indispensable d'admettre qu'Épicure ait commencé à philosopher à l'âge de quatorze ans pour soutenir qu'Héraclide ait pu avoir connaissance de ses doctrines[3]. En outre, pour affirmer qu'une polémique anti-épicurienne est reconnaissable dans le Περὶ ἡδονῆς, il est nécessaire de situer la date de rédaction de cet écrit dans la phase ultime de l'activité d'Héraclide, quand ce dernier avait quitté Athènes et était retourné à Héraclée. A cela s'ajoute la nécessité d'admettre, d'une part qu'Épicure ait déjà formulé à cette date une pensée originale, et d'autre part que sa doctrine ait déjà atteint une certaine notoriété, pour supposer qu'elle ait été parodié dans un écrit polémique[4]. Mais de cette façon on court sérieusement le risque de placer le Περὶ ἡδονῆς à une époque où son auteur pouvait ne plus être en vie. Enfin, assigner cet ouvrage aux dernières années de la vie d'Héraclide signifie exclure qu'il ait trouvé son origine dans le climat d'intenses discussions sur l'hédonisme engendré par la publication du *Philèbe*.

1. *Cf.* F. Wehrli, *Die Schule des Aristoteles. Text und Kommentar*, Heft VII, *Herakleides Pontikos*, Basel 1953, p. 77.

2. *Cf.* Diogène Laërce, V 86 (= *partim* fr. 3 Wehrli) : Ἀθήνησι δὲ παρέβαλε πρῶτον μὲν Σπευσίππῳ· ἀλλὰ καὶ τῶν Πυθαγορείων διήκουσε καὶ τὰ Πλάτωνος ἐζηλώκει· καὶ ὕστερον ἤκουσεν Ἀριστοτέλους, ὥς φησι Σωτίων ἐν Διαδοχαῖς.

3. *Cf.* Diogène Laërce, X, 2. Sur la genèse de l'intérêt d'Epicure pour la philosophie voir Sextus Empiricus, *adv. math.*, X, 19.

4. On sait qu'Epicure, après avoir passé l'éphèbie à Athènes, rentra en 321 à Colophon; en 311 il passa à Mitilènes, où, à une époque que nous ne pouvons pas préciser, il fonda sa propre école; l'arrivée à Lampsaque se situe aux environs de 309. Pour la chronologie du philosophe de Samos voir H. Steckel, *s.v. Epikuros*, dans *RE*, Suppl. XI (1968) coll. 579-652.

De tout cela il résulte que la connaissance des écrits d'Épicure par Héraclide ne peut être admise comme une donnée de fait, et qu'elle est même indémontrable. C'est au contraire sur la base de cette supposition que Bignone commente un passage de la *Lettre à Ménécée* dans lequel Épicure précise que la fin morale (τέλος) consiste selon lui dans l'absence de souffrance physique et de trouble de l'âme, et non pas, au contraire, dans la poursuite d'une vie dédiée aux jouissances matérielles (τὰς τῶν ἀσώτων ἡδονὰς καὶ τὰς ἐν ἀπολαύσει κειμένας), « comme le croient certains (τινες) qui, ou bien ne connaissent pas (ἀγνοοῦντες) notre doctrine, ou bien lui sont opposés (οὐχ ὁμολογοῦντες), ou bien l'interprètent mal (κακῶς ἐκδεχόμενοι) »[1].

Bignone, considérant ce passage comme une réplique au *Protreptique* d'Aristote, identifie les ἀγνοοῦντες aux philosophes qui avaient critiqué l'hédonisme sans connaître l'interprétation qu'en avait donné Épicure (et parmi eux figure certainement Aristote, qui mourut quand le philosophe de Samos avait vingt ans, et de qui la doctrine épicurienne était évidemment ignorée quand il composa le *Protreptique* et ses autres œuvres de jeunesse) : Héraclide serait au contraire à compter au nombre de ceux qui ont déformé la doctrine épicurienne[2]. Mais cette interprétation du passage n'est plausible qu'à la condition de supposer qu'Héraclide ait polémiqué contre Épicure : le cercle vicieux est évident.

À ce stade, il est opportun de rappeler un témoignage de Cicéron, ignoré jusqu'à présent des spécialistes qui se sont occupés du Περὶ ἡδονῆς et pourtant fondamental. De ce témoignage, il résulte que le dialogue de type héraclidéen mettait en scène des *antiquae personae*, et qu'Héraclide n'y intervenait pas en première personne : en ce sens il s'opposait au dialogue de type aristotélicien, qui prévoyait la présence de personnages contemporains et de l'auteur lui-même dans le rôle de protagoniste[3]. Ce témoignage retire tout crédit à la thèse de Bignone, puisqu'Épicure, s'il avait été attaqué par Héraclide, aurait dû figurer dans son ouvrage comme un jeune contemporain. Il est à noter que Bignone a recours précisément à cette assomption pour polémiquer contre Hirzel, qui identifiait en Aristippe le philosophe soutenant la thèse hédoniste au fragment 55[4]. Bignone faisait remarquer à ce propos que, dans les dialogues platoniciens qui ont pour thème le plaisir et l'amour, les interlocuteurs de Socrate sont

1. Diogène Laërce, X 131.

2. *Cf.* E. Bignone, *op. cit.*, I, p. 302-303.

3. Pour les *antiquae personae* voir Cicéron, *ep. ad Att.*, XII 19, 3 (= fr. 24 a Wehrli). Pour les caractères des dialogues d'Héraclide et d'Aristote, voir Cicéron, *ep. ad Quint. fr.*, III 5, 1 (= *partim* fr. 24 b Wehrli).

4. *Cf.* R. Hirzel, *Der Dialog*, Leipzig, 1895, I, p. 323.

souvent de jeunes gens ; il concluait qu'Héraclide se serait conformé sur ce point à l'exemple de son maître : mais le témoignage de Cicéron s'oppose à son assomption. Et, d'autre part, admettre, comme tentative extrême de défense de l'hypothèse de Bignone, que le philosophe de Samos était la cible privilégiée d'Héraclide mais ne participait pas du tout au dialogue signifie affaiblir, presque jusqu'à la réduire à rien, l'hypothèse de départ.

La thèse hédoniste

Il est évident qu'un texte peut toujours avoir une implication polémique, ou ironique, même si la polémique n'est pas son objectif principal et que l'ironie, ou la parodie, ne soient pas déclarées, et qu'une telle éventualité ne saurait jamais, à la rigueur, et pour la nature même d'un texte littéraire, être complètement exclue. Cela dit, l'analyse que nous avons menée jusqu'ici conduit à débarrasser le terrain du préjugé qu'Épicure constitue la cible polémique du fragment 55. La nécessité apparaît clairement, à ce stade de notre enquête, d'étudier le fragment pour lui-même, en le replaçant dans le réseau de relations textuelles et dans le contexte historique et théorique qui sont les siens, en reconstruisant les lignes de force de l'argumentation et en approfondissant l'examen de chacun des thèmes qui y apparaissent. Et puisque les traits communs à tous les fragments conservés du Περὶ ἡδονῆς sont un caractère réaliste et descriptif et un intérêt marqué pour les βίοι, c'est précisément là qu'il faut saisir un premier voisinage avec le *Philèbe*, qui n'oppose pas seulement deux thèses théoriques dans un débat scolastique, mais parle explicitement de ἡδονῆς βίος et de φρονήσεως βίος [1], problématique à laquelle pourrait bien s'être conformé aussi Héraclide, en offrant, comme l'expression κομικῶς πεπλασμένος veut peut-être le suggérer, une représentation vivante d'épisodes et de conditions tirés de l'observation de la *comédie humaine*. La description du mode de vie luxueux de certains peuples barbares, comme les Mèdes et les Perses, et l'allusion au faste et au raffinement du cadre de vie des tyrans et des rois, tels sont les thèmes qui, dans le fragment 55, soutiennent l'énoncé de la thèse hédoniste. Cette position est placée dans un cadre historique quelque peu estompé qui en forme l'arrière-plan : l'allusion au monde de la tyrannie laisse entrevoir une idéalisation du passé de la Grèce. Cette conception, qui est historiquement et littérairement en accord avec la présence d'*antiquae personae* dans les dialogues héraclidéens, se reflète, sur le plan linguistique, dans l'absence

1. *Cf.* Platon, *Philèbe,* 20 e 1-2.

manifeste de toute distinction entre les mots τύραννος et βασιλεύς. L'emploi interchangeable de ces termes est un archaïsme littéraire, à l'époque où écrit Héraclide, reproduisant un usage qui fut propre à Hérodote[1]. Sur le plan théorique, tout cela s'explique bien si on garde à l'esprit que l'objectif du philosophe est de construire, en lui donnant le maximum de force, une position hédoniste axée sur l'exaltation d'un style de vie caractérisé par le plaisir et le luxe. Dans cette optique, rois et tyrans sont placés sur le même plan : toute distinction entre les deux figures entrerait en conflit avec cette problématique.

Dans la littérature du quatrième siècle, les deux termes apparaissent au contraire bien distincts et sont souvent mis en opposition l'un par rapport à l'autre, spécialement dans la littérature socratique, au sein de laquelle se poursuivait une discussion aux accents enflammés à propos de la figure du tyran, considérée non seulement du point de vue politique mais aussi du point de vue éthique. Le jugement porté sur la vie du tyran est ouvertement négatif chez Platon : qu'il suffise de penser au *Gorgias* et à la représentation d'Archélaos de Macédoine qui, à l'opposé de l'admiration que lui témoigne le sophiste Polos, est présenté comme un homme mauvais au plus haut degré et détenteur d'un pouvoir illégitime; c'est la façon dont il mène sa vie qui sert de point de départ pour débattre le problème de savoir si un homme qui commet de graves injustices peut être réellement heureux; qu'il suffise de rappeler aussi la description des caractères de l'homme tyrannique dans la *République*, où est de nouveau explicitement posé le lien avec le plaisir, dans un contexte argumentatif où les points de vue éthique, politique et éducatif s'impliquent mutuellement[2]. Antisthène aussi critique violemment l' ἦθος du tyran et le désir démesuré de richesse et de pouvoir qui, d'un côté, le pousse à commettre des actions contraires à la justice, et engendre d'autre part l'infélicité, puisqu'il est insatiable : l'*Archélaos ou De la royauté* devait conduire à une nette opposition avec Socrate et donc avec l' ἦθος propre au philosophe; dans le même temps, la figure du τύραννος était placée dans une antithèse radicale avec celle du βασιλεύς, pourvu de toutes les vertus morales et politiques, guide et modèle pour les hommes[3]. La condition du tyran se révèle dans cette optique

1. *Cf.* p. ex. Hérodote, III 80.

2. *Cf.* Platon, *Gorgias*, 470 d-471 d; *République*, IX, 573 a-c et 576 a-578 b.

3. Pour la conception antisthénienne du τύραννος voir Xénophon, *Banquet*, IV, 36-37 (= *S.S.R.* V A 82), et, sur ce texte, A. Brancacci, « Erotique et théorie du plaisir chez Antisthène », dans *Le Cynisme ancien et ses prolongements*, Actes du Colloque International du CNRS (Paris, 22-25 juillet 1991), sous la direction de M.-O. Goulet-Cazé et R. Goulet, Paris, 1993, p. 37-40. Pour le τύραννος et le βασιλεύς *cf.* Stobée IV 8, 31 (= *S.S.R.* V A 75); Gnom. Vat. 743 n° 6 (= *S.S.R.* V A 166); Xénophon, *Banquet*, IV, 6 (= *S.S.R.* V A 186); Dion Chrysostome, *orat.* XIII 23-24 (= *S.S.R.* V A 208). Pour d'autres indications, et pour

n'être qu'illusoirement avantageuse, comme le répète le tyran Hiéron dans l'ouvrage de Xénophon qui porte son nom : le vulgaire, habitué à juger de la félicité ou de l'infélicité d'autrui par l'ostentation et les apparences, s'illusionne sur la condition réelle des tyrans, qui sont privés des biens véritablement grands et participent seulement des maux vraiment grands; la possession de richesses n'est pas pour eux source de plaisir, et c'est justement la comparaison avec la vie des citoyens privés qui montre à quel point la condition existentielle du τύραννος est dominée par les peines et la peur qui habitent au fond de leur âme [1].

Si l'on garde à l'esprit l'idée que le jugement porté sur les tyrans et l'opposition même entre roi et tyran sont, chez Antisthène et Xénophon aussi bien que chez Platon, l'envers d'une position anti-hédoniste qui implique la condamnation du plaisir et en particulier de ce plaisir qu'est la τρυφή, on s'explique pourquoi la figure du τύραννος est dessinée dans le fragment 55 avec des caractères qui paraissent diamétralement opposés à la conception dominante dans la littérature de tradition socratique. On peut dire en ce sens que le fragment hédoniste d'Héraclide est lui-même une réplique à l'anti-hédonisme. Le tyran est en possession de richesses, mais cela n'engendre pas dans son âme le désir insatiable de les accroître; de plus, il ne s'en est pas emparé injustement ou par la violence, et même, sa position de pouvoir et de privilège par rapport aux hommes est une condition de développement positif de son âme, et lui rend facile de vivre en sécurité; le τύραννος n'apparaît plus alors comme le prototype de l'homme injuste, méchant et malheureux, et les conditions extérieures de son existence semblent en déterminer aussi la condition intérieure : cela signifie, même si n'apparaît pas dans le fragment le mot d' εὐδαιμονία, que le tyran qui a choisi la ἡδονή et la τρυφή vit heureux. Il est bon de rappeler ici le texte d'Héraclide :

> Les tyrans et les rois, maîtres de tous les biens et qui ont fait l'expérience de tous les biens, donnent la prééminence au plaisir, car le plaisir rend plus magnanime la nature de l'homme. Tous ceux qui honorent le plaisir et choisissent le luxe sont magnanimes et splendides, comme les Perses et les Mèdes. Eux qui, plus que tous les hommes, honorent le plaisir et le luxe, sont, parmi les barbares, les plus courageux et les plus magnanimes.

l'*Archélaus* d'Antisthène, *cf.* A. Brancacci, *Struttura compositiva e fonti della terza orazione 'Sulla regalità' di Dione Crisostomo. Dione e l' 'Archelao' di Antistene*, dans *Aufstieg und Niedergang der römischen Welt*, Teil II : *Principat*, Band 36.5, hrsg. von W. Haase und H. Temporini, Berlin-New York, 1992, p. 3308-3334.

1. *Cf.* Xénophon, *Hiéron*, II, 4-6. Sur l'écrit de Xénophon, *cf.* L. Strauss, *De la tyrannie*, traduit de l'anglais par H. Kern, précédé du *Hiéron de Xénophon* et suivi de *Tyrannie et Sagesse* par A. Kojève, Paris, 1983.

Qu'Héraclide, en construisant les thèmes de cette position, ait parfaitement présente à l'esprit la tradition philosophique et littéraire de son époque, avec laquelle il se confronte, trouve confirmation dans l'allusion aux Mèdes et aux Perses, dont le mode de vie est cité par Platon comme exemple de vie dissolue, de luxe et de faste démesurés[1]. A une époque immédiatement postérieure à celle d'Héraclide, Cléarque de Soles relève lui aussi l'excès de τρυφή des Mèdes et stigmatise le roi des Perses comme un homme totalement esclave des plaisirs[2]. Et si ce jugement est en accord avec celui des Cyniques, qui insisteront sur la μαλακία et la τρυφή du grand Roi[3], il faut rappeler qu'Antisthène, déjà, avait fulminé contre les rois des Perses, Darius et surtout Xerxès. En opposition avec le jugement commun, qui célébrait les entreprises extraordinaires et la puissance de ces souverains, Antisthène soulignait que Xerxès n'avait pas droit au titre de βασιλεύς, puisqu'il était φιλήδονος καὶ φιλοχρήματος; cependant, il n'admettait pas que la victoire de Marathon et les hauts faits de la deuxième guerre médique constituassent des titres de mérite pour la manière de vivre des Athéniens et leur παιδεία (qu'il réformait sur la base des principes philosophiques socratiques)[4]. Le jugement de l'hédoniste d'Héraclide est encore une fois à l'opposé; il est significatif qu'y reviennent tous ces thèmes, mais accompagnés d'un jugement de signe inverse :

> La ville d'Athènes aussi, tant qu'elle fut dans le luxe, fut très grande et fut le berceau des plus magnanimes parmi les hommes. Ils s'enveloppaient de vêtements de pourpre, se couvraient de tuniques multicolores, et en se nouant les cheveux en chignon ils portaient des broches en or autour du front et des tempes; les esclaves portaient pour eux des chaises pliantes et des litières, pour qu'ils ne s'assoient pas au premier endroit venu. Et ce sont eux qui ont vaincu à Marathon et ont soumis, seuls, la puissance de toute l'Asie.

1. Pour le jugement platonicien sur les rois Cyrus, Darius et Xerxès, cf. *Lois,* III, 694 a-696 a. Pour la richesse démesurée du roi des Perses, *cf.* aussi *Alcib. I*, 120 a-124 a.

2. *Cf.* Athénée, XII, 594 b, 514 e, 529 d (= fr. 50-51 Wehrli), et, sur ces fragments, F. Wehrli, *Die Schule des Aristoteles*, cit., Heft III, p. 64-65.

3. *Cf.* Dion Chrysostome, *orat.* VI, 10-21, 35-39 (= *S.S.R.* V B 583). Pour les relations de Diogène le Cynique avec le roi Philippe *cf.* Diogène Laërce, VI 69 (= *S.S.R.* V B 26); pour ses rapports avec Alexandre le Grand *cf.* Plutarque, *de Alex. M. fort. aut virt.*, I, 10, p. 331 d-332 c (= *S.S.R.* V B 31); pour ses rapports avec d'autres rois et tyrans *cf.* Diogène Laërce, VI 44 et 57 (= *S.S.R.* V B 50-51).

4. *Cf.* Dion Chrysostome, *orat.* III 36-41 (= Antisthène, *Archélaus*, fr. 5 Brancacci).

Après l'antithèse entre roi et tyran, l'hédoniste d'Héraclide supprime aussi celle entre Athènes d'une part, Mèdes et Perses d'autre part. Il loue Athènes, non pour des raisons civiles ou morales, comme l'avaient fait Socrate dans l'*Apologie* platonicienne[1] et Périclès dans l'oraison funèbre de Thucydide, mais parce qu'il la situe dans un passé de puissance dominé par une manière de vivre fastueuse. En conséquence, son utilisation du thème de Marathon est elle aussi bien différente de celle qui est attestée dans la tradition antérieure : elle s'oppose au jugement intransigeant d'Antisthène, mais aussi à l'utilisation qu'avait faite de ce thème le Raisonnement Juste dans les *Nuées* d'Aristophane, où l'allusion à la « génération des combattants de Marathon » va en parallèle avec la célébration de l'éducation antique, fondée sur la pudeur et sur le respect des normes sévères de la vie en société[2]. Le thème de la décadence de la cité d'Athènes, qu'Aristote reprenait aussi dans le dialogue perdu *Sur la Justice*[3], est ainsi retourné, et l'éloge du luxe de l'hédoniste d'Héraclide semble plutôt vouloir répondre à la condamnation platonicienne de la πόλις τρυφῶσα et de la φλεγμαίνουσα πόλις en opposition à la ὑγιὴς πόλις :

> Ce n'est plus simplement l'origine d'un État que nous étudions, mais celle d'un État qui vit dans les délices. [...] Toujours est-il que le véritable État, celui que j'ai décrit, me paraît être un État sain ; mais si vous voulez que nous en considérions un autre, gonflé d'humeurs, rien ne nous empêche. Certains en effet ne seront pas contents, je le crains, de ces dispositions ni de notre régime même ; ils y ajouteront des lits, des tables, des meubles de toute sorte, des ragoûts, des parfums, des essences à brûler, des courtisanes, des friandises, et chacune de ces superfluités sous toutes les formes possibles[4].

Il est à remarquer que le thème de la décadence d'Athènes se rattache, de façon cohérente avec la position anti-hédoniste soutenue dans le fragment 55, au souvenir de la vie à la manière antique, raffinée, propre aux riches, dont parle Thucydide au premier livre des ses *Histoires* :

1. *Cf.* Platon, *Apologie de Socrate*, 29 d 6-e 2.

2. *Cf.* Aristophane, *Nuées*, 960-990.

3. *Cf.* Démétrius, *de eloc.*, 28 (= fr. 1 Ross), et, sur ce texte, E. Bignone, *op. cit.*, p. 260.

4. Platon, *République*, II, 372 e 3-373 a 4 : οὐ πόλιν, ὡς ἔοικε, σκοποῦμεν μόνον ὅπως γίγνεται, ἀλλὰ καὶ τρυφῶσαν πόλιν. [...] ἡ μὲν οὖν ἀληθινὴ πόλις δοκεῖ μοι εἶναι ἣν διεληλύθαμεν, ὥσπερ ὑγιής τις· εἰ δ' αὖ βούλεσθε, καὶ φλεγμαίνουσαν πόλιν θεωρήσωμεν· οὐδὲν ἀποκωλύει. ταῦτα γὰρ δή τισιν, ὡς δοκεῖ, οὐκ ἐξαρκέσει, οὐδὲ αὕτη ἡ δίαιτα, ἀλλὰ κλῖναί τε προσέσονται καὶ τράπεζαι καὶ τἆλλα σκεύη, καὶ ὄψα δὴ καὶ μύρα καὶ θυμιάματα καὶ ἑταῖραι καὶ πέμματα, ἕκαστα τούτων παντοδαπά.

> Et cette partie de la Grèce où l'on vit encore ainsi nous renseigne sur les pratiques qui jadis s'étendaient à tous indistinctement. Les tout premiers à quitter les armes furent les Athéniens, qui, vivant sans contrainte, s'orientèrent vers un raffinement nouveau. Et il n'y a pas longtemps que chez eux, par un effet de luxe, les gens âgés des classes privilégiées portaient encore des longues robes de laine et retenaient la touffe de leurs cheveux en insérant des « cigales » d'or. De là vient que chez les Ioniens aussi, qui sont leurs parents, les hommes âgés conservèrent longtemps cette mode[1].

Est aussi commun à Héraclide et à Thucydide le souvenir des bijoux en or, les τέττιγες, signe de luxe, que les Athéniens avaient coutume de se fixer dans les cheveux[2]. L'allusion aux vêtements de pourpre rappelle au contraire un thème caractéristique d'Aristippe : détail d'autant plus significatif qu'on se rappelle que le philosophe de Cyrène appréciait lui aussi, comme l'hédoniste d'Héraclide, la τρυφή, blâmée au contraire par Antisthène, et que pour cette raison, à la différence de l'autre socratique, Aristippe ne condamnait pas le style de vie des τύραννοι[3].

Des discussions qui s'étaient développées autour de ces questions, et en particulier autour de l'opposition entre τρυφή et πόνος, l'écho se fait entendre encore dans un autre passage du fragment 55, sorte de bref intermède théorique compris entre la description du modèle de la vie orientale et de celui de l'ancienne Athènes :

> Jouir, en effet, et s'adonner au luxe, sont le propre des hommes libres, et l'âme en sort réconfortée et grandie. Souffrir, au contraire,

1. Thucyd., I, 6, 2-3 : σημεῖον δ' ἐστὶ ταῦτα τῆς 'Ελλάδος ἔτι οὕτω νεμόμενα τῶν ποτὲ καὶ ἐς πάντας ὁμοίων διαιτημάτων. ἐν τοῖς πρῶτοι δὲ 'Αθηναῖοι τὸν τε σίδηρον κατέθεντο καὶ ἀνειμένῃ τῇ διαίτῃ εὖ τὸ τρυφερώτερον μετέστησαν. καὶ οἱ πρεσβύτεροι αὐτοῖς τῶν εὐδαιμόνων διὰ ἁβροδίαιτον οὐ πολὺς χρόνος ἐπειδὴ χιτῶνάς τε λινοῦς ἐπαύσαντο φοροῦντες καὶ χρυσῶν τεττίγων ἐνέρσει κρωβύλον ἀναδούμενοι τῶν ἐν τῇ κεφαλῇ τριχῶν. Texte grec et traduction française sont repris de *Thucydide. La Guerre du Péloponnèse*, Livre I, texte établi et traduit par J. de Romilly, Paris, 1964, p. 4.

2. *Cf.* aussi Aristophane, *Nuées*, 984-986 ; *Cavaliers*, 1323-1334. Le terme κρωβύλος désigne la coutume de se nouer les cheveux au dessus du cou ; reste incertaine, au contraire, la nature spécifique des τέττιγες.

3. Pour l'habitude d'Aristippe de se couvrir de vêtements de pourpre, *cf.* Tatian, *orat. ad Graec.*, 2 (= *S.S.R.* IV A 92). Pour la vie luxueuse qu'Aristippe adoptait à la cour de Denys, *cf.* Diogène Laërce, II, 76 (= *S.S.R.* IV A 70), où il est significatif que, répliquant à Platon, qui le blâmait pour cette conduite de vie, Aristippe affirme que rien n'empêche de vivre à la fois de manière luxueuse (πολυτελῶς) et de façon digne (καλῶς). Les nombreuses anecdotes qui ont pour thème les rapports d'Aristippe avec le tyran de Syracuse reposent sur le principe aristippien selon lequel le vrai philosophe est capable de se conformer au temps, au lieu et aux circonstances : *cf.* Diogène Laërce, II, 66 (= S.S.R. IV A 51). Pour la condamnation antisthénienne de la τρυφή, *cf.* Diogène Laërce, VI 10 (= *S.S.R.* V A 61) ; *Id.*, VI 8 (= *S.S.R.* V A 114) ; Isid. Pelus, *ep.*, III 154 (= *S.S.R.* V A 115).

> est le propre des esclaves et des misérables, et c'est pour cette raison que ceux-là se rapetissent quant à leur nature.

Un éloge analogue de la vie libre et oisive, par opposition à une existence laborieuse et servile, en liaison avec l'exemple des peuples orientaux, se rencontre dans un texte très proche du fragment 55 qui appartient à une branche hédoniste de la tradition socratique :

> Socrate disait que l'oisiveté est sœur de la liberté. Il en donnait pour preuve le fait que les Indes et les Perses, qui sont très courageux et extrêmement libres, sont les uns et les autres très inactifs dans les affaires, alors que les Phrygiens et les Lydiens, qui sont très laborieux, vivent en servitude[1].

Le Socrate qui parle dans ce passage transmis par Elien pourrait bien être le Socrate d'Aristippe, ou le Socrate de la tradition aristippienne, d'autant plus que l'historicité de ses paroles trouve un élément de confirmation important dans l'accusation adressée à Socrate par Polycratès d'encourager les jeunes gens à mépriser l'activité laborieuse[2]. Parvenus à ce point, il est légitime de se demander si la présentation de la thèse hédoniste n'était pas confiée, dans le dialogue, précisément à Aristippe, comme le pensait Hirzel. Cependant, alors que le savant allemand voyait dans le philosophe de Cyrène l'idole que l'ensemble du Περὶ ἡδονῆς chercherait à renverser, je crois que son hypothèse devrait être reformulée dans le sens qu'Aristippe aurait bien pu être le garant littéraire de la thèse hédoniste, c'est-à-dire le personnage qui prononçait le discours qui est pour nous le fragment 55. C'est là une supposition qui n'est pas autrement vérifiable; elle est pourtant en accord avec la mention par Cicéron des *antiquae personae* introduites dans les dialogues héraclidéens; et, détail important, et digne d'être noté, avec le fait qu'un écrit intitulé *Aristippe* est attribué au maître d'Héraclide, l'anti-hédoniste Speusippe[3].

Il faut noter en tout cas que le fragment 55 représente une position hédoniste à matrice complexe, et que les éléments qui la composent ne sont tirés que pour la plus petite part d'autres conceptions hédonistes attestées,

1. Elien, *Var. hist.*, X 14 (= *S.S.R.* I C 499) : Σωκράτης ἔλεγεν ὅτι ἡ ἀργία ἀδελφὴ τῆς ἐλευθερίας ἐστί. καὶ μαρτύριον ἔλεγεν ἀνδρειοτάτους καὶ ἐλευθεριωτάτους Ἰνδοὺς καὶ Πέρσας. ἀμφοτέρους δὲ πρὸς χρηματισμὸν ἀργοτάτους εἶναι· Φρύγας δὲ καὶ Λυδοὺς ἐργαστικωτάτους, δουλεύειν δέ. Sur les concepts aristippiens de liberté et esclavage, *cf.* le dialogue entre Aristippe et Denys de Syracuse dans Diogène Laërce, II 82 (= *S.S.R.* IV A 30).

2. *Cf.* O. Gigon, *Sokrates*, Bern, 1947, p. 139.

3. *Cf.* Diogène Laërce, IV 4, où sont attribués à Speusippe deux ouvrages intitulés « Aristippe », Ἀρίστιππον τὸν Κυρηναῖον et Ἀρίστιππος α΄, qui désignent probablement le même écrit : *cf.* M. Isnardi Parente, *Speusippo. Frammenti*, Napoli, 1980, p. 213.

alors que, pris d'un autre sens, ils apparaissent comme l'inversion délibérée de thèmes et concepts anti-hédonistes. Cela signifie que l'hédoniste d'Héraclide a tenu compte des deux traditions, hédoniste et anti-hédoniste, qui le précèdent, mais surtout de la seconde, dans le but de lui répliquer et de donner un fondement plus solide à sa propre position. Dans cette perspective, après la suppression de l'opposition entre βασιλεύς et τύραννος, apparaît également significatif le recours au thème du πόνος, qui rappelle immédiatement la valorisation cynique et, encore auparavant, antisthénienne de ce concept, entendu comme symbole d'un style de vie explicitement hostile au luxe, à la richesse et au plaisir[1]. Mis dans une position antithétique vis-à-vis du concept de τρυφή, précisément comme chez Antisthène, le πόνος se présente dans le fragment 55 comme le plus grand des maux, de même que la τρυφή et la ἡδονή constituent des valeurs éminemment positives : loin d'impliquer une tension morale en vue d'atteindre l' ἀρετή, dans le sens d'Antisthène, le πόνος comporte alors une contraction de l'âme, écrasée par une condition de vie pénible, qui est le signe des natures serviles. L'inversion des significations et des relations conceptuelles liée à la sémantique de πόνος est ainsi complète. Ce traitement négatif du concept rend d'autre part parfaitement compréhensible l'utilisation que fait Héraclide de l'adverbe ἀπόνως pour résumer le sens de l'expression homérique ῥεῖα ζῆν. Cette utilisation, replacée dans l'économie du texte, paraît logiquement conséquente avec l'opposition entre vie dédiée à la τρυφή et vie dédiée au πόνος. En fait, une fois écarté le présupposé de Bignone selon lequel le vers d'Homère, *Od.*, VI, 46 dissimulait une allusion à l' ἀπονία épicurienne, il devient évident qu'Héraclide entend célébrer la vie de jouissance des dieux et souligner que ce qui la rend possible, c'est que les dieux sont entièrement libres des πόνοι, c'est-à-dire des soucis de l'existence qui oppressent les hommes ordinaires, dont les rois et les puissants célébrés dans le fragment 55 paraissent eux aussi nettement distingués. Pour compléter notre exégèse de ce passage, nous n'avons aucune difficulté à adopter le point de vue de Pohlenz, qui rattache l'interprétation homérique d'Héraclide à un vers d'Hésiode où il est question des dieux qui vivent délivrés des fatigues, νόσφιν ἄτερ τε πόνων[2]. La signification de l'adverbe ἀπόνως trouve ainsi

1. Pour πόνος chez Antisthène, *cf.* Diogène Laërce, VI 2 (= *S.S.R.* V A 85) et Thémistius, Περὶ ἀρετῆς p. 43 R. Mach (= *S.S.R.* V A 96). Pour la conception antisthénienne du πόνος je renvoie à A. Brancacci, *'Oikeios logos'. La filosofia del linguaggio di Antistene*, Napoli, 1990, p. 108-109 note 60. Pour le concept cynique de πόνος *cf.* Diogène Laërce, VI 71 (= *S.S.R.* V B 291).

2. Hésiode, *Travaux*, 113. *Cf.* M. Pohlenz, compte-rendu d'E. Bignone, *L'Aristotele perduto*, cit., *Göttingische gelehrte Anzeigen* CXCVIII, 1936, p. 520.

son explication au sein même du texte d'Héraclide, précisément dans la phrase qui fait suite à la citation homérique, là où l'hédoniste d'Héraclide précise : « comme s'il [Homère] voulait montrer que les pires des maux sont les tourments de la vie et la douleur ».

Pohlenz a reconnu dans l'allusion au πόνος une évocation de la fable de Prodicos sur Héraclès à la croisée des chemins : mais les parallèles mis en lumière par ce savant semblent ne révéler rien de plus que des échos du texte de Xénophon[1], et rentrer par conséquent dans la réélaboration par Héraclide, que nous avons déjà documentée, de textes et de thèmes propres à la littérature socratique. C'est le mérite de Bignone, au contraire, d'avoir signalé l'affinité qui existe entre le fragment 55 et le discours prononcé par Poliarque dans la *Vie d'Archytas* d'Aristoxène. Poliarque, discourant avec le philosophe pythagoricien, compose un éloge du plaisir en soutenant que c'est la nature humaine elle-même qui commande de le suivre, et qu'elle

> nous dit que c'est là le propre d'une personne sensée, et que s'opposer aux plaisirs, rendre esclaves et soumis ses désirs, n'est pas le fait d'une personne sage et heureuse, ni de qui comprend ce qu'est la condition de la nature humaine. Il y a de cela un indice clair : c'est le fait que tous les hommes, quand ils parviennent à un pouvoir suffisamment grand, s'adonnent aux plaisirs du corps et estiment que ces plaisirs constituent la finalité du pouvoir auquel ils sont parvenus. Et toute autre fin qu'on peut citer, ils la tiennent pour superfétatoire par rapport à celle-ci. Et on peut rappeler à titre d'exemple, parmi les hommes d'aujourd'hui, les rois de Perse, et tout autre qui soit maître d'un empire suffisant ; parmi les hommes d'autrefois, les Lydiens, les Mèdes et les Assyriens, encore plus anciens qu'eux[2].

Il faut remarquer cependant qu'Héraclide ne limite pas son propos à la ἡδονὴ σωματική dont parle Aristoxène, qu'il n'utilise pas le thème de l' ἀνθρωπίνη φύσις et que sa célébration du plaisir n'est pas fondée sur le principe qu'on ne doit pas résister aux plaisirs. C'est pour cette dernière raison qu'on ne peut admettre l'hypothèse de Wehrli, reprise par

1. *Cf.* Xénophon, *Mémorables*, II 1, 23-25.

2. Athen., XII 545 A (= fr. 50 Wehrli) : [...] καὶ τοῦτό φησιν εἶναι νοῦν ἔχοντας. τὸ δὲ ἀρνιτεῖνειν καὶ καταδουλοῦσθαι τὰς ἐπιθυμίας οὔτ' ἔμφρονος οὔτε εὐτυχοῦς οὔτε ξυνιέντος εἶναι τίς ποτε ἐστὶν ἡ τῆς ἀνθρωπίνης φύσεως σύστασις. τεκμήριον δ' ἰσχυρὸν εἶναι τὸ πάντας ἀνθρώπους, ὅταν ἐξουσίας ἐπιλάβωνται μέγεθος ἀξιόχρεων ἐχούσης, ἐπὶ τὰς σωματικὰς ἡδονὰς καταφέρεσθαι καὶ τοῦτο νομίζειν τέλος εἶναι τῆς ἐξουσίας, τὰ δὲ ἄλλα πάντα σχεδὸν ἁπλῶς εἰπεῖν ἐν παρέργου τίθεσθαι χώρᾳ. προφέρειν δ' ἔξεστι νῦν μὲν τοὺς Περσῶν βασιλεῖς [νῦν δὲ] καὶ εἴ τίς που τυραννίδος ἀξιολόγου κύριος ὢν τυγχάνει πρότερον δὲ τούς τε Λυδῶν καὶ τοὺς Μήδων καὶ ἔτι ἀνώτερον καὶ τοὺς Σύρων.

Gottschalk, d'une possible influence sur le fragment 55 du discours de Calliclès dans le *Gorgias*, dont traite aussi amplement Bignone[1]. Le point de contact est le thème de la τρυφή. Calliclès, discutant avec Socrate de qui sont les meilleurs et les plus forts parmi les hommes, les situe parmi ceux qui donnent pleine satisfaction à leurs aspirations et à leurs passions, et contentent ainsi leur nature. Chose impossible à la majorité des hommes qui sont contraints par leur impuissance à chanter les louanges de la tempérance et de la justice. Au contraire,

> pour tous ceux à qui il est échu dès le départ, soit par filiation royale, soit par nature, d'être en mesure de se procurer un pouvoir, d'exercer la tyrannie seul ou à plusieurs, quoi de plus honteux, quoi de pire, en vérité, pour ces hommes-là, que la tempérance? Quand il leur est possible de jouir de leurs biens et que nul n'y fait obstacle, eux-mêmes iraient se chercher un maître : la loi de la majorité, c'est à dire son avis et son blâme? [...] La vérité, Socrate, que tu prétends chercher, la voici : la vie facile, l'intempérance et la liberté, à condition d'en avoir les moyens, voilà la vertu et le bonheur. Le reste, c'est ce clinquant, ces conventions contre nature que font les hommes, des balivernes qui ne valent rien[2].

Mais justement le rapprochement montre la distance entre les deux textes : dans le fragment 55, une existence sous le signe de la τρυφή se réalise sans abus de pouvoir, dans un climat de sérénité et de liberté; l'opposition entre νόμος et φύσις, qui structure l'argumentation de Calliclès, est complètement absente du fragment; Calliclès accompagne l'exaltation de la τρυφή de celle de l' ἀκολασία, dont il n'y a pas trace chez Héraclide, et il entend par ἐλευθερία le bon plaisir du plus fort, non pas la position de privilège, de jouissance et de luxe dans laquelle vivent les rois et les tyrans du fragment 55.

On a vu que l'hédoniste d'Héraclide présente le plaisir comme un ἀγαθόν, qui est accepté parce qu'il est tenu pour préférable par rapport à d'autres biens. Dès le début, cependant, il est bien clair que pareille

1. *Cf.* F. Wehrli, *Die Schule*, cit., Heft VII, *Herakleides*, cit., p. 60, et H.B. Gottschalk, *op. cit.*, p. 91. Avant eux, le passage du *Gorgias* avait déjà été signalé et examiné par E. Bignone, *op. cit.*, I, p. 349-351.

2. Plat., *Gorgias*, 492 b 2-c 8 : ἐπεὶ ὅσοις ἐξ ἀρχῆς ὑπῆρξεν ἢ βασιλέων ὑέσιν εἶναι ἢ αὐτοὺς τῇ φύσει ἱκανοὺς ἐκπορίσασθαι ἀρχήν τινα ἢ τυραννίδα ἢ δυναστείαν, <τί ἂν> τῇ ἀληθείᾳ αἴσχιον καὶ κάκιον εἴη σωφροσύνης καὶ δικαιοσύνης τούτοις τοῖς ἀνθρώποις, οἷς ἐξὸν ἀπολαύειν τῶν ἀγαθῶν καὶ μηδενὸς ἐμποδὼν ὄντος, αὐτοὶ ἑαυτοῖς δεσπότην ἐπαγάγοιντο τὸν τῶν πολλῶν ἀνθρώπων νόμον τε καὶ λόγον καὶ ψόγον; [...] ἀλλὰ τῇ ἀληθείᾳ, ὦ Σώκρατες, ἣν φῂς σὺ διώκειν, ὧδ' ἔχει· τρυφὴ καὶ ἀκολασία καὶ ἐλευθερία, ἐὰν ἐπικουρίαν ἔχῃ, τοῦτ' ἐστὶν ἀρετή τε καὶ εὐδαιμονία, τὰ δὲ ἄλλα ταῦτ' ἐστὶν τὰ καλλωπίσματα, τὰ παρὰ φύσιν συνθήματα ἀνθρώπων, φλυαρία καὶ οὐδενὸς ἄξια.

prééminence est due à la capacité de la ἡδονή de rendre « plus magnanime la nature de l'homme ». En toute cohérence avec cela, l'aspiration à la τρυφή n'épuise pas le contenu du modèle de vie proposé dans le fragment : la distinction des états de la ψυχή, et l'accent mis sur les concepts de μεγαλοπρέπεια et de μεγαλοψυχία, confirment que le but et le résultat de ce choix n'est pas le plaisir en lui-même, mais un certain type d'élévation de l'âme. Le τύραννος-βασιλεύς, qui symbolise, en même temps que les Mèdes, les Perses et l'ancienne Athènes, une vie sous le signe du luxe, de la magnificence et du pouvoir, apparaît ainsi comme le type humain qui représente le mieux la valeur morale positive, et toutes les implications, du choix hédoniste.

Le lien entre ἡδονή et μεγαλοπρέπεια-μεγαλοψυχία se qualifie ainsi comme la différence spécifique de la profession d'hédonisme élaborée dans le fragment 55. Ce lien acquiert une évidence supplémentaire si l'on se rappelle que la détermination éthique de la μεγαλοπρέπεια et de la μεγαλοψυχία est un problème vivant et actuel à l'époque d'Héraclide. La μεγαλοπρέπεια, qui est un terme attesté pour la première fois chez Hérodote avec la signification de « grandeur splendide », en référence, et ce n'est pas un hasard, à la personne de Clisthène, tyran de Sycione[1], se voit résolument valorisée en un sens éthique dans la littérature socratique. Un témoignage en est offert par un passage des *Mémorables* de Xénophon, où τὸ μεγαλοπρεπές représente une vertu de l'âme : en même temps que la libéralité, la tempérance et la prudence, elle contribue à circonscrire cet ensemble de qualités morales positives qui transparaissent sur le visage de l'homme et que le peintre a le devoir d'imiter[2]. Chez Platon, la μεγαλοπρέπεια, tout en élargissant l'amplitude de ses significations, ne perd pas son trait originel de « grandeur pleine de splendeur », qui est référé maintenant même au registre linguistique, alors que dans la *République*, incorporée au vocabulaire éthique, elle est élevée au rang de don distinctif de la nature des philosophes[3]. Aristote, pour sa part, donne un relief tout à fait particulier à la μεγαλοπρέπεια et à la notion voisine de μεγαλοψυχία,

1. *Cf.* Hérodote, VI 128, et aussi V 18, VI 122, IX 82. Pour le lien entre πλοῦτος et μεγαλοπρέπεια, d'une part, et τιμή, d'autre part, *cf.* Gorgias, *Palamède,* 15 (= 82 B 11 a D.K.).

2. *Cf.* Xénophon, *Mémorables*, III 10, 5, et, sur ce texte, A. Brancacci, *Socrate critico d'arte*, dans G. Giannantoni et M. Narcy (a cura di), *Lezioni Socratiche*, Napoli, 1997, p. 137-139.

3. *Cf.* Platon, *Ménexène*, 234 e; *Lysis*, 215 e; *Ménon*, 70 b; *Banquet*, 198 a-b; *République*, VI, 487 a. Sur les principales occurrences du terme chez Platon voir L. Graz, « Signification dialectique de la 'megaloprepeia' dans les premiers dialogues de Platon », *Revue de philosophie ancienne* 3, 1985, p. 69-85. *Cf.* aussi R. Stein, *Megaloprepeia bei Platon*, diss. Bonn 1965.

comme le montrent les fines analyses de l'*Éthique à Eudème* et de l'*Éthique à Nicomaque*. D'un intérêt particulier pour nous sont, pour des raisons chronologiques, les deux longs chapitres du livre III de la première *Éthique* consacrés à μεγαλοψυχία et à μεγαλοπρέπεια, ou plutôt – et c'est là un point de contact avec Héraclide – au type du « magnanime » et du « magnifique ». μεγαλοπρέπεια et μεγαλοψυχία reçoivent, d'une part, le statut de vertus éthiques, et sont, d'autre part, soigneusement distinguées, la première se présentant comme la médiété entre fastuosité et mesquinerie, la seconde comme la médiété entre vanité et petitesse d'esprit[1]. En particulier, le magnanime est cet homme qui, étant digne de grandes choses, s'en considère digne, et qui a une valeur telle que celle qu'il estime posséder. Et puisque le magnanime a un rapport d'élection avec l'honneur (τιμή), et même, « son plus grand plaisir est d'acquérir l'honneur »[2], il s'ensuit que

> la magnanimité est la disposition meilleure par rapport au choix et à l'emploi de l'honneur et de tous les autres biens qui sont objet d'honneur[3].

Le propre de la magnificence est au contraire la dépense, qui est un ornement poursuivi au delà du nécessaire : d'où la définition aristotélicienne, selon laquelle est magnifique celui qui a pour but la grandeur, mais dans les limites de ce qui est convenable[4].

Le texte aristotélicien confirme le lien qu'Héraclide établit entre μεγαλοπρέπεια et τρυφή et, en même temps, le lien qu'il pose entre magnanimité et ornements d'une part, le κόσμος étant signe de grandeur, et, d'autre part, entre magnanimité et plaisir. Chez Héraclide, en revanche, il manque encore une distinction entre les deux notions : μεγαλοψυχία et μεγαλοπρέπεια apparaissent en même temps qu' ἀνδρεία comme constituant toutes à la fois les qualités distinctives des souverains. Mais le sens éthique que la μεγαλοπρέπεια avait pris chez Platon et Xénophon semble appartenir plutôt à la μεγαλοψυχία, étant donné que c'est elle la vertu qui est citée en même temps que le courage dans le passage du fragment dont la portée théorique est la plus prononcée. La référence répétée à l'âme du τύραννος-βασιλεύς, à la possibilité qu'elle a de s'accroître, confirme cette indication, et précise ensuite le sens éthique de la μεγαλοψυχία en en indiquant le double rôle : la magnanimité est une qualité qui s'ajoute à

1. *Cf.* Aristote, *Éthique à Eudème*, II 3. 1221 a 10 ; III 5. 1233 a 16 ; *Éthique à Nicomaque*, II 7. 1107 b 22.

2. Aristote, *Éthique à Eudème*, III 5. 1232 b 13 : χαίρει μάλιστα τυγχάνων (sc. τιμῆς).

3. Aristote, *Éthique à Eudème*, III 5. 1233 a 5-6 : περὶ τιμῆς αἵρεσιν καὶ χρῆσιν καὶ τῶν ἄλλων ἀγαθῶν τῶν ἐντίμων ἀρίστη ἐστὶ διάθεσις ἡ μεγαλοψυχία.

4. Aristote, *Éthique à Eudème*, III 6. 1233 a 37-38.

l'âme si l'on fait un choix dans un sens hédoniste, mais, en même temps, c'est une condition préalable pour qu'un tel choix puisse avoir lieu. Tout cela d'une part met en évidence le fond aristocratique de cette position, mais précise, d'autre part, l'élément spécifique de la conception esquissée dans le fragment, qui, tout en fondant l'option hédoniste sur les biens et les plaisirs liés à la sphère matérielle, en vient à définir aussi, par leur moyen, la condition de l'âme. Ce qui revient à un triomphe de la thèse hédoniste, laquelle, ainsi formulée, se révèle capable d'indiquer comme bien suprême non seulement la sphère de la ἡδονή-τρυφή mais aussi de faire en quelque manière rentrer dans ce territoire de jouissance et de plaisir la valeur, qui à première vue semblerait alternative, ou opposée, par rapport au perfectionnement de l'âme.

Le thème de la vie libre et de l'*otium*, qui se lie à l'existence selon le plaisir, émerge aussi de la dernière section du fragment, qui se distingue par une utilisation massive de l'autorité des poètes pour soutenir que la ἡδονή est le μέγιστον ἀγαθόν. Un passage du livre VIII de la *Politique* d'Aristote, celui où sont cités les mêmes vers d'Homère que ceux qu'évoque Héraclide, mérite d'être rappelé aussi pour l'allure générale de l'argumentation. La thème, chez Aristote, est l'éducation, et en particulier le rôle qu'y joue la musique, qu'il faut choisir en vue de la « distraction noble qui fait partie du loisir »[1] : c'est pour cela que les Anciens l'ont introduite dans l'éducation en lui assignant une place importante dans la forme de récréation propre aux hommes libres et nobles. Aristote poursuit en citant les vers d'Homère, *Od.*, XII, 385 et IX, 7-8, et en soulignant que le travail et l'utile ne conviennent pas du tout « à des hommes libres et magnanimes », et que tous les métiers et les travaux serviles « privent l'esprit de loisir et le rendent mesquin »[2], affirmations qui rappellent de près le contenu et le ton du fragment 55.

Il est bon de rappeler, à ce propos, que dans l'école d'Aristote, avec Phainias et surtout Chaméléon, l'intérêt pour les poètes est extraordinairement vif; il s'exprime par une très vaste activité littéraire, consacrée non seulement à Homère, mais aussi à Hésiode, Alcman, Sappho, Lasos, Pindare, Simonide[3]. Héraclide, qui devint à son tour un spécialiste reconnu d'exégèses homériques, donne vie à une opération assez originale, par laquelle Simonide, Pindare et Homère sont présentés comme les garants d'une thèse philosophique, alors que la sélection des vers cités

1. Pour cette partie, *cf.* Aristote, *Politique*, VIII 3. 1338 a 14-30.

2. Les passages cités se lisent dans Aristote, *Politique*, VIII 3. 1338 b 2-4 et 1337 b 14-15.

3. Il suffit de rappeler le Περὶ ποιητῶν de Phainias; le Περὶ Σαπφοῦς, le Περὶ Στησιχόρου, le Περὶ Λάσου, le Περὶ Πινδάρου, le Περὶ Σιμωνίδου, le Περὶ Ἀνακρέοντος, le Περὶ Θέσπιδος et le Περὶ Αἰσχύλου de Chaméléon; le Περὶ ποιητῶν de Praxiphane.

s'explique par la référence qu'ils contiennent à la royauté et à la tyrannie, qui est le thème caractéristique du fragment 55. Le Simonide de l'hédoniste d'Héraclide va encore une fois à l'encontre du Simonide, moraliste, moralisateur, et ouvertement anti-hédoniste, du *Hiéron* de Xénophon. Le poète en vient à représenter dans le fragment 55 une conception pour laquelle le plaisir est ce qui caractérise de façon positive aussi bien la vie des mortels que celle des dieux. En même temps, en soulignant que même le pouvoir, pour être choisi, doit s'accompagner de ἡδονή, Simonide confirme un des thèmes fondamentaux du fragment, à savoir l'agrément de la vie du τύραννος. Et ce même mouvement est tout à fait explicite dans l'admonestation adressée par Pindare au tyran Hiéron de Syracuse. La présence du thème du banquet, illustré par les vers d'Homère, est elle aussi cohérente avec un texte qui décrit la vie des rois et des tyrans, surtout si l'on se rappelle que la pratique des banquets est dans la poésie homérique le signe de la royauté. Et puisque l'*ethos* convivial est défini par la liaison réciproque de εὐφροσύνη, ἡσυχία et χάρις [1], il est naturel qu'Héraclide mentionne le premier de ces trois concepts, entendu comme joie conviviale, en accord avec la signification homérique d' εὐφροσύνη, sans que cela doive être interprété comme un geste polémique à l'encontre d'Épicure : Héraclide retient éventuellement un écho de l'acception platonicienne de ce vocable, selon laquelle l' εὐφροσύνη désigne une forme de plaisir, propre aux sages, qui imite l'harmonie divine [2].

Héraclide puise librement dans la tradition philosophique et littéraire de son temps, dont il est un excellent connaisseur, et à l'aide d'un noyau cohérent de concepts et d'un petit nombre de traits littéraires essentiels, riches cependant de résonances, de renvois et de réinterprétations originales, il dessine le modèle de la vie selon le plaisir et l'*ethos* qui en est la marque. Son but est de construire une position hédoniste fortement caractérisée, historiquement à jour, et non dépourvue d'originalité sur le plan théorique. Le problème qui se pose, une fois que nous sommes parvenus à ce point, et qui ne peut être abordé que dans le cadre d'une analyse de tous les fragments conservés du Περὶ ἡδονῆς, c'est de vérifier dans quelle mesure Héraclide lui-même est original dans la critique de l'hédonisme, dans quelle mesure il dépend de Platon, et dans quelle mesure il est débiteur d'autres traditions philosophiques. Ce sont les bases d'une telle analyse que cette étude a voulu, aussi, jeter.

(traduit de l'italien par Michel Narcy)

1. *Cf.* M. Vetta, *Poesia e simposio nella Grecia antica*, Bari, 1983, p. XXXV-XXXVII.

2. *Cf.* Platon, *Timée*, 80 b 6-8 : ὅθεν ἡδονὴν μὲν τοῖς ἄφροσιν, εὐφροσύνην δὲ τοῖς ἔμφροσιν διὰ τὴν τῆς θείας ἁρμονίας μίμησιν ἐν θνηταῖς γενομένην φοραῖς παρέσχον.

DEUXIÈME PARTIE

LA POSTÉRITÉ DU *PHILÈBE* : D'ARISTOTE AUX NÉOPLATONICIENS

LE PLAISIR
DANS L'*ÉTHIQUE À NICOMAQUE* [1]

Carlo NATALI

Le problème du plaisir a été traité par Aristote à plusieurs endroits de son œuvre, mais les trois discussions principales se trouvent dans la *Rhétorique* (I, 11) et aux livres VII et X de l'*Éthique à Nicomaque*. Laissons de côté la *Rhétorique*, dans laquelle Aristote s'occupe du plaisir comme élément de persuasion et, pour le caractériser, reprend sans les discuter les opinions philosophiques de son temps, paraissant être intéressé surtout à déterminer quelles sont les choses plaisantes. Ce qui est tout à fait compréhensible, puisqu'il est en réalité à la recherche de prémisses pour les syllogismes rhétoriques; or, pour convaincre un auditoire, il est plus utile de s'appuyer sur la prémisse « la vengeance est plaisante », tirée de l'opinion commune, que sur la prémisse « le plaisir est un certain mouvement de l'âme », tirée de la science psychologique.

L'*Éthique à Nicomaque* contient deux analyses du plaisir, l'une au livre VII, 12-15 (selon la division en chapitres établie par Bekker) et l'autre au livre X, 1-5; les deux discussions s'insèrent dans deux contextes

1. Dans le cadre d'un séminaire sur le *Philèbe*, ce texte veut simplement être l'indication d'une comparaison possible. J'ai dessiné à cet effet une vision panoramique des problèmes principaux que présente l'étude du plaisir chez Aristote, ainsi que quelques suggestions pour des solutions éventuelles. Dans la version écrite j'ai volontairement conservé le ton de l'exposé oral et j'ai réduit au minimum les références aux études critiques; un traitement approfondi de la théorie du plaisir dans l'éthique aristotélicienne mériterait un volume tout entier.

différents : celle du livre VII fait suite à l'analyse de la faiblesse du vouloir, et celle du livre X est suivie de la discussion sur la vie théorétique comme forme parfaite du bonheur. La double rédaction du texte ne peut cependant pas s'expliquer seulement à partir du contexte, car il n'y a pas, au livre VII, de connexion évidente entre la faiblesse du vouloir et la discussion sur le plaisir, ni, au livre X, entre celui-ci et le bonheur. Il s'agit, de toute évidence, de la double relation d'une seule série de leçons faites par Aristote au sein de son école.

Les deux discussions sur le plaisir font allusion à une série d'*endoxa* sur le plaisir, disposées afin de susciter une série de *diaphoniai :* (a) Aucun plaisir n'est un bien / Quelques plaisirs sont bons ; (b) Le plaisir est le bien suprême / Le plaisir n'est pas le bien suprême; *etc.* Les opinions sont parfois citées sans mention de celui qui les a soutenues, mais parfois Aristote nous dit que telle ou telle l'a été par un des principaux membres de l'Académie : Speusippe (le plaisir n'est pas un bien), Eudoxe (le plaisir est le bien suprême), Platon (quelques plaisirs sont bons, mais le plaisir n'est pas le bien suprême).

Nous voici dans une de ces situations idéales où l'imagination des philologues et des historiens peut se donner libre cours. La question du plaisir chez Aristote a été étudiée, dans notre siècle, spécialement du point de vue historique par des chercheurs préoccupés de savoir si les deux analyses s'accordent (ou non) entre eux, si l'une est meilleure que l'autre, si leurs divergences découlent d'un changement dans sa pensée, ou si, en revanche, l'une des versions n'est qu'un élargissement ou une répétition plus détaillée de l'autre, si elles nous donnent des indications sur l'évolution de la pensée d'Aristote, ou encore si elles appartiennent (ou non) à la même œuvre – préoccupés également de l'identité de ses adversaires, et, enfin, se demandant si Aristote reste au fond un platonicien ou s'il a développé une opinion personnelle[1].

On a là toute une série de questions intéressantes, même si elles ne le sont pas toutes à un même degré. Ainsi, selon nous, il est plus intéressant de voir comment Aristote se situe face au Platon du *Philèbe* que d'essayer d'établir si l'un de ses traitements de la question est chronologiquement plus ancien que l'autre. Les recherches chronologiques, en l'absence d'indications précises sur les dates de publication – et à supposer qu'il soit possible d'employer cette expression aussi bien à propos des écrits destinés à l'intérieur de l'école qu'à propos des traités – sont destinées à n'être que des conjectures. Même si, en utilisant n'importe quel critère, il était

1. Pour un panorama des problèmes historico-philologiques, voir A.J. Festugière, *Aristote. Le Plaisir*, introd., trad. et notes, Paris, 1960; G. Lieberg, *Die Lehre von der Lust in den Ethiken des Aristoteles*, Munich, 1958.

possible d'établir que la discussion du livre VII est plus grossière et schématique que l'autre, nous ne pourrions pas en déduire qu'elle est plus ancienne que celle-ci, sauf à admettre une théorie plutôt ingénue sur l'évolution d'un penseur, censé opérer nécessairement un passage continu de l'obscurité à la clarté et à la distinction. On peut opposer à cette thèse de nombreux contre-exemples, et, en ce qui concerne les Anciens, nous ne savons presque rien sur leur évolution spirituelle : on risque alors souvent d'habiller l'Académie avec des vêtements modernes, et de considérer Aristote dans l'Académie comme un jeune philosophe qui publierait d'abord des ouvrages pour défendre son maître, puis qui, ayant obtenu un poste indépendant en province, commencerait à développer sa propre théorie et se mettrait à critiquer les textes du maître d'une manière courtoise mais impitoyable.

Cela ne veut pas dire que ces questions soient négligeables, même au regard de ceux qui s'occupent essentiellement d'Aristote comme d'un philosophe pouvant nous transmettre des thèses intéressantes et stimulantes sur la nature du plaisir; nous voulons dire plutôt que ces questions, sans doute préalables à une compréhension théorique sérieuse, ne peuvent néanmoins pas, étant donné leur nature, être traitées indépendamment d'une analyse conceptuelle de la position aristotélicienne. Comment est-il possible d'essayer de comprendre si Aristote soutient (ou non) une position semblable à celle du *Philèbe*, sans établir d'abord quelle est la position d'Aristote, et quelle est celle du *Philèbe ?*

Il arrive de lire, cependant, dans des études consacrées au plaisir chez Aristote, des déclarations programmatiques de cette sorte :

> *Es kann nicht unsere Aufgabe sein, die Gedanken des Aristoteles über die Lust in sich verständlich zu machen [...] Vielmehr wollen wir die Tatsache zu verstehen suchen, dass Aristoteles die Lust nich weniger als dreimahl ausfürlich behandelt hat. Ebenso wird [...] wie sich die drei Erörterungen des Themas zueinander verhalten.* (Lieberg, p. 1)

En ce qui nous concerne, notre intention est à l'opposé de celle de Lieberg; nous voulons essayer de saisir quel est le rôle du plaisir dans la théorie éthique d'Aristote, sur quelle conception de l'homme et de l'action morale s'appuie la théorie aristotélicienne du plaisir, et cela afin de mieux comprendre sa théorie morale.

Pour les questions discutées par les philologues, nous accepterons, d'une manière provisoire, une série de solutions avancées par plusieurs érudits renommés, – tout en avouant que nous sommes prêts à les corriger s'il s'avère qu'il existe des arguments allant dans un sens contraire –, à savoir :

– Les deux traitements du plaisir ne sont pas fondamentalement divergents ni irréconciliables.

– L'explication la plus simple à propos de ces deux discussions sur le plaisir consiste à admettre qu'à l'origine les livres V-VII de l'*Éthique à Nicomaque* appartenaient à l'*Éthique à Eudème*, et donc qu'il y a entre eux la même relation que celle qui existe entre les deux discussions sur l'amitié *(E.N.*, VIII-IX et *E.E.*, VII) ou sur les vertus particulières (*E.N.*, III-IV et *E.E.*, III). Cette solution, qui est celle d'Aspasius et de certains auteurs modernes, parmi lesquels Aubenque et d'autres en France, présente cependant quelques difficultés.

– La discussion d'Aristote sur le plaisir est le résumé d'une discussion de l'Académie, et Aristote, en fait, n'adopte pas une position moyenne mais se rapproche beaucoup de celle d'Eudoxe, tout en modifiant celle-ci par l'introduction de plusieurs éléments platoniciens. Il s'oppose totalement, par ailleurs, à Speusippe.

Toutes ces thèses ont été avancées dans des travaux récents, dont deux italiens et un volumineux ouvrage anglais [1]; je me permets d'y renvoyer pour plus de précisions.

Notre contribution essaiera de situer la discussion aristotélicienne dans une perspective plus large, celle de la philosophie aristotélicienne en général; pour cette raison, nous nous promettons d'examiner les points suivants :

– Les stratégies conceptuelles d'Aristote : quels *coups* joue-t-il au cours du débat ? S'agit-il de gestes habituels à la manière aristotélicienne de faire face à ses adversaires ou sont-ils propres à cette discussion en particulier ?

– Ontologie du plaisir : quelle sorte d'étant est le plaisir, et comment celui-ci est-il mis en rapport avec l'action morale ?

– Anthropologie du plaisir : quel est son rôle dans la conception aristotélicienne de l'homme ? Peut-on faire une distinction entre une étude théorico-biologique et une étude éthico-pratique du plaisir ? Quels sont leurs rapports mutuels ? Quel but l'étude du plaisir a-t-elle à l'intérieur de l'éthique, et comment se relie-t-elle aux thèses principales de la philosophie morale d'Aristote ? Quelle est la conception de l'homme qu'elle suppose ?

C'est à ces questions, que nous estimons plus excitantes que le fait de savoir si *E.N.*, VII 12-15 fut écrit avant ou après *E.N.*, X 1-5, que nous voudrions apporter quelques réponses provisoires.

1. R. Laurenti, *Aristotele. Scritti sul piacere*, éd., Palerme, 1989; E. Berti, « Il dibattito sul piacere nel'Academia antica », dans L. Montoneri (éd.), *I filosofi greci e il piacere*, Roma-Bari, 1994, p. 135-158; J.C.B. Gosling et C.C.W. Taylor, *The Greeks on pleasure*, Oxford, 1982.

LES STRATÉGIES ARISTOTÉLICIENNES

La discussion du plaisir dans l'*Éthique à Nicomaque* fait partie de sa philosophie pratique ; cela signifie qu'Aristote envisage le problème selon un point de vue particulier : sa perspective pour traiter du plaisir est de savoir si le plaisir est un bien [1], et, étant donné le cloisonnement propre à la philosophie d'Aristote, seulement quelques questions concernant le plaisir sont envisagées cet ouvrage, tandis que d'autres échappent au champ de la recherche.

Si nous tenons compte du *Philèbe*, il manque chez Aristote les vertigineuses et inattendues ouvertures métaphysiques de ce dialogue, telles que les problèmes de la distinction un-multiple (14 c *sq.*), des genres suprêmes (23 c *sq.*), de l'animation universelle (30 a *sq.*), de la psychologie de la sensation et de la mémoire (33 c *sq.*), de la nature du désir (34 d *sq.*). Les problèmes éthiques sont résolus par Aristote à l'intérieur de l'éthique conçue comme une discipline autonome, sans opérer de confusion entre les genres de discours. Aristote n'évoque pas de donnés biologiques ou cosmologiques pour résoudre le problème éthique ; il n'utilise que des arguments internes à la discipline ; le discours est donc plus scientifique et fait moins appel à l'imagination.

Mais quels sont, selon Aristote, les arguments appropriés à une discussion éthique ? Il s'agit, évidemment, de la méthode dialectique, avec les ajustements qui s'imposent afin de l'appliquer à la philosophie pratique.

Avant d'énoncer d'une manière précise les thèses auxquelles arrive Aristote dans la critique de ses collègues de l'Académie, il est intéressant de regarder quels sont ses *coups*. J'entends le mot dans le sens qu'il présente dans une partie d'échecs, ce qui est typique de la méthode dialectique. Étant donné que son adversaire principal est l'anti-hédonisme de Speusippe, c'est contre le neveu de Platon qu'il dirige la plupart de ses attaques.

Il n'est pas difficile de reconnaître que, dans la discussion sur le plaisir, Aristote utilise quelques coups théoriques déjà expérimentés dans d'autres contextes, c'est-à-dire une série d'instruments analytiques fixes qu'il a à sa disposition pour résoudre n'importe laquelle des énigmes proposées par la tradition.

Une grande partie de la recherche philosophique d'Aristote s'appuie

1) sur l'analyse des opinions reçues, *ta endoxa*, ou sur ce qui semble vrai aux gens, *ta phainomena*. Dans la discussion sur le plaisir il part de

1. *Cf.* J. A. Stewart, *Notes on Nichomachean Ethics of Aristotle*, Oxford, 1892, p. 220, 222 : « *the object of the inquiry is not to tell us what pleasure* is, *but what it* does », c'est-à-dire, son influence sur le problème de « comment vivre et comment être heureux ».

l'observation que « Au dire de la plupart des hommes, le bonheur ne va pas sans le plaisir » (1152 b 5-6)[1], et que « les choses, en effet, que tous les hommes reconnaissent comme bonnes, nous disons qu'elles sont telles en réalité; et celui qui réfute cette conviction trouvera lui-même plus difficilement des vérités plus croyables » (1173 a 1-2).

Aristote applique ici au plaisir quelques uns de ses principes habituels : tous les hommes désirent connaître (*Mét.*, I, 1); tous les hommes ont la capacité de saisir au moins d'une manière partielle la vérité (*Mét.*, II, 1; *E.E.*, I, 6). Cela nous explique pourquoi Aristote se situe spontanément du côté d'Eudoxe dans sa doctrine du plaisir. En effet, Eudoxe avait dit que tout tend vers le plaisir, qui est, pour cette raison, le bien suprême (1172 b 9-10)[2]. Puisque celui-ci a soutenu cette thèse, Aristote cite Eudoxe sans le nommer, mais d'une manière tout à fait reconnaissable, au début de l'*Éthique à Nicomaque :* « Aussi a-t-on déclaré avec raison que le bien est ce à quoi toutes choses tendent » (1094 a 2-3). Plus loin, dans ce même livre I, il dit explicitement : « Et il semble qu'Eudoxe ait bien défendu la cause de la primauté du plaisir » (1101 b 27-28). C'est une doctrine à laquelle Aristote donne son assentiment : « Et le fait que tous les êtres, bêtes et hommes, poursuivent le plaisir est un signe que le plaisir est en quelque façon (*pôs*) le souverain bien [...] ». Ce consensus avec Eudoxe n'est cependant pas absolu. Le *pôs* différencie Aristote de son prédécesseur. Nous verrons plus loin ce que signifie ce *pôs*.

L'utilisation par Aristote de la méthode dialectique conditionne sa manière de présenter les opinions des autres, et ce fait a été critiqué par des historiens contemporains tels que Cherniss et Vlastos : lorsque Aristote transmet l'opinion d'autres philosophes, il est, en même temps, littéral et lourdement interprétatif. Il réduit les positions des autres à de brèves thèses théoriques, afin qu'elles puisent prendre leur place comme prémisses d'un syllogisme dialectique. Aristote respecte très souvent la lettre du texte philosophique d'autrui, mais il le lit à la lumière de ses propres catégories. Cette procédure, comme il a été souvent signalé (Annas, Berti, Guéroult), est très éloignée de nos habitudes de rectitude et de précision historiques, mais est tout à fait adaptée aux discussions d'école. D'autre part, Aristote

1. J'utilise ici la trad. de Tricot, avec des modifications occasionnelles.

2. La position d'Eudoxe est semblable à celle attribuée à Philèbe dans le *Philèbe* 60 a : « le plaisir est le juste but de la vie des êtres vivants, et tous le cherchent, donc, il est le bien pour tous. Les deux mots "bon" et "agréable" sont deux mots pour la même chose ». En 67 b Socrate dit qu'il est vrai que les bêtes poursuivent le plaisir, et qu'il y a des philosophes qui suivent ce témoignage au lieu de celui du sage, pour qui le plaisir n'occupe que la cinquième position parmi les biens.

parlait à un public parfaitement au fait des théories d'Eudoxe, Speusippe et Platon, et dans un temps où l'on pouvait facilement se procurer leurs œuvres.

2) L'explication de la cause des erreurs, c'est-à-dire des raisons pour lesquelles ses adversaires se sont trompés, fait partie de la méthode dialectique selon Aristote. Cette procédure, qui se trouve déjà dans la *Physique* (IV, 3) et dans l'*Éthique à Nicomaque* est rappelée à propos du plaisir :

> Il faut non seulement énoncer le vrai, mais encore montrer la cause de l'erreur (car c'est renforcer la croyance au vrai : quand, en effet, on aura montré que c'est pour une cause raisonnable que ce qui n'est pas vrai apparaît comme vrai, on aura rendu plus forte la croyance au vrai). (1154 a 22-25)

Ce programme est mis en œuvre au chapitre VII, 15, où Aristote montre les raisons qui poussent les hommes à assimiler le plaisir aux plaisirs du corps. Le passage a été discuté par G. Romeyer Dherbey et, par conséquent, je n'ai pas besoin d'y revenir.

3) Un autre *coup* typique d'Aristote consiste à poser une exigence de cohérence entre la vie et la doctrine. On retrouve cette exigence dans certains passages centraux de sa pensée. Au moment de la démonstration du principe de non-contradiction, Aristote demande pourquoi celui qui admet la contradiction, et qui soutient donc que les choses se trouvent et ne se trouvent pas être, en même temps, d'une certaine manière, ne reste pourtant pas chez lui quand il compte voyager au lieu de partir vraiment en voyage, ou encore, alors que toute action est à ses yeux également bonne et mauvaise, pourquoi il se garde bien cependant de se jeter dans un puits (IV, 4, 1008 b 14-17). Avec le même manque de respect, Aristote dit dans l'*E.N.* que ceux qui affirment que le plaisir est un mal le disent non parce qu'ils le croient, mais parce que

> il est préférable dans l'intérêt de notre vie morale de placer ouvertement le plaisir au nombre des choses mauvaises, même s'il ne l'est pas ; car la plupart des hommes ayant une forte inclinaison pour les plaisirs, et en étant des esclaves, il convient, disent-ils, de les mener dans la direction contraire. (1172 a 29-33)

Cette attitude pédagogique est dangereuse si elle ne s'accompagne pas d'une vie austère ; et Aristote ajoute que dans tous ces cas les discours sont moins importants que les faits concrets : « Une fois que l'on s'est aperçu que le contempteur du plaisir y a lui-même tendance, son inclination au plaisir semble bien indiquer que tout plaisir est digne d'être poursuivi » (1172 b 1-3).

Demander de la cohérence entre la vie et la doctrine semble n'être que du moralisme, mais ce n'est pas le cas : cela fait partie d'une stratégie dialectique. Dans les *Topiques,* Aristote distingue en effet les idées admises *(endoxa)* vraies des apparentes, et affirme « car il ne faut pas croire que tout ce qui se présente comme une idée admise *(phainomenon endoxon)* en soit véritablement une » (I, l, 100 b 26).

Or, dans la philosophie pratique, les affirmations théoriques ne valent pas pour de véritables *endoxa*; les *endoxa* pratiques sont des valeurs réellement partagées et vécues par les gens. Donc ceux qui méprisent le plaisir en paroles et pour des raisons pédagogiques, mais qui en réalité le poursuivent, ont une position semblable à celle des sophistes et des éristiques qui disent partir des *endoxa*, mais qui partent en réalité de prémisses paradoxales. La thèse de Speusippe, tant qu'elle n'est pas confirmée par sa vie, n'est qu'un sophisme moral [1].

4) La distinction linguistique entre les différents sens d'un terme fait elle aussi partie de la méthode dialectique. C'est le cas de « plaisir », qui se spécifie, ensuite, en plusieurs types de plaisir. Avec cette doctrine, Aristote s'éloigne d'Eudoxe, qui, si on le comprend bien, admettait un seul type de plaisir, et reprend quelques exemples du *Philèbe* de Platon. Cependant, étant donné que cette attitude dialectique vise le contenu, nous en parlerons dans la prochaine section.

L'ONTOLOGIE DU PLAISIR

Dans cette partie, le coup principal tenté par Aristote, qui l'amène à des positions que l'on peut estimer proches de celles de Platon, consiste à distinguer plusieurs types de plaisir; en réalité, dit-il, aussi bien les hédonistes que les anti-hédonistes traitent le plaisir comme s'il était une réalité unique, alors qu'il s'agit, en réalité, d'une émotion multiple et différenciée. Ce que Platon avait déjà dit.

Je ne prétends pas donner ici une interprétation du *Philèbe*. Il serait ridicule de le faire devant un public composé de connaisseurs et qui depuis deux ans s'occupe de la question dans un séminaire. Je voudrais cependant rappeler les passages du *Philèbe* qui sont les plus proches de la position d'Aristote et qui ont pu influencer considérablement sa position.

1. Le problème de la cohérence entre la doctrine d'un philosophe et sa manière de vivre a été souligné récemment dans l'ouvrage de P. Hadot, *Qu'est-ce que la philosophie antique ?*, Paris, 1995.

Dès le début de son discours, Socrate affirme que les plaisirs sont multiples et qu'il n'est pas possible de les réduire à un concept unique (12 c-e)[1], et il donne alors un exemple qui sera repris par Aristote pour décrire la différence entre genre et espèce : il y a la couleur en général, et il y a aussi les diverses couleurs, y compris les plus opposées (blanc / noir). En outre, en 19 b, on parle de *eide [...] hèdonès*, qu'un aristotélicien comme moi traduirait par « espèces de plaisir », tout en doutant qu'il s'agisse là d'" espèces " au sens d'Aristote. D'autre part, Socrate doute parfois (20 c) de l'utilité d'établir une distinction entre des espèces de plaisir.

Socrate admet cependant qu'outre les plaisirs mélangés de douleur, il y a aussi des plaisirs purs (51 a) et vrais ; il s'agit des plaisirs qui dérivent des couleurs, des odeurs, de la contemplation propre aux mathématiciens, de l'apprentissage, qui ne correspondent pas à des besoins et qui ne sont pas une simple pause dans la douleur. Ils sont petits sous le rapport de l'extension, mais grands du point de vue de l'intensité, précisément parce qu'ils ne sont pas mélangés d'autre chose (53 a) ; ils accompagnent la vertu (63 a). Ce sont les seuls qui doivent être mélangés à l'activité mentale d'une manière parfaite et stable.

Pour ma part, je ne vois pas clairement si, pour Platon, le plaisir – même celui qui est pur – participe ou non de la génération (*genesis*), et, au cas où il n'en participe pas, s'il est une réalité subordonnée au bon fonctionnement de l'âme humaine (53 c-55 c).

Le point où la divergence entre Platon et Aristote est la plus évidente est la signification du terme « mélangé » ; Platon, en effet, dit qu'entre le plaisir et l'intellect il y a un rapport semblable à celui qu'il y a entre l'eau et le vin : le plaisir et l'intellect s'unissent comme deux étants qui, même unis intimement, et autant qu'il est possible d'une manière stable, restent cependant distincts et donc, séparables à nouveau[2]. La position d'Aristote est différente[3] : le plaisir n'est pas une réalité qui se mélange étroitement à une autre ; il est un aspect de l'activité intellectuelle, inséparable de celle-ci.

Voila donc la différence entre les deux perspectives. Être l'un des aspects d'une activité diffère d'être l'élément d'un mélange en ceci : si X est mélangé à Y, il est possible qu'autant X que Y subsistent indépendamment de l'être mélangé, et donc que l'activité de l'intellect et le plaisir soient deux réalités existantes en elles-mêmes, qui, dans un certain sens, s'unissent. En revanche, si X n'est qu'un aspect de l'activité Y, cela signifie qu'il

1. *Cf.* Gosling et Taylor, p. 134-136.

2. Je suppose ici, pour faire fonctionner l'argument, que la position de Platon doit être prise littéralement et non au sens métaphorique.

3. Pour le contraste, sur ce point précis, entre Aristote et le *Philèbe*, *cf.* Gosling et Taylor, p. 259-261.

n'est pas possible de trouver X si Y n'est pas donné, mais qu'il est possible de trouver Y sans X.

Cette conception constitue l'originalité de la position d'Aristote. Le terme « plaisir », selon lui, ne détermine pas une multiplicité d'étants indépendants, soit ontologiquement, soit axiologiquement, mais une multiplicité de sensations, dont chacune ne peut être que reliée étroitement à quelque chose d'autre. Tous les noms collectifs ne désignent pas des collections d'entités autonomes. Prenons trois noms collectifs : « Athéniens, combats, plaisirs ». Ceux-ci font allusion à trois ensembles complètement différents selon la perspective aristotélicienne : les premiers (Athéniens) sont des individus, des substances subsistant en soi et autonomes, absolument réelles ; les deuxièmes sont des événements qui ne subsistent pas en soi, mais qui peuvent parfois êtres étudiés comme des réalités indépendantes, avec des caractéristiques propres ; les troisièmes ne sont pas des événements, mais ce sont plutôt des caractéristiques particulières de certains événements : si les événements requièrent l'existence d'individus pour advenir, les plaisirs, pour exister, requièrent l'existence soit des individus, soit des événements, et leur réalité est, pour ainsi dire, « de troisième degré ». En revanche, au moins à première vue – et selon certaines interprétations –, Platon, dans le *Philèbe*, considère les plaisirs comme des événements, tout comme les actions ou les activités intellectuelles ; c'est pour cette raison que le rapport entre les plaisirs et l'activité intellectuelle a, dans le *Philèbe*, la forme d'un mélange et non pas d'une inhérence.

Si cela est vrai, nous pouvons examiner un point très discuté de la position aristotélicienne. Aussi bien au livre VII qu'au livre X la doctrine nous dit que le plaisir est en rapport avec l'activité soit des sens soit de l'homme tout entier, et qu'il n'est pas du tout un mouvement. Même dans des processus de guérison, qui produisent la vérification d'un plaisir particulier, ce plaisir est en rapport avec l'activité de la partie saine du corps, qui jouit du fait de la guérison de la partie malade ; il n'est pas un acte autonome (*cf.* 1154 b 15-20 ; 1173 b 7-31).

Les deux versions de la leçon aristotélicienne sur le plaisir, en revanche, diffèrent en ce qui concerne la détermination précise de la manière dont il est en rapport avec l'activité. Comment doit-on interpréter cette différence théorique ? La polémique est très ancienne, car on rencontre des interprétations différentes déjà aux premiers siècles de notre ère, telles que celle d'Aspasius (IIe s.) et d'Alexandre d'Aphrodise (II-IIIe s.). Aspasius, dans son commentaire au chapitre VII, 14, 1153 b 9-14, remarque qu'Aristote semble identifier le bonheur avec un certain type de plaisir, car autant le bonheur que le plaisir sont définis comme des activités non empêchées dans la situation habituelle la meilleure. Le plaisir est donc défini comme « activité non empêchée », et cela crée un problème : le plaisir est-il une activité ou l'aspect d'une activité, comme nous lisons au livre X ? Aspasius – nous l'avons déjà dit – suggère que le livre VII n'est peut-être pas d'Aristote, mais d'Eudème[1], parce que sa doctrine est différente de celle du livre X. Au livre X, dit Aspasius, Aristote ne cite pas le livre VII, et soutient que le plaisir n'est pas identique au bonheur ; il est seulement lié à celui-ci de la même manière que la splendeur accompagne la jeunesse. Les deux textes comportent, donc, deux positions différentes : pour le livre VII le plaisir est une « activité non empêchée », et pour le livre X c'est « quelque chose qui accompagne l'activité ». Jusqu'ici, je rappelle l'interprétation d'Aspasius (p. 151, 7-30 Heylbut).

Alexandre d'Aphrodise, pour sa part, considère que les deux livres (VII et X) sont l'œuvre d'Aristote et ne trouve d'ailleurs pas de différence de signification entre les deux définitions du plaisir en tant qu'« activité non empêchée » et en tant que « ce qui est inhérent à l'activité non empêchée » ; les deux expressions sont pour lui interchangeables[2]. Il est évident qu'Alexandre – ainsi que certains interprètes modernes[3] – traite l'affirmation « le plaisir est une activité non empêchée » comme une manière imprécise d'affirmer que « le plaisir est une caractéristique d'une activité non empêchée ».

Je n'examinerai pas ici la totalité de la discussion ; je voudrais cependant souligner le fait que le va-et-vient entre une formulation qui fait du plaisir une activité et celle qui fait du plaisir l'aspect d'une activité découle de ce qu'aucune des deux positions – si elles sont analysées en profondeur – n'est claire, ni évidente, ni exempte de problèmes.

Selon le livre VII, le plaisir serait une activité, mais cela suppose une certaine incohérence à l'égard de la doctrine éthique. pour Aristote, en effet, une activité est le déploiement des capacités d'un état habituel ; donc à chaque activité doit correspondre un état habituel, ou, au moins, une faculté ; mais pour Aristote il n'y a pas de faculté d'éprouver du plaisir. C'est la position du *De. an.*, III, 7, 431 a 10-14, où l'on dit qu'éprouver du plaisir ou de la douleur est l'activité de la position moyenne de la sensation relative au bien et au mal en tant que tels, que cette possibilité correspond tout simplement à la faculté sensitive et qu'il ne faut pas supposer une faculté spécifique : « il n'y a pas de différence entre les facultés d'appétit et

1. En effet, Aspasius attribue l'*E.E.* à Eudème de Rhodes.

2. Cf. *Questions d'éthique*, 14, p. 134, 29 et 135, 15 (Bruns). Peut-être l'écrit n'est-il pas d'Alexandre mais de quelque disciple, cf. R. Sharples, *Alexander of Aphrodisias. Ethical problems*, Londres, 1990, *Introduction*, p. 3-4.

3. Stewart, p. 221, par exemple : les positions ne diffèrent « que verbalement ».

d'aversion : elles ne se distinguent ni l'une de l'autre ni de la faculté sensitive ; c'est au contraire l'essence de ces activités qui varie. »

Mais si le plaisir est l'activité de la faculté sensitive, on éprouverait plaisir ou douleur lors de chaque activité non empêchée de chaque état habituel, ce qui est évidemment absurde. Nous pouvons agir à la perfection et cependant ne pas éprouver de plaisir, par exemple, quand nous jouons au piano une sonate bien connue. Cela n'est pas une thèse à nous ; c'est Aristote lui-même qui le dit :

> Certaines choses nous réjouissent quand elles sont nouvelles et plus tard elles ne nous plaisent plus autant : au début, en effet, la pensée se trouve dans un état d'excitation et d'intense activité à l'égard des objets [...], mais par la suite l'activité n'est plus ce qu'elle était, mais elle se relâche, ce qui fait que le plaisir aussi s'émousse. (1175 a 3-10)

D'autre part, nous aurions deux activités spécifiques correspondant à chaque état habituel, ce qui n'est pas possible, car, par définition, chaque état habituel ne fait naître qu'un seul type d'activité. La seule solution pour sortir de ce labyrinthe consiste à dire que le plaisir est l'un des aspects d'une activité non empêchée et que ceci doit être compris dans le sens où l'activité non empêchée est quelque chose d'agréable ; mais cette solution ne résout pas le problème du rapport entre activité et plaisir.

Ce problème est traité au livre X. Dans ce livre, le plaisir est considéré comme un aspect de l'activité, comme une sorte de sous-produit, pourrait-on dire. Aristote (1174 b 23-33) essaie d'expliquer le rapport existant entre le plaisir et l'activité vertueuse en termes causals, mais a du mal à établir un lien causal approprié entre les deux réalités. Il dit que le plaisir ne peut pas être la cause motrice de l'activité vertueuse parce qu'éprouver du plaisir n'est pas un événement qui met en mouvement un autre événement, à savoir l'action vertueuse ; d'autre part, éprouver du plaisir ne peut pas être la cause finale de l'action vertueuse, car il n'est pas vrai que celui qui est vertueux fait de l'action vertueuse un moyen d'éprouver du plaisir : l'action vertueuse est une fin en soi-même (I, 6) ; mais le plaisir ne peut pas non plus être la cause formelle, parce que, dans ce cas, l'action vertueuse aurait deux formes, à savoir, être un plaisir et être, par exemple, un acte courageux. Donc, le rapport entre activité et plaisir n'est pas clair. Gosling et Taylor (p. 250) ont proposé de considérer le plaisir comme la forme parfaite, c'est-à-dire comme la perfection de l'action vertueuse, mais cela est impossible, car la vertu est déjà parfaite par elle-même et il n'y a de degrés ni dans la vertu ni dans la perfection ; il n'y a pas d'actions imparfaitement vertueuses (I, 7, VI, 3 e 5).

Le problème du rapport entre plaisir et activité reste ouvert ; Aristote a exprimé sa thèse au moyen d'une métaphore poétique : le plaisir est à l'action comme « la fleur de la jeunesse » est à la jeunesse ; mais il lui est très difficile de développer la métaphore en des termes rationnels.

ANTHROPOLOGIE DU PLAISIR

Aristote applique au plaisir quelques distinctions typiques de son éthique : il y a un plaisir absolu et un plaisir relatif à chacun, un plaisir par essence et un plaisir par accident (1152 b 26-7 ; 1154 b 15-20). Parmi les plaisirs par essence il a des différences selon les espèces (1175 a 22-28).

Voyons ces distinctions en détail.

1. Les plaisirs que non seulement la foule, mais aussi les philosophes anti-hédonistes, considèrent comme tels, c'est-à-dire les plaisirs physiques, ne sont des plaisirs que par accident, « parce que, pour quelques-uns, et dans certains cas, il arrive qu'ils soient agréables, même si en réalité et par nature, ils ne le sont pas ». On doit comprendre cette affirmation, comme l'a remarqué Owen, non dans le sens où rarement les plaisirs physiques sont considérés comme des plaisirs, mais dans le sens où, dans le cas des plaisirs physiques, le terme « plaisir » est utilisé d'une manière non appropriée[1]. Il s'agit des plaisirs de la guérison, que l'on éprouve lorsque le corps malade retourne à sa condition naturelle (1154 b 15-20). Les plaisirs des êtres bestiaux et dégénérés rentrent dans ce groupe de plaisirs (VII, 6, 1148 b 15-31).

2. Il y a ensuite les plaisirs qui, même s'ils sont bons en soi, peuvent admettre un excès et un défaut, et qui donc, par rapport à un individu, peuvent être tout autant bons que mauvais. Rentrent dans ce groupe les plaisirs physiques liés au sens du toucher et du goût, qui sont les plus violents et en relation avec lesquels surgissent la vertu de tempérance, le vice d'intempérance et la faiblesse du vouloir (*akrasia*), – ce dernier phénomène se produisant quand l'âme rationnelle connaît la fin et la prémisse majeure du syllogisme pratique, mais ne réussit pas à imposer au désir la mise en place du choix des moyens ainsi que la réalisation de la prémisse mineure (*E.N.*, III, 13-15 ; VII, 7). Aristote distingue clairement deux groupes de plaisirs, ceux « par accident », dus à la reconstitution de la santé dans un corps malade, et ceux « propres », dus à l'activité d'un organe sensoriel, comme le toucher ou le goût ; dans le *Philèbe*, en revanche, au moins au premier abord, ces plaisirs sont groupés ensemble. Les plaisirs

1. G.E.L. Owen, *Aristotelian Pleasures,* dans *Logic, Science, Dialectics. Collected papers in Greek philosophy*, éd. M. Nussbaum, Londres, 1986, p. 341.

par accident, selon Aristote, ne sont pas des plaisirs absolument bons ; ils ne le sont que dans certaines circonstances, tandis que les plaisirs liés aux activités du toucher et du goût sont toujours de bons plaisirs s'ils sont exercés d'une manière appropriée et dans des conditions optimales.

3. Ensuite viennent les plaisirs liés au sens les plus nobles, comme la vue, qui ne présentent jamais de véritable excès. Ceux-là, exercés d'une manière appropriée sur des objets beaux et parfaits, sont des plaisirs absolus.

4. Enfin, supérieurs aux plaisirs des sens, viennent des plaisirs plus élevés encore, ceux liés à la *praxis*. Même les plaisirs des sens, à dire vrai, sont liés à une forme d'activité, l'activité de la faculté sensitive ; mais les plaisirs liés à la *praxis* sont des plaisirs supérieurs, parce qu'ils sont composés de sensations multiples et sont en rapport avec l'action de toute personne humaine, et non seulement avec tel ou tel autre appareil sensoriel.

Mais l'action humaine est inévitablement ambiguë, soit ontologiquement, soit axiologiquement. Il est impossible d'énumérer ici tous les aspects de cette ambiguïté ; il suffit de dire que, d'une part, *en tant qu'*action, chaque action est une *energeia*, une activité complète et parfaite en soi, et qui possède donc son bien en soi (en opposition au mouvement, qui ne produit son bien qu'à la fin), et que, d'autre part, en tant qu'elle est *une certaine action*, l'action peut être bonne ou mauvaise[1]. Le plaisir qui est lié à l'action est plaisir en tant qu'activité, non en tant que mouvement ; il est plaisir en soi, et non plaisir par accident, mais il se différencie de la même manière qui se différencient entre elles les espèces de l'action, et, selon que l'action sera bonne ou mauvaise, le plaisir correspondant sera lui aussi bon ou mauvais, louable ou non louable (1175 b 22-28). Il existe donc un plaisir différent du mouvement mais mauvais et critiquable, de la même manière qu'il existe un plaisir lié au mouvement, et qui est bon et louable. Les caractéristiques ontologiques et axiologiques du plaisir se séparent partiellement, et ne sont pas ici valables les équations du type : activité = plaisir bon / mouvement = plaisir mauvais.

5. Seulement, les plaisirs de l'homme excellent sont des plaisirs vrais et propres : un plaisir vrai est ce qui semble agréable à l'homme excellent (1176 a 16 : τὸ φαινόμενον τῷ σπουδαίῳ), parce que la vertu comme l'homme excellent sont la mesure de toute chose (1176 a 17-18 : ἔστιν ἑκάστου μέτρον ἡ ἀρετὴ καὶ ἀγαθός)[2]. Selon ce point de vue, Aristote est

1. La distinction est bien exprimée dans l'*E.N.*, 1122 b 3 *sq.*, à propos du double sens d'*ergon* relatif à la vertu de magnificence : *ergon* est l'activité de la vertu, comme dépenser beaucoup d'argent, mais aussi la chose réalisée, comme un chœur tragique ou l'édification d'un temple ; et les deux choses peuvent aussi ne pas coïncider.

2. Ce point a été souligné par Gosling et Taylor, p. 266.

amené à dire que les plaisirs de l'homme non excellent ne sont pas de vrais plaisirs, mais des plaisirs relatifs à une condition dégénérée et inférieure (1176 a 21 : πολλαὶ γὰρ φθοραὶ καὶ λῦμαι ἀνθρώπων γίνονται...).

Celui qui lit ces passages se pose forcément cette question : quels sont, pour Aristote, les plaisirs vrais et propres, ou, en d'autres termes, la définition aristotélicienne du plaisir fournit-elle, ou non, un critère d'identité pour les plaisirs tel qu'il serait possible d'établir, chaque fois que l'on en rencontre un, si celui-ci est un vrai plaisir ou seulement un plaisir par accident ?

Ainsi posée, la question est difficile à résoudre. Les définitions aristotéliciennes, spécialement dans les *Éthiques*, ne sont pas élaborées comme les nôtres. Dans une définition, nous essayons de donner le plus petit commun dénominateur d'un certain ensemble, afin de pouvoir utiliser la définition comme critère d'identification et pouvoir établir ainsi si un certain *x* est membre de l'ensemble *y*. Aristote, en revanche, part de la présupposition selon laquelle les caractéristiques d'un étant se déterminent d'une manière claire et distincte seulement si l'on examine le meilleur cas, celui dans lequel la nature de la chose est réalisée de la meilleure manière possible ; ainsi, pour définir le cercle, nous examinerons le cercle mathématique et non le plus petit commun dénominateur, commun à tous les cercles concrets existants :

> En effet, quand une chose parvient à son excellence propre, alors on la dit, en tout cas, achevée, car c'est alors qu'elle est le plus conforme à sa nature, comme un cercle est achevé quand il est au plus haut degré circulaire et quand il est le meilleur possible. (*Phys.*, VII, 3, 246 a 13-16)

Cette procédure soulève toute une série dc problèmes pour les interprètes modernes. Aristote définit souvent une réalité seulement par référence au cas le plus excellent et dit, par exemple, que le bonheur est la vie contemplative, ou que le plaisir est ce qui semble agréable à l'homme vertueux et excellent. Ses définitions oscillent entre le descriptif et le prescriptif. Aristote ne voit pas les différents types de plaisir, ou de bonheur, ou de constitutions, comme les membres d'un ensemble, situés tous au même niveau, marqués par une caractéristique commune X qui les intègre dans l'ensemble, mais comme éléments d'une échelle hiérarchique d'intensité décroissante, dans laquelle la limite entre ce qui est encore un *x*, même d'une manière corrompue, et ce qui ne l'est plus, se trouve à un niveau inférieur, sans qu'on sache exactement où. Cette position est exposée avec clarté vers la fin du chapitre X, 5 :

> Dans tous les cas de ce genre, on regarde comme existant réellement ce qui apparaît à l'homme vertueux. Et si cette règle est exacte [...] alors seront des plaisirs les plaisirs qui apparaissent tels à l'homme vertueux, et seront plaisantes en réalité les choses auxquelles il se plaît. Et si les objets qui sont pour lui ennuyeux paraissent plaisants à quelque autre, cela n'a rien de surprenant, car il y a beaucoup de corruptions et de perversions dans l'homme. (1176 a 15-21)

Il y aurait même des plaisirs qu'il faut censurer, et on a du mal à décider s'ils sont ou non des plaisirs; voilà la rançon à payer quand on utilise ce type de définitions. Le passage est intéressant et mérite d'être cité en entier :

> Contre ceux qui mettent en avant les plaisirs répréhensibles, on pourrait répliquer (a) que de telles choses ne sont pas même des plaisirs, car en supposant qu'ils soient agréables aux gens de constitution vicieuse, il ne faut pas croire qu'ils soient agréables aussi à d'autres qu'eux [...] autrement on pourrait répondre ainsi (b) que ces plaisirs sont bons, mais ne le sont pas quand ils dérivent de certaines causes [...] ou ainsi (c) que les plaisirs diffèrent spécifiquement, et ceux qui proviennent de sources nobles sont autres que ceux qui proviennent de sources honteuses. (1173 b 20-29)

On voit bien ici que dans la réponse (a) les plaisirs honteux ne sont pas des plaisirs, et qu'ils le sont dans la réponse (c), même si leur espèce est différente. Les hésitations de ce passage peuvent s'expliquer par le but pratique de l'écrit d'Aristote.

Cette procédure particulièrement en contraste avec l'habitude très répandue dans la critique contemporaine, spécialement celle de langue anglaise, d'argumenter au moyen de contre-exemples. On la rencontre aussi dans le traitement du problème du plaisir selon Aristote, par exemple chez Urmson[1]. Celui-ci propose un contre-exemple de la thèse aristotélicienne selon laquelle le plaisir augmente l'activité : il lui arrive parfois, dit-il, quand il découvre la solution d'un problème philosophique, de s'exciter tellement qu'il doit s'arrêter d'écrire pour se promener pendant quelques minutes ; donc, conclut-il, la définition n'est pas vraie, car elle ne peut pas s'appliquer à l'exemple puisque, en ce cas, le plaisir bloque l'activité. De la même manière, et toujours pour s'opposer à la même thèse, Gosling et Taylor affirment (p. 272-283) qu'une amie commune, Jane, lorsqu'elle regarde une comédie qui l'amuse beaucoup, se met très souvent à rire au

1. J.O. Urmson, *Aristotle on Pleasure,* dans J.M.E. Moravcsik, *Aristotle. A Collection of critical Essays,* Londres-Melbourne, 2e éd. 1968, p. 327.

point de ne plus pouvoir la suivre; dans ce cas aussi le plaisir empêche l'activité. En outre, concernant la thèse aristotélicienne selon laquelle deux plaisirs se contrarient réciproquement [1], ils affirment que certains enfants qu'ils connaissent mangent davantage de sucreries quand ils sont plus captivés par le programme qu'ils regardent à la télévision. Les objections d'Urmson et de Gosling et Taylor ne se justifient qu'à partir d'une théorie de la définition qui leur est propre, selon laquelle une définition constitue un critère d'identification et répond à la question « *What counts as a pleasure ?* », mais non pas selon celle d'Aristote, qui veut offrir dans sa définition le modèle du plaisir le meilleur pour établir si le plaisir, en soi, est un bien, et non pour décider si cette émotion particulière est un plaisir.

Une dernière remarque. La structure du plaisir chez les êtres vivants, des animaux jusqu'aux dieux, présente une variation très étrange que nous souhaitons souligner. Aristote soutient que les êtres animés ont chacun leur plaisir spécifique, différent selon les espèces; les plaisirs du cheval sont différents de ceux de l'homme et de ceux du dieu. Mais, d'une certaine manière, étant donné que les plaisirs accompagnent les activités, les animaux et les dieux ont une caractéristique commune : ils jouissent de plaisirs simples, sans conflits, tandis que l'homme, qui est un être multiple et conflictuel, ne profite pas de cette bénédiction. En effet,

> les êtres spécifiquement différents ont des plaisirs spécifiquement distincts, et on aurait raison de penser que les plaisirs des êtres de la même espèce soient identiques. Mais chez les hommes les plaisirs sont extrêmement différents, et les mêmes choses charment les uns et affligent les autres. (1176 b 8-11)

Et, dans la *Métaphysique*, il dit :

> La façon de vivre (de Dieu) est la meilleure pour nous, celle que nous pouvons exercer seulement pour quelques instants, tandis qu'il peut être toujours dans cet état [...] puisque l'activité de Dieu est plaisir. (1172 b 14-16)

La manière de vivre de Dieu consiste en une pensée simple et continue, en dehors du temps et sans variations de contenu. Un tel plaisir est différent du plaisir humain, même de celui de l'honnête homme : tandis que dieux et bêtes jouissent d'un ensemble simple de plaisirs, l'homme a des plaisirs multiples. L'anthropologie que l'on trouve ici est très éloignée de celle du

1. « Lorsque nous éprouvons un plaisir intense à une occupation quelconque, nous pouvons difficilement nous livrer à une autre; mais nous nous tournons vers autre chose quand ce que nous faisons nous plaît peu, comme dans le cas de ceux qui au théâtre mangent des dragées quand les comédiens sont médiocres » (1175 b 10-13). Nous discuterons ci-dessous ce passage.

Timée, qui classe selon un éloignement progressif de Dieu, d'abord l'homme, puis la femme, et, enfin, les bêtes. L'anthropologie aristotélicienne suit plutôt certaines opinions traditionnelles sur la diversité et la variabilité de l'homme, caractéristiques qui l'éloignent du reste des êtres vivants. L'homme éprouve des plaisirs très divers, car c'est un être protéiforme et capable d'actions multiples. Dans un certain sens, donc, les bêtes sont plus semblables à Dieu que les hommes.

En concurrence évidente avec le *Timée* de Platon, Aristote donne un fondement cosmologique à cette anthropologie dans un chapitre peu connu du *De caelo,* II, 12, où il demande pourquoi ce sont les astres intermédiaires, et non les plus lointains de la sphère des étoiles fixes, qui adoptent les mouvements les plus divers (291 b 29-31). La réponse est étonnante : les astres sont des êtres vivants actifs et, en conséquence, ils reproduisent, dans le ciel, la même variation d'activité qu'il y a sur la terre, c'est-à-dire :

– il y a des étants qui atteignent le bien suprême sans effectuer aucune action, ou grâce à une seule ;

– il y a des étants qui atteignent le bien suprême grâce à des actions de plus en plus nombreuses ;

– il y a des étants qui n'atteignent pas le bien suprême, mais seulement un bien inférieur, et, pour cela, ils se limitent à une seule action (292 a 22-28).

Et ceci est valable aussi bien pour les astres que pour les êtres terrestres (292 b 1-10 et 20-25).

La multiplicité des mouvements est donc propre à l'homme, même à l'homme de bien ; elle est typique de lui, et ne doit pas être considérée comme une dégénérescence de la condition divine, mais comme une richesse spécifique. Cette multiplicité est cependant le fruit d'un conflit. En *E.N.*, X, 5 on montre que les plaisirs, même ceux qui sont seulement bons, peuvent entrer en conflit, car ils sont liés à des activités, et les activités, même bonnes, peuvent entrer en conflit. Voyons comment.

Le plaisir, quand il est lié à une activité appropriée, l'intensifie ; celui qui aime les mathématiques éprouve du plaisir à les étudier et améliore son activité parce qu'il la trouve agréable (1175 a 31-36). Mais tout comme les activités des hommes bons sont multiples, les plaisirs eux aussi sont multiples et peuvent créer des conflits :

> Les plaisirs qui proviennent d'autres activités constituent une gêne pour les activités qui sont en train d'advenir : par exemple les amateurs de flûte sont incapables de suivre la leçon dès qu'ils écoutent un son de flûte, car ils aiment davantage l'art de jouer la flûte que l'activité dans laquelle ils sont engagés à présent. (1175 b 2-5)

C'est pour cette raison que seul l'homme, parmi les êtres vivants, possède la faculté de délibération et de choix, car il est un être complexe, et sa raison pratique peut choisir soit le bien, soit le mal, soit différentes manières d'être bon. À la fin du livre VII, Aristote met face à face la condition humaine et celle de Dieu par rapport au plaisir :

> Il n'y a aucune chose cependant qui soit pour nous toujours agréable, et la cause en est le fait que notre nature n'est pas simple, mais elle renferme aussi quelque chose de différent; et pour cela les composantes de notre nature sont corruptibles. Si la nature de quelque individu est simple, il trouvera plaisante toujours la même activité; c'est pour cela que Dieu jouit perpétuellement d'un plaisir un et simple. (1154 b 21-26)

Le même point est repris en *Métaphysique*, XII, 10, où réapparaît la distinction entre êtres supérieures, qui n'agissent pas au hasard mais d'une manière ordonnée, et êtres inférieurs, comme les esclaves et les animaux, qui agissent au hasard, et :

> toutes les choses sont ordonnées par rapport à un seul principe [...] la nature de chacun des êtres est un principe semblable; je veux dire qu'il est nécessaire que chaque type d'être arrive à se distinguer des autres, et qu'il y a d'autres aspects par lesquels tous les êtres participent à la totalité. (1075 a 22-25)

Le passage, comme c'est toujours le cas au livre XII de la *Métaphysique*, est écrit dans un style condensé et synthétique et qui, à force de synthèse, devient obscur; mais on peut néanmoins comprendre quelque chose. Dans le *De caelo* les hommes supérieurs, ceux qui agissent selon un ordre, correspondent aux astres intermédiaires qui atteignent le bien suprême à travers des activités multiples, tandis que les esclaves correspondent aux astres qui sont incapables d'atteindre le bien suprême.

Dans la *Métaphysique*, en revanche, on dit que la bonne ordonnance de l'univers est le résultat du fait qu'il y a un principe unique de l'ordre, le Moteur immobile (πρὸς [...] ἓν ἅπαντα συντέτακται, 18-19) et que les différences découlent de la nature propre aux étants; pour cette raison, chacun a comme *telos*, d'une part, le développement de sa propre nature spécifique, et d'autre part, la participation à la totalité.

Il semble donc que, d'un côté, la fin de l'homme consiste à rester à sa place dans l'échelle naturelle des êtres, sans chercher à se rapprocher de l'activité pure du Dieu, contrairement à ce qu'affirmait Blondel. En effet, la multiplicité des actions vertueuses et des plaisirs corrects qui caractérisent l'homme identifient sa nature et sont propres à lui, au même titre que les conflits engendrés par cette multiplicité, et que les facultés pratiques, comme la sagesse et la délibération, que sa nature possède pour les résoudre.

D'un autre côté, Aristote lui-même dit qu'il convient à l'homme de contempler et de « s'immortaliser dans la mesure du possible » (1177 b 33).

Étant donné que l'homme est un être frontalier, dont une partie est terrestre et mortelle, et une partie immortelle et divine, il semblerait que l'on pourrait dire que le *diakrithênai* propre à l'homme consiste, en même temps, à se réaliser lui-même et à tendre, dans des moments très brefs, à l'autre de soi-même.

(traduit de l'italien par Nestor-Luis Cordero)[1]

1. Je voudrais remercier tous les participants à la discussion dans le séminaire dirigé par Madame Dixsaut pour des objections et des suggestions stimulantes, ainsi que Monsieur Cordero qui a traduit mon texte en français.

LE PLAISIR CHEZ ARISTOTE ET CHEZ PLOTIN

Christian RUTTEN

On sait qu'Aristote est l'auteur de deux traités du plaisir. L'un de ces traités, qui est sans doute le plus ancien, et qui doit venir de l'*Éthique à Eudème*[1], se trouve, dans l'*Éthique à Nicomaque*, en VII, 12 à 15, l'autre en X, 1 à 5.

Au début du premier traité, Aristote envisage notamment, VII, 12, 1152 b 13-15, la thèse de ceux qui prétendent qu'aucun plaisir n'est un bien, ni par soi, ni par accident. Le premier argument qu'ils invoquent est le suivant. Tout plaisir est une γένεσις, une genèse sentie (αἰσθητή) dont le terme est un état naturel (εἰς φύσιν). Or aucune genèse n'est jamais du même genre que ce qui en constitue le terme. Jamais, par exemple, la construction d'une maison n'est du même genre que la maison.

Cela rappelle, bien entendu, le développement qu'on trouve dans le *Philèbe*, 53 c-55 a. Socrate évoque, en effet, en 53 c, ce qu'au sujet du plaisir disent certaines gens d'esprit, d'après qui le plaisir, n'étant que genèse perpétuelle, n'a aucune οὐσία. Dans cette perspective le plaisir ne peut évidemment, au gré de Socrate, 54 c, constituer un bien. Ce qui constitue un bien, c'est la fin vers quoi tend une genèse, non cette genèse

1. Voir J. Tricot, *Aristote. Éthique à Nicomaque*. Nouvelle traduction avec introduction, notes et index par J. Tricot, « Bibliothèque des textes philosophiques », 3e éd. 1972, p. 63 n. 1 ; R.A. Gauthier, dans R.A. Gauthier et J.Y. Jolif, *Aristote. L'Éthique à Nicomaque*. Introduction, traduction et commentaire par R.A. Gauthier et J.Y. Jolif, 2 t., 4 vol., « Aristote. Traductions et Éudes », 2e éd., Louvain-Paris, 1970, II, 2, p. 781-783. – C'est dans le traduction du P. Gauthier, non sans la retoucher parfois un peu, que je citerai désormais l'*Éthique à Nicomaque*.

elle-même. D'où le ridicule de tous ceux qui, 54 e, traduit par A. Diès[1], « apaisant leur faim, leur soif et tous les besoins qu'apaise la genèse, prennent leur joie dans cette genèse où ils veulent voir un plaisir et déclarent qu'ils ne supporteraient pas de vivre sans éprouver la faim, la soif, et sans ressentir les fringales qu'entraînent de tels appétits ».

Comment ne point songer, d'autre part, à propos de ce que, d'après Socrate en 53 c, certains κομψοί disent du plaisir, à ce que Socrate énonce lui-même en 31 d-32 b ?

Socrate, on le sait, entreprend de montrer à Protarque, dans ce passage, que, la douleur n'étant pas autre chose, chez le vivant, que la dissolution de l'harmonie, le plaisir, quant à lui, n'est pas autre chose, chez chacun, que la reconstitution de sa nature propre.

> SOCRATE : La faim, je pense, est dissolution et douleur ?
> PROTARQUE : Oui.
> SOCRATE : Et manger, ou refaire le plein (πλήρωσις γιγνομένη πάλιν), c'est un plaisir ?
> PROTARQUE : Oui.
> SOCRATE : La soif, à son tour, est destruction et douleur, alors que l'effet de l'humide venant remplir (πληροῦσα) un intérieur desséché est plaisir. Et la séparation ou dissolution contre nature, produites par une chaleur étouffante, sont douleur, mais la restauration à l'état de nature et le rafraîchissement sont plaisir ?
> PROTARQUE : Parfaitement.
> SOCRATE : Quant à l'action du froid, altérant, chez l'animal, l'état naturel des humeurs jusqu'à les solidifier, c'est une douleur ; mais, lorsqu'elles reviennent à l'état primitif et se dissolvent, ce retour à la nature (ἡ κατὰ φύσιν ὁδός) est plaisir. En un mot, examine s'il te semble raisonnable de formuler cette règle : quand la forme vitale créée, comme je l'ai dit antérieurement, par l'union naturelle de l'illimité et de la limite, vient à se détruire, cette destruction est douleur ; mais, dès que la voie se retourne vers la restauration de l'essence propre, c'est ce retour même qui, chez tous les êtres, constitue le plaisir.

Gardons-nous cependant de confondre avec la doctrine dont il s'agit, dans le *Philèbe*, en 53 c-55 a, celle qu'expose Socrate en 31 d-32 b. Il est vrai qu'un même exemple, celui que fournit l'apaisement de la soif, cette πλήρωσις dont il s'agit en 32 a, cette γένεσις dont il s'agit en 54 e, vient en chacun de nos deux passages illustrer la notion du plaisir. Il est encore

1. A. Diès, *Platon. Philèbe*. Texte établi et traduit par A. Diès, « Collection des Universités de France », Paris, Les Belles Lettres, 1941. C'est dans cette traduction que, sauf indication contraire, je citerai désormais le *Philèbe*.

vrai que, si Socrate ne dit pas formellement, en 31 d-32 b, que le plaisir est une γένεσις, il parle en 31 d de la genèse des douleurs et affirme ἡδονὴν γίγνεσθαι, qu'il y a une genèse du plaisir. Cela ne veut pas dire que, pour interpréter l'*Éthique à Nicomaque* VII, 12, 1152 b 13-15, il convient de se rapporter, comme le font plusieurs auteurs[1], non seulement au *Philèbe*, 53 c-55 a, mais encore au *Philèbe*, 31 d-32 b.

Chacun sait que dans le *Philèbe*, lequel pourrait bien être, d'après Léon Robin, le dernier écrit de Platon avant les *Lois*[2], l' οὐσία ne s'oppose plus, comme elle le fait dans d'autres dialogues, à la γένεσις, sinon « comme l'*achèvement* d'un processus, selon la formule de Léon Robin, à ce processus *en train* de s'accomplir ». Toute existence, dès lors, sauf celle des principes, est οὐσία, 27 b, « mixte et devenue ». N'empêche que, dans plusieurs autres dialogues, l' οὐσία *s'oppose* à la γένεσις. Rappelons que, d'après la *République*, VII, 525 b, c'est en échappant à la γένεσις que le philosophe peut atteindre à l' οὐσία. Tandis que l'opinion, en effet, se rapporte à la γένεσις, *République*, VII, 534 a, l'intellection a pour objet propre, quant à elle, l' οὐσία. C'est à peu près ce qu'on trouve dans le *Timée*, 29 c, où nous lisons que la vérité est à la simple croyance ce que l' οὐσία est à la γένεσις. Il est vrai, d'autre part, que ce sont les « amis des Formes » qui, d'après le *Sophiste*, 246 b-c, veulent appeler γένεσις plutôt qu' οὐσία la « vérité » des matérialistes. L'Étranger d'Elée n'en évoque pas moins lui-même, en 232 d, les questions qui concernent aussi bien la γένεσις que l' οὐσία. Il affirme, en 245 d, que ne peut affirmer ni la réalité de l' οὐσία ni celle de la γένεσις celui qui ne range pas soit l'Un, soit le Tout parmi les êtres. Les termes dans lesquels Socrate expose la définition du plaisir qu'il attribue, dans le *Philèbe*, 53 c, à certaines gens d'esprit sont donc révélateurs. Pour les κομψοί dont il s'agit, le plaisir, étant une genèse, ne peut par définition avoir une οὐσία; il n'a *jamais*, 54 d, aucune οὐσία. Socrate, pour sa part, n'entend point méconnaître, en 32 b, loin de là, la réalité du plaisir. Il le regarde, le plaisir, comme une ὁδός, une voie, un chemin (ou un cheminement) vers l' οὐσία.

Il est donc normal que Socrate, ne se référant aucunement, en 31 d-32 b, comme il le fait en 53 c, à je ne sais quels κομψοί, présente comme sienne la définition du plaisir et de la douleur qu'on trouve en 31 d-32 b. Cette définition s'accorde à ce que dit déjà la *République*, IX, 585 a-586 b, comme à ce que dit le *Timée*, 64 c-65 b[3]. La faim, la soif et les autres besoins du même genre constituant chaque fois, d'après la *République*,

1. Voir J. Tricot, *op. cit.*, p. 365 n. 1 et n. 2; R.A. Gauthier, *op. cit.*, p. 786-787.
2. Voir L. Robin, *Platon*, « Les grands philosophes », Paris, Alcan, 1938, p. 43.
3. *Cf.* A. Diès, *op. cit.*, p. cii et la note.

585 a-b, un évidement (κενώσεις τινές) dans l'état du corps, l'ignorance et la déraison constituant un vide (κενότης) dans l'état de l'âme, on peut remplir ces vides soit en prenant de la nourriture, soit en acquérant de l'intelligence. Or ce qui cause le plaisir, ce qui est ἡδύ, c'est pour chacun de se remplir (πληροῦσθαι) de choses conformes à sa nature. D'où vient, 585 d-e, que « ce qui se remplit de choses plus réelles et qui est lui-même plus réel est plus réellement rempli que ce qui se remplit de choses moins réelles et qui est lui-même moins réel » (trad. Chambry). D'où vient, en d'autres termes, la supériorité sur la plupart des plaisirs corporels, 586 a, du plaisir solide et pur à quoi l'âme peut accéder.

Il résulte d'ailleurs de plusieurs passages du *Philèbe* – le point, nous le verrons, n'est pas sans importance – que le plaisir, plutôt qu'une γένεσις, est en vérité, comme le dit la *République*, IX, 583 e, et comme on peut encore l'inférer des *Lois,* 896 e-897 a, κίνησις τις, un mouvement[1]. Notons d'abord, à ce propos, qu'il faut corriger, à la fin de 32 b, la traduction de Mgr Diès. Socrate vient de dire, en effet, que la douleur étant la destruction de l'harmonie vitale, le plaisir, quant à lui, est la κατάστασις (42 d), la restauration, de cette harmonie. Τοῦτο μὲν τοίνυν ἓν εἶδος τιθώμεθα λύπης τε καὶ ἡδονῆς, dit alors Socrate, ἐν τούτοις τοῖς πάθεσιν ἑκατέροις. Or on lit chez Mgr Diès : « Posons donc, comme première espèce du plaisir et de la douleur, celle qui naît dans l'une ou l'autre de ces circonstances. » Socrate ne veut-il pas plutôt dire qu'une première espèce du plaisir et de la douleur réside dans les deux πάθη, dans les deux affections dont il vient de s'agir ? Cela s'accorde à ce qu'on lit au début de 32 c, où il est question des παθήματα que constituent le plaisir et la douleur. Cela s'accorde encore à ce qu'on lit en 33 d, où l'on nous dit, à propos de ceux des plaisirs qui doivent leur naissance à la mémoire, que, parmi les παθήματα du corps, certaines de ces affections s'éteignent dans le corps avant de parvenir à l'âme et laissent celle-ci insensible, alors que les autres pénètrent aussi bien l'âme que le corps. Cela s'accorde encore, à peu de chose près, à ce qu'on lit en 41 c, où il s'agit de la douleur ou du plaisir que provoque une affection, qui nous vient, en d'autre termes, διὰ πάθος. Or nul n'ignore que subir une affection, c'est, d'après le *Sophiste*, 248 e, une manière d'être mu (κινεῖσθαι διὰ τὸ πάσχειν). Parler d'affections que l'âme a subies (ἔπασχεν) conjointement avec le corps, c'est donc, d'après le *Philèbe*, 34 a-b, évoquer le fait que, dans le passé, l'âme a été mue (κινεῖσθαι) conjointement avec le corps ; c'est évoquer la réalité d'une κίνησις qu'eurent en commun l'âme et le corps. Supposer qu'il « ne se passe rien », qu'il n'y a ni altération de l'état naturel du corps, ni

1. *Cf.* R.A. Gauthier, *op. cit.*, p. 781.

restauration de cet état, ni douleur corporelle, si l'on préfère, ni plaisir corporel, c'est supposer, 42 d-e, que le corps n'est mu dans aucun sens.

C'est donc, on le voit, en appelant une γένεσις ce que Platon, pour sa part, regarde comme une κίνησις, la κίνησις n'étant jamais formellement opposée, dans le *corpus platonicum*, comme l'est à plusieurs reprises la γένεσις, à l' οὐσία, que les κομψοί, dont il s'agit en 53 c, parmi lesquels il faut sans doute ranger Speusippe, pensent faire apparaître que le plaisir n'est pas réel, qu'il n'a pas d' οὐσία. Tout autre est ce que, dans le *Philèbe*, je l'ai déjà dit, veut établir Platon. Il veut établir, d'abord, 11 b, 31 a, 60 b, 66 e, la primauté de l'intellect et de la sagesse sur le plaisir, la primauté, par conséquent, 32 e-33 b, 55 a, d'une vie d'intelligence et de sagesse où n'entre point le plaisir, vie qu'il regarde comme « la plus divine de toutes », sur la vie « mixte », 22 a, dont le commun des mortels doit bien se contenter. Il veut encore établir que, les plaisirs étant, 13 b, presque tous mauvais, sont seuls dignes d'être recherchés les plaisirs purs, les choses « dont le manque, 51 b, n'est ni pénible ni sensible, alors que leur présence nous procure des plénitudes senties, plaisantes, pures de toutes douleurs ».

Gardons-nous de croire, à ce propos, que les plaisirs mélangés se rapportent aux plaisirs purs, selon Platon, comme les plaisirs venant du corps à ceux que l'âme éprouve sans le corps. Certains plaisirs des sens constituent, d'après la *République* et d'après le *Philèbe*, des plaisirs purs. Sont, par exemple, rangés parmi les plaisirs purs, dans la *République*, IX, 584 b, les plaisirs de l'odorat. « Ceux-ci en effet, sans avoir été précédés d'aucune douleur, se produisent soudainement, avec une intensité extraordinaire, et quand ils cessent, ils ne laissent après eux aucune douleur » (trad. Chambry). Sont encore rangés parmi les plaisirs purs, dans le *Philèbe,* 51 b, « ceux qui naissent des couleurs que nous appelons belles, des formes, de la plupart des parfums ou des sons ». Il est, en revanche, des plaisirs propres de l'âme, d'après le *Philèbe*, 47 d-50 d, qui ne sont point des plaisirs sans mélange. La colère, la crainte, le deuil, l'amour, la jalousie, l'envie ne sont-ils pas des douleurs que l'âme éprouve seule ? Ces douleurs ne se trouvent-elles pas, cependant, pleines de plaisirs merveilleux ? Que l'on songe encore aux spectacles tragiques, où chacun jouit de ses pleurs, au mélange de plaisir et de douleur qu'engendrent en l'âme les comédies. En vérité, « le corps sans l'âme », comme le dit Socrate, 50 d, « et l'âme sans le corps, et les deux ensemble, sont pleins de plaisir ainsi mêlés aux douleurs ».

Mais gardons nous aussi de croire que les plaisirs purs ne sont pas des mouvements[1]. Le plaisir et la douleur, « quand ils se produisent dans l'âme, sont l'un et l'autre, d'après la *République,* IX, 583 e, une sorte de

1. *Cf.* G. Rodier, *Études de philosophie grecque*, Paris, Vrin, 1926, p. 117.

mouvement ». Cela s'applique à tout plaisir, quel qu'il soit, comme à toute douleur. Ce qui se remplit de choses plus réelles, dit la *République*, 585 d-e, est plus réellement rempli que ce qui se remplit de choses moins réelles. Cela ne peut signifier que ce qui se remplit de choses plus réelles n'est pas autant mu que ce qui se remplit de choses moins réelles. C'est donc bien un mouvement qui fait chaque fois les πληρώσεις dont parle le *Philèbe*, 51 b, pour définir les plaisirs purs. Nul n'ignore, à ce propos, que même la φρόνησις, la pensée, constitue, d'après le *Phédon*, 79 d, un πάθημα de l'âme, que l'intelligence, la pensée discursive, la foi et la conjecture forment elles aussi, d'après la *République*, VI, 511 d, des παθήματα.

De là la définition du plaisir[1] que nous trouvons chez Aristote, *Rhétorique,* I, 11, 1369 b 33-35[2]. Le plaisir est en effet défini là comme un mouvement de l'âme (κίνησιν τινα τῆς ψυχῆς), un retour total et sensible à l'état naturel (καὶ κατάστασιν ἀθρόαν καὶ αἰσθητὴν εἰς τὴν ὑπάρχουσαν φύσιν). Comment ne pas rapprocher la κατάστασις dont il s'agit dans ce passage de la κατάστασις dont il s'agit dans un passage du *Philèbe*, 42 d, où Socrate évoque la restauration de l'état naturel en laquelle consiste le plaisir ? Comment ne pas rapprocher, de surcroît, l'assertion selon laquelle, *Rhétorique*, I, 11, 1370 a 27-28, éprouver du plaisir (ἥδεσθαι), c'est percevoir une affection (αἰσθάνεσθαι τινος πάθους) de ce que dit le *Philèbe*, 41 c, concernant la douleur ou le plaisir qui nous vient διὰ πάθος, par une chose qui nous affecte ? Quand Aristote dit, d'autre part, *Éthique à Eudème*, II, 4, 1221 b 36-37, que les affections se distinguent les unes des autres par la douleur et le plaisir, il veut sans doute dire qu'elles se distinguent les unes des autres par la douleur et le plaisir qu'elles provoquent. Il parle d'ailleurs expressément, en II, 5, 1222 b 10-12, de plaisirs et de douleurs qui viennent ἀπὸ τῶν εἰρημένων ἕξεων καὶ παθημάτων, des états habituels et des affections dont il a précédemment parlé. Il affirme, dans l'*Éthique à Nicomaque*, II, 2, 1104 b 14-15, qu'un plaisir ou une douleur vient à la suite (ἕπεται) de toute action (πρᾶξις) et de toute affection (πάθος). Il dit même, II, 4, 1105 b 21-23, qu'il appelle des πάθη tout ce qu'accompagne (οἷς ἕπεται) un plaisir ou une douleur[3]. En plusieurs endroits du *Philèbe*, cependant, le plaisir est présenté, j'en ai

1. *Cf.* G. Lieberg, *Die Lehre von der Lust in den Ethiken des Aristoteles*, « Zetemata » 19, Munich, 1958, p. 23-38.

2. Voir, sur « les nombreux indices qui tendraient à faire reconnaître que le fond de ce livre est très ancien et pourrait appartenir à la jeunesse platonicienne d'Aristote », R.A. Gauthier, *op. cit.*, p. 781 n. 14.

3. Cf. *Éthique à Eudème*, II, 2, 1220 b 12-14 ; *Rhétorique*, II, 1, 1378 a 20-21.

parlé, non comme ce que provoque une affection, ou comme ce qui vient d'une affection, mais bien comme constituant proprement un πάθος ou un πάθημα. On trouve aussi cela chez Aristote. D'après les *Catégories*, 9, 11 b 1-2, le ποιεῖν et le πάσχειν, l'agir et le pâtir, admettent la contrariété. En effet, dit Aristote, 11 b 2-4, échauffer est contraire à refroidir; être échauffé est contraire à être refroidi; éprouver un plaisir (ἥδεσθαι) est contraire à éprouver une douleur (λυπεῖσθαι). Ainsi le défaut, l'excès et le juste milieu se trouvent-ils, d'après l'*Éthique à Nicomaque*, II, 5, 1106 b 18-20, dans la crainte, la confiance, le désir, la colère, la pitié « et d'une manière générale dans le plaisir et la douleur que l'on éprouve ». Les diverses affections dont nous sommes les sujets ne sont, dans cette perspective, que les formes diverses du plaisir ou de la douleur que nous éprouvons. Ces affections, Aristote, dont la doctrine s'accorde sur ce point à celle de Platon, les conçoit d'ailleurs comme des mouvements. Pour les affections qui sont nôtres on dit, d'après l'*Éthique à Nicomaque*, II, 4, 1106 a 4-6, que nous sommes mus. Subir une affection, c'est, en effet, *Métaphysique*, Δ, 21, 1022 b 15-16, ἀλλοιοῦσθαι, subir une altération, c'est-à-dire, *Physique*, III, 1, 200 b 32-201 a 16, une forme de la κίνησις prise au sens large, au sens où se prend la μεταβολή, le changement[1].

Bien différente de la définition du plaisir qu'on trouve dans la *Rhétorique*, par conséquent, la définition du plaisir qu'on trouve dans l'*Éthique à Nicomaque*, VII, 13. Aristote ne rejette pas seulement, dans son premier traité du plaisir, la définition du plaisir sur laquelle d'aucuns se fondent, d'après VII, 12, 1152 b 13, nous l'avons vu, pour déclarer qu'aucun plaisir n'est un bien. Il ne rejette pas seulement, si l'on préfère, la définition speusipienne du plaisir-genèse. Il refuse encore de considérer le plaisir, ainsi que le fait Platon dans la *République* et dans le *Philèbe*, comme un mouvement. Ce n'est pas comme « une genèse sentie » qu'il faut définir le plaisir, dit Aristote, 1153 a 12-15, mais bien comme l'activité (ἐνέργεια) qui procède de l'état habituel conforme à la nature (τῆς κατὰ φύσιν ἕξεως) et que rien ne vient entraver (ἀνεμπόδιστον). Différant en cela du mouvement, lequel est, d'après la *Physique*, III, 2, 201 b 31-32, un acte ἀτελής, incomplet, imparfait, inachevé, le plaisir constitue donc nécessairement, *Éthique à Nicomaque*, VII, 13, 1153 a 10, un τέλος, une fin, c'est-à-dire, VII, 14, 1153 b 4, un bien. Et rien n'empêche même, Eudoxe ayant en un sens raison, qu'en un plaisir déterminé, VII, 14, 1153 b 7-8, réside, quoi que dise Platon dans le *Philèbe*, 66 c, le souverain bien[2]. Rappelons à ce propos que, d'après l'*Éthique à Nicomaque*, I, 6, 1097 a 22-23, le bien suprême n'est pas autre chose que l'εὐδαιμονία, le

1. *Cf.* R.A. Gauthier, *op. cit.*, p. 827.
2. *Cf.* R.A. Gauthier, *ibid.*, p. 779; G. Lieberg, *op. cit.*, p. 113.

bonheur. Rappelons que le bonheur, quant à lui, n'est pas autre chose, 1098 a 16-18, qu'un acte de l'âme exercé selon la vertu et, s'il y a plusieurs vertus, selon la meilleure et la plus parfaite des vertus. Rappelons que, d'après l'*Éthique à Nicomaque,* X, 7, 1177 a 12-18, l'intellect étant en nous quelque chose de divin[1], c'est la σοφία, la sagesse, la perfection de l'intellect en tant qu'il est voué à la connaissance des choses belles et divines, qui constitue la plus haute des vertus. En l'activité contemplative qu'exerce l'intellect réside donc le parfait bonheur, c'est-à-dire le souverain bien. D'où résulte que, si le plaisir réside en un acte, c'est en cet acte-là qu'il réside au plus haut point. D'où résulte, VII, 15, 1154 b 26, que Dieu ne cesse de jouir d'un plaisir qui est un et qui est simple. Ce qui s'accorde, si l'on prend, malgré Christ, Jaeger, Ross et le P. Gauthier[2], la leçon des manuscrits, à ce qu'on lit dans la *Métaphysique*, Λ 7, 1072 b 16-17, d'après quoi « le plaisir aussi est l'activité de Dieu ».

C'est bien pourquoi l'on doit rejeter, pour Aristote, la définition platonicienne des plaisirs purs. Quand le Philosophe dit dans le second traité du plaisir, X, 2, 1173 b 16-19, qu'il y a « des plaisirs sans mélange de peine, tels les plaisirs qu'on éprouve à apprendre, et, parmi les plaisirs que nous procurent nos sens, ceux de l'odorat, et, en bien des cas, auditions et visions, souvenirs et conjectures », il songe sans nul doute aux plaisirs dont parle Platon dans la *République*, IX, 584 b, 585 b, et dans le *Philèbe*, 51 b. Ces plaisirs, parmi lesquels il faut ranger l'activité contemplative, sont au reste déjà mentionnés dans le premier traité du plaisir, VII, 13, 1152 b 35-1153 a 2. Or c'est remplir un vide, d'après la *République*, IX, 585 b, que d'acquérir de l'intelligence. C'est se remplir de choses plus réelles, 585 d-e, que la nourriture et la boisson dont peut se remplir le corps. Le *Philèbe,* 51 b, parle à ce propos, nous l'avons vu, de choses, « dont le manque (ἔνδεια) n'est ni pénible ni sensible, alors que leur présence nous cause des plénitudes senties, plaisantes, pures de toute douleur ». Aristote estime, quant à lui, VII, 2, 1173 b 19-20, qu'il n'est point d' ἔνδεια, de manque, ni d' ἀναπλήρωσις, de remplissage, dont on puisse parler ici. Affirmer, en effet, X, 2, 1173 b 7-11, que le plaisir consiste à s'emplir d'une chose, qu'un remplissage fait le constitutif du plaisir, c'est affirmer, le manque d'une chose dont on peut s'emplir et le fait de s'en emplir étant proprement des affections du corps (ταῦτα δὲ σωματικά ἐστι τὰ πάθη), que c'est le corps, quand se rétablit l'harmonie vitale, qui jouit d'un plaisir. Mais c'est encore affirmer que, dans le plus haut plaisir, dans la contemplation des choses belles et divines, l'âme subit une affection comparable aux affections du corps. D'après le traité *De*

1. *Cf. EN*, X, 7, 1177 b 26-31.
2. Voir R.A. Gauthier, *op. cit.*, p. 797 et 810.

l'âme, cependant, I, 1, 403 a 16-28, les affections de l'âme, comme le courage, la crainte, la douceur, la pitié, la confiance, semblent bien être toutes données avec un corps. On doit dire, en d'autre termes, ὅτι τὰ πάθη λόγοι ἔνυλοι εἰσιν, que les affections sont des formes immergées dans la matière. Quant à l'intellect, lequel est impérissable, I, 4, 408 b 19, il est θειότερον τι καὶ ἀπαθές, 408 b 29, quelque chose de plus divin et d'impassible. Il ne peut recevoir des affections.

Il suffit d'ailleurs, concernant la définition de la ἡδονή, de réfuter Platon, d'après le second traité du plaisir, X, 2, 1173 a 29-1173 b 7, pour réfuter Speusippe. Ont tout l'air de se tromper, dit Aristote, ceux qui s'efforcent d'établir que le plaisir est un mouvement ou qu'il est une génération. Le plaisir, en vérité, n'est même pas un mouvement.

> Car tout mouvement, de l'aveu unanime, a pour propriété caractéristique d'être rapide ou lent, sinon en soi, au moins par rapport à un autre mouvement (ainsi le mouvement du ciel). Or le plaisir n'est ni rapide ni lent. Car si l'on peut se mettre rapidement à éprouver du plaisir, comme on peut se mettre rapidement en colère, on ne peut pas éprouver du plaisir rapidement, pas même par rapport à autre chose, tandis qu'on peut marcher, croître, etc., rapidement. En somme, changer pour parvenir au plaisir, on peut le faire rapidement ou lentement, mais être en acte de plaisir, je veux dire éprouver du plaisir, on ne peut le faire rapidement. Et une génération, comment le serait-il (car, de l'aveu unanime, n'importe quoi ne peut être engendré de n'importe quoi, mais ce de quoi une chose est engendrée est aussi ce en quoi elle se dissout), et quelle serait la chose dont le plaisir est la génération et la peine la corruption ?

Il est vrai que, dans ce passage, Aristote réfute successivement Platon, en faisant observer que le plaisir, différant en cela du mouvement, ne peut être ni rapide ni lent, et Speusippe, en demandant ce qui peut faire la matière du plaisir et ce que celui-ci peut engendrer. Le point important, cependant, est que, pour Aristote, le plaisir ne peut être une génération pour la bonne raison qu'il n'est même pas un mouvement. Le Stagirite regarde ici la γένεσις, bien entendu, de même qu'il le fait ailleurs, comme une forme de la κίνησις prise au sens large, comme une forme du changement. Aristote, en d'autres termes, « feint de croire, ainsi que le note à bon droit le P. Gauthier, que Speusippe et Platon donnaient déjà au mot de γένεσις le sens précis qu'il a dans son propre vocabulaire technique, celui de “génération”, c'est-à-dire de changement substantiel ». Il feint de croire que les adversaires du plaisir ont voulu placer celui-ci « non seulement dans le genre “mouvement”, mais dans l’espèce “génération” »[1].

C’est au reste ce que montre encore, dans le second traité du plaisir, le développement que l’on trouve en X, 3. Aristote s’attache à déterminer, en X, 3, 1174 a 17-19, de l’*Éthique à Nicomaque*, ce qui, dans l’essence même du plaisir, fait qu’il ne peut être un mouvement, ni par conséquent une génération.

> De l’aveu unanime, l’acte de voir est achevé en toute partie du temps (car il ne manque de rien qui devrait venir s’y ajouter après coup pour achever son essence). Or tel a tout l’air d’être aussi le cas du plaisir. Car le plaisir est une sorte de tout et, en quelque partie de sa durée qu’on le saisisse, on ne mettra jamais la main sur un plaisir dont l’essence aurait été plus achevée s’il avait duré plus longtemps. Et c’est pour cela que le plaisir n’est même pas un mouvement.

Suit un long passage, 1174 a 19-1174 b 9, où le Philosophe montre à l’aide de plusieurs exemples que le mouvement, étant, rappelons-le, un acte imparfait, inachevé, demande dès lors un achèvement, qui prend du temps. N’ayant, quant à lui, rien d’un acte imparfait, le plaisir ne demande aucun achèvement. Il n’a par nature aucun rapport au temps. « Il est donc évident que mouvement et plaisir sont choses différentes l’une de l’autre… » Viennent alors, en guise de conclusion du développement qui précède, quelques lignes, 1174 b 9-14, qui concernent la γένεσις.

> Cela montre aussi que ces gens n’ont pas raison de dire que le plaisir est un mouvement ou une génération. Car ce n’est pas de toutes choses qu’on peut dire qu’elles sont des mouvements ou des générations, mais seulement des choses divisibles et qui ne sont pas des touts (ni l'acte de voir, en effet, ni le point ni l’unité n’ont une génération, ni aucune de ces choses n’est davantage une génération) ; on ne peut donc davantage dire du plaisir qu’il est un mouvement ou une génération, car il est un tout.

Venant d’établir, on le voit, que le plaisir n’est pas un mouvement, Aristote tire de là que le plaisir n’est pas un mouvement ou une génération. Il veut évidemment dire que la κίνησις prise au sens large, c’est-à-dire le genre auquel appartient la γένεσις, ne pouvant entrer dans la définition du plaisir, celui-ci ne peut donc davantage être défini comme une génération.

On aura remarqué, d’autre part, que, dans les quelques lignes que nous venons de lire, le Philosophe, non content de refuser que les choses indivisibles, comme l’acte de voir, l’unité, le point, soient des mou-

1. Voir R.A. Gauthier, *ibid.*, p. 827 et 836.

vements ou des générations, dit encore que ces choses n'ont pas de génération, qu'aucune d'elles ne constitue le terme d'une génération. Ce qu'Aristote dit ici de l'acte de voir, de l'unité, du point, qui n'ont pas de génération, il le dit encore ailleurs des accidents, de ce qui les cause, des actes que constituent les perceptions sensorielles, des points, des lignes et des surfaces, de l'instant, des formes que reçoit la matière[1]. « De ce qui est autrement que par accident, c'est-à-dire de l' οὐσία, de l'essence, il y a génération et corruption dit la *Métaphysique*, E, 2, 1026 b 22-23, mais non des choses qui sont par accident. » Il y a, de surcroît, E, 3, 1027 a 29-30, des principes et des causes, ceux d'où résultent les accidents, qui ne sont pas engendrés ni ne se corrompent. C'est toujours en même temps, d'après le *De sensu*, 446 b 2-4, qu'on entend et qu'on a entendu, et, d'une manière générale, qu'on perçoit et qu'on a perçu. Ce sont là des choses, en effet, dit Aristote, qui, sans être engendrées n'en sont pas moins. Ce qui rappelle que, d'après la *Métaphysique*, Θ, 6, 1048 b 30-34, ce n'est pas en même temps qu'on marche et qu'on a marché, que l'on construit une maison et qu'on l'a construite, alors que c'est en même temps qu'on voit et qu'on a vu, qu'on pense et qu'on a pensé.

> Il semble bien, dit encore la *Métaphysique*, B, 5, 1002 a 30-34, que l'essence, si, n'ayant pas été auparavant, maintenant elle est, ou si, étant auparavant, ensuite elle n'est pas, subit cela en étant engendrée ou en se corrompant; quant aux points, aux lignes et aux surfaces, il ne se peut ni qu'ils soient engendrés ni qu'ils se corrompent, alors que tantôt ils sont et tantôt ils ne sont pas.

Mais on ne peut davantage parler, 1002 b 5-8, d'une génération de l'instant. Comme on ne peut davantage parler, Z, 8, 1033 b 5-7, d'une génération des formes que reçoit la matière. La *Physique*, VI, 6, justifie ces assertions. « Ce dont la génération est accomplie, (τὸ γεγονός), dit la *Physique*, 237 b 10-11, a été en train de s'engendrer et ce qui est en train de s'engendrer a été engendré, et ceci pour tout ce qui est divisible et continu. » A chacun des moments du temps, divisible à l'infini, durant lequel x est engendré, en d'autres termes, une partie de x est déjà engendrée. X ne peut donc être engendré que s'il est, comme le temps, divisible à l'infini. Le plaisir, pour y revenir, n'est ni un mouvement ni une génération parce qu'un mouvement ou une génération s'étalent dans le temps, lequel est divisible à l'infini. Mais le plaisir n'est pas davantage le terme d'une génération, parce qu'une chose indivisible ne peut constituer le terme d'une génération. L'indivisibilité du plaisir, qui fait que le plaisir

1. Voir W.D. Ross, *Aristotle's Metaphysics*. A Revised Text with Introduction and Commentary by W.D. Ross, 2 vol., Oxford, 1924, I, p. 360.

n'est pas une génération est encore ce qui fait que le plaisir *n'a pas* de génération.

Aristote est toutefois amené, on le sait, à corriger, dans le second traité du plaisir, la définition du plaisir que nous trouvons dans le premier traité. Il ne regarde plus le plaisir, en X, 4 et en X, 5, comme *consistant en* une activité, mais bien comme *perfectionnant* (τελειοῖ) une activité (X, 4, 1174 b 23, 24, 31, etc. ; X, 5, 1175 a 21, 23, 26, etc.), qu'il ne perfectionne d'ailleurs pas, X, 4, 1174 b 31-33, ainsi que le ferait un état habituel, une ἕξις du sujet, mais en tant qu'il est une sorte de fin, qui vient s'ajouter à l'activité par surcroît, comme vient s'ajouter à la force de l'âge la beauté, en tant qu'il fait suite (ἕπεται), si l'on préfère, X, 4, 1175 a 5, X, 5, 1176 a 26, à l'activité. Certes, le lien existant entre le plaisir et l'activité est extrêmement étroit. D'où vient que, dans tous les domaines, X, 5, 1175 a 29-33, le plaisir accroît l'activité à laquelle il est lié.

> En tout domaine, en effet, les meilleurs juges et les connaisseurs les mieux informés sont ceux qui prennent plaisir à y exercer leur activité ; ainsi deviennent forts en géométrie ceux qui mettent leur joie à faire de la géométrie et ce sont eux qui pénètrent le plus à fond les divers aspects de cette science; et de même les amateurs de musique, d'architecture et de tout autre art progressent dans leur tâche propre en raison même de la joie qu'ils y trouvent.

Le plaisir et l'activité que le plaisir suit n'en sont pas moins d'après le second traité du plaisir, X, 5, 1175 b 32-35, deux choses différentes.

> Les plaisirs sont si proches et si inséparables des activités qu'on peut se demander si ce n'est pas la même chose que l'activité et le plaisir; il n'en est rien bien sûr; en tout cas le plaisir ne semble pas être la pensée ni la sensation (cela serait absurde). Mais, comme ils sont inséparables, ils passent aux yeux de certains (φαίνεται τισι) pour être la même chose.

De bons auteurs, cependant, refusent de tirer de là ce qu'il faut bien tirer de là. D'après le P. Gauthier, par exemple, Aristote maintient dans le second traité du plaisir comme dans le premier qu'un certain plaisir, le plaisir de contempler, est le souverain bien.

> Sans doute avec la définition du livre VII [Aristote] devait-il dire que le plaisir de contempler et l'activité contemplative sont une seule et même chose, tandis qu'avec celle du second traité il doit dire que le plaisir de contempler est une conséquence de l'activité contemplative. Mais, Aristote, dans le second traité lui-même, se refuse à conclure de là que le bonheur est constitué dans son essence par l'activité contemplative et que le plaisir de contempler n'en est qu'un élément accessoire, lorsqu'il laisse volontairement pendante

> la question de savoir si on contemple pour contempler ou si on contemple pour le plaisir de contempler (4, 1175 a 18-21). En fait, il y a là un seul bloc indissoluble activité-plaisir qui est le bonheur et le souverain bien, et il est sans intérêt aux yeux d'Aristote d'établir au sein de ce bloc une hiérarchie. Ce n'est pas en effet en distinguant au sein du Souverain bien son essence, qui est l'activité, et sa propriété, qui est le plaisir, qu'on échappe à l'hédonisme. C'est en montrant que le plaisir n'est pas une réalité *une*, indépendante des activités d'où il procède et qu'on pourrait rechercher sans égard à ces activités, mais que, identique à l'activité ou sa conséquence nécessaire, peu importe, il ne saurait se séparer d'elle et que ce qu'on recherche, ce sera donc toujours non pas *le* plaisir, mais une activité-plaisir. Il suit de là en effet qu'on devra distinguer entre plaisirs comme on distingue entre activités, fuir certains plaisirs comme on fuit certaines activités et rechercher comme le souverain bien une activité-plaisir bien définie : la contemplation[1].

Or il est vrai qu'au début de X, 5, 1175 a 18-21, Aristote, évoquant la question de savoir si nous attachons du prix à la vie à cause du plaisir qu'elle procure, ou si nous attachons du prix au plaisir à cause de la vie qu'il accroît, dit que cette question peut être provisoirement laissée de côté, et affirme qu'en tout cas la vie et le plaisir sont inséparables, le plaisir n'allant pas sans l'activité, que d'ailleurs il perfectionne. Mais cela veut seulement dire qu'Aristote, quand il écrit cela, croit que le moment n'est pas venu d'agiter longuement la question dont il s'agit. Cela ne veut pas dire que, pour Aristote, cette question est devenue sans portée[2]. Et cela ne doit pas faire perdre de vue qu'Aristote, sans y consacrer un long développement, résout en fait, dans le second traité du plaisir, X, 2, 1174 a 1-8, le problème dont il parle au début de X, 5.

> Nul n'accepterait de vivre sa vie durant sans plus d'intelligence qu'un enfant, même s'il trouve son plus grand plaisir dans les choses qui font plaisir aux enfants, ni d'acheter son plaisir au prix d'une action vilaine entre toutes, dût-il ne jamais résulter pour lui de cette action aucune peine. Inversement, il y a bien des choses dont nous ferions cas, même si elles ne nous apportaient aucun plaisir, par exemple voir, se souvenir, savoir, avoir les vertus ; en fait, ces choses entraînent nécessairement à leur suite des plaisirs, mais cela ne change rien (οὐδὲν διαφέρει) : nous les choisirions, en effet, même si elles n'engendraient aucun plaisir.

1. R.A. Gauthier, *op. cit.*, p. 780.
2. R.A. Gauthier, *ibid.*, p. 843.

L'existence, en d'autres termes, d'un lien étroit entre l'activité et le plaisir, l'existence de ce que le P. Gauthier appelle « un bloc indissoluble activité-plaisir » n'empêche pas l'activité et le plaisir d'être, pour Aristote, deux choses différentes. Or Aristote ne dit nulle part, en X, 1-5 de l'*Éthique à Nicomaque*, qu'il renonce à faire résider le bonheur, c'est-à-dire le souverain bien, dans l'exercice d'une ἐνέργεια. Le plaisir, par conséquent, est une chose différente du souverain bien. Il n'est pas le souverain bien ! Rien d'étonnant si, dans le second traité du plaisir, Aristote n'adopte pas envers Eudoxe le même attitude que dans le premier traité. S'écartant sur ce point, en effet, de ce que dit Platon dans le *Philèbe*, 66 c, le Stagirite affirmait dans le premier traité, VII, 14, 1153 b 7-8, qu'en un certain plaisir peut résider le souverain bien. C'est, en revanche, sur ce que dit Platon [1] dans le *Philèbe*, 20 e-22 e, 27 d, 60 a-61 b, 67 a, que se fonde Aristote dans le second traité, X, 2, 1172 b 23-32, pour réfuter un argument d'Eudoxe. Le plaisir d'après cet argument, rend n'importe quel bien plus désirable en s'y ajoutant. Or c'est par le bien que le bien est augmenté. Le plaisir est donc le souverain bien. Cet argument, répond Aristote,

> a tout l'air de prouver que le plaisir est un bien parmi les autres et pas meilleur qu'un autre ; car n'importe quel bien, si on y ajoute un autre bien, est plus désirable qu'il ne le serait tout seul. Aussi est-ce précisément d'un argument de ce type que Platon, lui, se sert pour réfuter ceux qui affirment que le plaisir est le souverain bien, et pour prouver le contraire : la vie plaisante, dit-il, est plus désirable avec la sagesse que sans elle ; or, si la vie mixte est la meilleure, le plaisir n'est pas le souverain bien ; car c'est la caractéristique même du souverain bien qu'on ne peut rien y ajouter qui le rende plus désirable.

Comment ne point songer, d'autre part, à propos de ces choses, comme de voir, de se souvenir, de savoir, d'avoir les vertus, que nous choisirions, d'après X, 2 de l'*Éthique à Nicomaque*, même si elles ne nous apportaient aucun plaisir, à la vie qui serait, d'après le *Philèbe*, « la plus divine de toutes », celle dans laquelle il n'y aurait place, 55 a, « ni pour la jouissance ni pour la douleur, mais pour la pensée à son plus haut degré de pureté possible » ?

Il est indéniable, dès lors, que le second traité du plaisir marque un progrès par rapport au premier, qu'on y trouve l'expression, comme le

1. *Cf.* R.A. Gauthier, *ibid.*, p. 821.

montre bien le P. Festugière[1], « d'une pensée plus mûre et plus réfléchie »[2]. Quand Aristote dit en X, 5, par exemple, que, vu l'étroitesse du lien existant entre le plaisir et l'activité, ils passent aux yeux de certains pour être la même chose, il dénonce, en vérité, une confusion qu'il a commencé par faire lui-même, dans le premier traité du plaisir. Il est encore indéniable que, dans le second traité, Aristote se trouve cependant plus proche de Platon, comme le note Dirlmeier[3], qu'il ne l'est dans le premier traité.

Mais il est encore indéniable que la doctrine du second traité entraîne, d'autre part, une importante difficulté. Aristote dit en effet du plaisir, en X, 4 et en X, 5, que, ne devant pas être confondu avec l'activité qui constitue le bien, il est la suite de cette activité. Mais on aimerait savoir en quoi réside cette suite de l'activité. Et le Philosophe se borne à nous dire, dans le dernier livre de l'*Éthique à Nicomaque*, en quoi cette suite de l'activité ne réside pas. N'étant pas un mouvement, ni une génération, le plaisir ne peut donc être un πάθος, une affection. Il ne peut davantage consister en une διάθεσις, en une disposition. D'après X, 4, 1174 b 14-23, l'activité parfaite, celle que le plaisir accompagne, *suppose* une bonne disposition du sujet. Ce qui suit l'activité ne peut être identique à ce qu'elle suppose. Aristote dit encore, X, 4, 1174 b 31-33, que le plaisir ne perfectionne pas l'activité comme le ferait un état habituel du sujet. Le plaisir ne peut donc consister en une ἕξις. L'état habituel et la disposition ont d'ailleurs l'un et l'autre pour genre suprême, d'après les *Catégories*, 8, 8 b 26-27, la qualité. Et l'on doit concéder à Speusippe, d'après le second traité du plaisir, X, 2, 1173 a 13-14, que le plaisir n'est pas au nombre des qualités. Dira-t-on, comme le P. Gauthier semble accepter de le faire[4], que le plaisir est une activité distincte de l'activité à laquelle il vient s'ajouter ? Comment ne pas s'interroger, dans ce cas, sur la nature de cette activité seconde ? Consistera-t-elle en la perception de l'activité qu'elle suit ? Il est absurde (ἄτοπον), répond Aristote, X, 5, 1172 b 34-35, de faire résider le plaisir dans la pensée ou dans la sensation.

1. A.J. Festugière, *Aristote. Le Plaisir* (*Éth. Nic.*, VII, 11-14 ; X, 1-5). Introduction traduction et notes par A.J. Festugière, « Bibliothèque des textes philosophiques », Paris, Vrin, 1936, p. XX-XXIV.

2. *Ibid.*, p. XXI.

3. F. Dirlmeier, *Aristoteles. Nikomachische Ethik*, übersetzt und kommentiert, « Aristoteles, Werke in deutscher Übersetzung », Band 6, Berlin, Akademie-Verlag, 1956, p. 568.

4. R.A. Gauthier, *op. cit.*, p. 797.

La doctrine plotinienne du plaisir, quant à elle, témoigne à la fois, nous allons le voir, de l'influence exercée sur Plotin par la doctrine d'Aristote dans le second traité du plaisir et du souci, chez Plotin, de surmonter la difficulté qu'engendre cette doctrine.

Pour Platon, l'âme subit sans le corps, on le sait, des πάθη, ou des παθήματα, des affections au nombre desquelles figurent des plaisirs. C'est ce que dit aussi Plotin dans le traité *Du beau*, traité qui n'est pas nécessairement le plus ancien, mais qui porte en tout cas le n° 1 dans l'ordre chronologique selon Porphyre. Plotin parle en effet dans ce traité, à propos des réalités que l'âme perçoit sans les organes des sens, I 6 [1], 4, 13-18, du plaisir (ἡσθῆναι) que procure la contemplation de ces réalités, des affections, stupeur, étonnement plaisant (ἔκπληξιν ἡδεῖαν), désir, amour, émotion vive accompagnée de plaisir (πτόησιν μεθ' ἡδονῆς), que produit en l'âme la perception d'une beauté que les yeux du corps ne peuvent voir.

D'après le traité 22 (VI 4 [22], 6, 10-11), cependant, c'est-à-dire d'après le premier traité qui suivit, selon Porphyre, l'arrivée de Porphyre auprès de Plotin [1], ce n'est point l'âme qui subit des affections, par exemple le plaisir, mais bien ἡ σώματος τοιοῦδε φύσις, la nature d'un corps d'une telle sorte. Entendons par là, VI 4 [22], 15, 12-17, que le corps, s'étant approché de l'âme, est devenu, non seulement un corps, mais un corps vivant, qu'il a reçu comme une trace (ἴχνος) de l'âme, une sorte d'échauffement ou d'illumination, d'où lui vient d'avoir des désirs, des plaisirs et des peines. C'est donc, ainsi que le dit le traité 28 (IV 4 [28], 28, 2-5), dans le corps ainsi constitué, dans le corps en quelque sorte vivifié (οἷον ζωωθέντι), que réside le principe des πάθη que constituent les peines et les plaisirs. Il est vrai, dès lors, que, d'après le traité 26, *De l'impassibilité des choses incorporelles*, l'âme, étant incorporelle et impérissable, III 6 [26], 1, 25-37, ne peut subir des affections, que c'est seulement par analogie, κατ' ἀναλογίαν, que l'on peut parler des affections de l'âme, qu'en vérité, III 6 [26], 3, 17-19, ce qui est dans l'âme quand nous éprouvons du plaisir n'est pas un πάθος. Mais il n'est pas moins vrai, d'après le traité 28, qu'en un sens, IV 4 [28], 18, 19-34, des affections telles que le plaisir appartiennent à la fois au corps et à l'âme. Ni le corps tout seul, c'est-à-dire inanimé, ne subit des affections, ni l'âme toute seule n'en subit. C'est le composé (τὸ συναμφότερον) que forment le corps et la trace de l'âme qu'il possède qui subit les affections. Plotin entreprend même de corriger, à ce propos, la définition du plaisir et de la douleur qu'il trouve dans le *Philèbe*. « La douleur, dit-il, IV 4 [28], 19, 1-4, dans la traduction de Bréhier, c'est une connaissance d'un recul du corps en train d'être privé de l'image de l'âme

1. Voir Porphyre, *Vie de Plotin*, 5.

qu'il possède; le plaisir est la connaissance que l'animal prend de la réinstallation dans le corps de l'image de l'âme. » Je ne puis, bien entendu consacrer à cette nouvelle définition du plaisir et de la douleur tous les développements qu'il faudrait y consacrer. L'essentiel est que, d'après cette définition, c'est le ζῷον, le vivant, ce que forment ensemble le corps et l'image de l'âme, qui éprouve la douleur et qui ressent le plaisir. Or il est certes question dans le *Philèbe*, 34 a-b, on le sait, d'affections que l'âme subit conjointement avec le corps, de mouvements communs, en d'autres termes, à l'âme et au corps. Mais on sait aussi que Platon parle ailleurs d'affections que l'âme subit seule, de mouvements propres à l'âme. Pour Aristote, en revanche, ce que nous avons de divin, l'intellect, étant impérissable, est encore impassible. Les affections de l'âme, formes immergées dans la matière, sont dès lors toutes données avec un corps. C'est, sans nul doute, ce dont Plotin se souvient. On notera d'ailleurs qu'il faut entendre par les affections du vivant, selon le traité 26 (III 6 [26], 4, 7-8), οἷς ἕπεται ἡδονὴ καὶ λύπη, ce que suit le plaisir et la peine. C'est à peu de chose près, à très peu de chose près, de cette façon-là que, dans l'*Éthique à Nicomaque*, II, 4, 1105 b 21-23, Aristote définit les affections. J'appelle affections, dit-il, ce que suit le plaisir ou la peine, οἷς ἕπεται ἡδονὴ ἢ λύπη.

D'où l'interprétation du *Philèbe*, 61 a-64 b, qu'expose le traité 38, *Comment la multiplicité des idées a été produite et sur le bien*, dans un passage, VI 7 [38], 30, 1-29, qu'il est nécessaire de citer entièrement, dans la traduction de M. Pierre Hadot[1] :

> Mais il convient de voir, finalement, en saisissant fortement la notion du bien, s'il faut mélanger le plaisir au bien et s'il n'est pas vrai que la vie est parfaite lorsqu'on contemple les choses divines et surtout leur principe. Admettre que le bien est constitué de l'Esprit (νοῦς), comme sujet substantiel, et de l'affection (πάθος) de l'âme qui résulte de l'activité de penser, ce n'est pas pour autant poser que la fin ou le bien lui-même soit formé de ces deux éléments, mais, selon cette conception, c'est l'Esprit qui serait le bien, et nous, c'est de la possession de ce bien que nous nous réjouirions. Ce serait là une opinion que l'on pourrait avoir au sujet du bien. – Mais il pourrait y avoir une autre, différente de celle-là ; ce serait celle qui, mélangeant l'Esprit au plaisir, poserait qu'il y a là un seul sujet substantiel (ὑποκείμενον) résultant des deux, en sorte que, ayant un Esprit ainsi mélangé avec le plaisir ou le voyant, nous posséderions le bien. Car ce qui est *isolé et seul*, il ne serait pas possible qu'il soit le bien ou qu'il soit choisi comme

1. P. Hadot, *Plotin. Traité 38*. Introduction, traduction, commentaire et notes par P. Hadot, « Les écrits de Plotin », Paris, Les éditions du Cerf, 1988.

bien.– Pourtant on se demandera comment on pourrait mêler l'Esprit et le plaisir pour en faire une nature unique (εἰς μίαν συντέλειαν φύσεως). Que personne ne croie que le plaisir du corps puisse être mêlé à l'Esprit, cela est certes évident pour tous. Cela vaut également pour les joies de l'âme qui seraient irrationnelles. Mais, puisque il est nécessaire que toute activité, toute disposition, toute vie soient suivies et accompagnées de quelque chose qui, en quelque sorte, vienne s'ajouter à elles (de telle sorte que, pour telle vie, ce sera quelque chose qui fera obstacle à ce qu'elle suive le chemin de la nature, quelque chose qui sera mêlé, sous quelque rapport, avec son propre contraire et qui ne permettra pas à cette vie d'être à elle-même, pour telle autre vie, au contraire, le résultat de son activité (ἐνέργημα) sera *pur* et *sans mélange :* cette vie sera ainsi dans une disposition lumineuse), puisqu'il en est ainsi, ceux qui ont pour thèse que la disposition (κατάστασις) dont nous venons de parler et qui est propre à l'Esprit est au plus haut point digne d'être accueillie avec joie et d'être choisie de préférence à toute autre, disent que l'Esprit est mêlé au plaisir, faute de pouvoir donner une dénomination propre à cette disposition. C'est ce que font aussi les poètes qui utilisent dans un sens métaphorique (μεταφέροντες) d'autres mots qui nous plaisent : *ivre de nectar ; au festin et au banquet ; le Père a souri,* et mille autres choses de ce genre[1].

M. Pierre Hadot montre bien[2] que Plotin, dans la partie de son exposé qui concerne la première interprétation possible du *Philèbe* comme dans la partie de son exposé qui concerne la troisième interprétation, songe assurément à la définition du plaisir que l'on trouve, dans l'*Éthique à Nicomaque*, en X, 4, 1174 b 32. Il faut cependant faire ici, semble-t-il, une remarque touchant la deuxième interprétation du *Philèbe.* Dans le traité 36 (I 5), *Le bonheur s'accroît-il avec le temps ?,* Plotin évoque, sans la faire sienne, non point la définition aristotélicienne du plaisir qu'on trouve en X, 4, c'est-à-dire dans le second traité du plaisir, mais bien la définition selon laquelle, I 5 [36], 4, 2-3, le plaisir est une activité non entravée, définition qu'on trouve, dans l'*Éthique à Nicomaque*, en VII, 13, 1153 a 14-15, c'est-à-dire dans le premier traité du plaisir. Plotin ne songerait-il point, à propos de la deuxième interprétation du *Philèbe*, à cette définition-là ? Pour Plotin, en effet, l'intellection, qui est un acte, n'est pas une chose réellement différente du sujet exerçant cet acte, cette

1. *Cf.* P. Hadot, *ibid.*, p. 161 n. 264 : « En fait, les "poètes" dont parle Plotin se réduisent presque exclusivement à Platon, lorsqu'il parle d'une manière mythique [...]; seul le "sourire du Père" est d'Homère, *Iliade*, V, 426 et XV, 47. »

2. *Ibid.*, p. 316-319.

ἐνέργεια, qui, d'après le traité 38, VI 7 [38], 40, 14-15, est elle-même οὐσία. Affirmer, par conséquent, que le plaisir et l'acte du νοῦς font une seule chose, c'est affirmer que le plaisir et l'Esprit font un seul sujet. Or on ne peut, au gré de Plotin, confondre ainsi la nature de l'Esprit avec la nature du plaisir. Et c'est la raison pourquoi Plotin rejette la première doctrine aristotélicienne du plaisir. Cette doctrine, Aristote lui-même la rejette, pour une raison toute semblable, rappelons-le, en disant, en X, 5 de l'*Éthique à Nicomaque*, qu'il serait absurde, 1175 b 34-35, que le plaisir fût la même chose que la pensée ou la sensation.

Quant à l'autre doctrine du plaisir qu'il trouve chez Aristote, Plotin voit bien la difficulté qu'elle entraîne. D'où la distinction qu'il fait entre le plaisir proprement dit, qui est un πάθος, et ne va pas sans le corps, étant, selon le traité *De l'âme*, une forme immergée dans la matière, et le plaisir que, d'après le traité 26, l'on ne peut attribuer à l'âme que par analogie, le plaisir dont on ne peut parler, d'après le traité 38, qu'en un sens métaphorique. Cet analogue du plaisir consiste, d'après le traité 38, en une certaine disposition de l'âme, disposition que Plotin dit « lumineuse », en une διάθεσις, en une κατάστασις. Il ne faut évidemment point prendre la κατάστασις dont il s'agit ici dans le même sens que la κατάστασις, c'est-à-dire la restauration de l'état naturel, dont il s'agit dans le *Philèbe*, 42 d et, chez Aristote, dans la *Rhétorique*, I, 11, 1369 b 34. Une κατάστασις n'est pas nécessairement une κατάστασις *vers quelque chose*. C'est d'ailleurs ce que montre le passage qui, dans la *Rhétorique*, suit immédiatement la définition du plaisir. Aristote oppose en effet l'un à l'autre, dans ce passage, I, 11, 1370 a 1-3, ce qui produit une διάθεσις et ce qui produit la κατάστασις contraire. Il prend, en d'autres termes, διάθεσις et κατάστασις comme des synonymes. Ce que Plotin fait aussi en VI 7 [38], 30. Venant de parler, 30, 23, dc la disposition lumineuse qui vient avec l'activité spirituelle, il appelle ensuite, 30, 23-24, cette διάθεσις une κατάστασις.

Le traité 46, *Du bonheur*, parle d'ailleurs aussi, I 4 [46], 12, 9, de la διάθεσις, c'est-à-dire de la κατάστασις, que constituent, chez le sage, les plaisirs liés à la présence du bien. On ne doit point voir là, bien entendu, des plaisirs au sens propre, au sens où les plaisirs sont des affections. On doit voir là, pour Plotin, 12, 6-7, des plaisirs οὐκ ἐν κινήσεσιν οὔσας, οὐδὲ γιγνομένας τοίνυν. Ce qui ne signifie pas que ces plaisirs « ne sont pas en mouvement », comme Bréhier le fait dire à Plotin, « ni en devenir ». En disant, d'abord, que les plaisirs du sage ne sont pas ἐν κινήσεσιν, Plotin veut dire, en vérité, que ces plaisirs *ne consistent* pas dans des mouvements. Si l'on doit regarder, d'autre part, les plaisirs du sage comme οὐδὲ γιγνομένας τοίνυν, c'est, 12, 6-7, parce que les biens auxquels ces plaisirs sont liés sont déjà présents (ἤδη γὰρ τὰ ἀγαθὰ πάρεστι). En disant οὐδὲ γιγνομένας τοίνυν Plotin veut donc dire – A.H. Armstrong l'a bien vu – que les plaisirs dont il s'agit ne sont pas le résultat d'un processus, qu'ils ne constituent pas, plus précisément, le terme d'une génération, qu'ils n'ont pas de génération. De plus, il faut traduire τοίνυν ! Les plaisirs liés à la présence du bien, dit Plotin en I 4 [46], 12, 6-7, ne se trouvent pas dans des mouvements, et n'ont par conséquent pas de génération. Ce qui rappelle assurément le passage de l'*Éthique à Nicomaque*, X, 3 1174 b 9-14, dans lequel Aristote dit des choses indivisibles, comme l'acte de voir, le point, l'unité, le plaisir, qu'elles n'ont pas de génération et qu'elles ne sont pas des générations. Nous avons vu que, pour Aristote, l'indivisibilité du plaisir, qui fait que le plaisir n'est pas une κίνησις au sens large, et dès lors n'est pas une génération, fait aussi que le plaisir n'a pas de génération. Cela permet de comprendre ce qu'on lit chez Plotin, I 4 [46], 12, 6-7. Si le plaisir du sage n'est pas un mouvement, et dès lors n'est pas une génération, c'est, au gré de Plotin, parce que le plaisir est l'une de ces choses qui ne peuvent avoir leur être dans les mouvements, parce qu'il est une chose indivisible. Le plaisir, par conséquent, n'est pas davantage le terme d'une génération. Sur ce point encore, c'est Aristote que suit Plotin. Comme c'est Aristote que suit Plotin chaque fois qu'il entreprend de dire ce que le plaisir pur n'est pas. Quand il entreprend, en revanche, de dire ce qu'est le plaisir pur, Plotin se sépare d'Aristote. Il affirme que le plaisir pur, qui n'est d'ailleurs dit un plaisir que par analogie, est une disposition, c'est-à-dire une qualité, quoi que pense le Stagirite, de l'âme sage.

LE *PHILÈBE* DANS L'INTERPRÉTATION DE JAMBLIQUE

Gerd VAN RIEL

Jamblique occupe une position centrale dans l'élaboration des doctrines néoplatoniciennes. L'une des innovations qu'il a introduites est d'avoir attiré l'attention sur les dialogues platoniciens. Certes, l'exégèse de Platon avait été le but des Néoplatoniciens dès le départ, mais Jamblique y introduit une modification profonde. Désormais, le système philosophique sera présenté en premier lieu à partir d'une herméneutique philosophique des dialogues séparés. Jamblique exige que l'on respecte la particularité de chaque ouvrage, ainsi que son contexte spécifique[1]. Cette attention se manifeste avant tout par une sensibilité particulière envers le σκοπός de chaque dialogue. Un commentateur intelligent doit se montrer capable de combiner tous les détails du texte avec le propos central du dialogue entier[2].

1. *Cf.* J. Dillon, *Iamblichi Chalcidensis in Platonis dialogos commentariorum Fragmenta*, Edited with Translation and Commentary, Leiden (*Philosophia Antiqua*, 23), 1973, 56-57. Ce faisant, Jamblique se situe dans une tradition médio-platonicienne qui soulignait l'importance du σκοπός d'un dialogue : voir le commentaire anonyme sur le *Théétète* (ed. Bastianini-Sedley, Firenze, 1995). J. Mansfeld, *Prolegomena. Questions to Be Settled before the Study of an Author, or a Text* (Philosophia Antiqua, 61), Leiden, 1994, 20-21, indique d'autres parallèles encore : à part le *In Theaet.* l'on trouve la même attention portée au σκοπός chez Porphyre, Calcidius et Macrobe, et cela aussi tôt que le commentaire d'Origène sur le Cantique des Cantiques (Mansfeld, *Prolegomena*, 10-12, reproduisant les conclusions de Neuschäfer et de Mme Hadot). Mansfeld (p. 21 n. 24) démontre aussi (contre B. Dalsgaard Larsen, *Jamblique de Chalcis, exégète et philosophe*, 2 vols., Aarhus, 1972, 234) que Jamblique n'a certainement pas été le premier à utiliser le terme σκοπός dans sa dénotation technique. Néanmoins il reste vrai que dans l'étude jamblichéenne des textes de Platon, l'attention envers le σκοπός est plus grande que jadis.

2. Dès lors, le σκοπός devient l'un des plus importants *schemata isagogica* dans la littérature exégétique ; *cf.* Mansfeld, *Prolegomena* [voir la n. 1], *passim ;* I. Hadot,

En tenant compte de leur propos respectif, une distinction thématique est établie entre les différents ouvrages de Platon : chacun illustre un aspect du système. Dès lors, on peut établir un ordre de lecture des dialogues à partir du lieu qu'ils occupent dans l'élaboration de la doctrine. Cette hiérarchie est doctrinale et pédagogique : le mouvement graduel d'abstraction qu'elle présente offre au disciple l'opportunité de monter graduellement vers les niveaux les plus élevés de la réalité, et à la fois de développer une vertu correspondant à chaque niveau [1].

Malgré la continuité profonde entre Jamblique et ses précurseurs [2], la nouveauté de la perspective selon laquelle le système est présenté ne saurait être exagérée. Pour la première fois dans la tradition néoplatonicienne, les dialogues en eux-mêmes et dans leur entièreté reçoivent une place spécifique.

La question qui nous occupe à présent est le rôle du *Philèbe* dans cette élaboration par Jamblique du système platonicien. La thématique qu'il découvre dans ce dialogue est proche de l'interprétation de Plotin, mais son interprétation est novatrice et établira la base de la lecture du *Philèbe* chez les Néoplatoniciens tardifs.

Deux textes ont été préservés qui traitent du σκοπός du *Philèbe* selon l'interprétation de Jamblique. Leurs points de vue diffèrent, et cette différence semble même aboutir à une contradiction. Le premier texte se retrouve dans les *Prolégomènes à la philosophie de Platon*, œuvre anonyme d'un auteur du sixième siècle, qui veut offrir une introduction à la pensée de Platon. Après avoir présenté l'histoire (hagiographique) de la vie de Platon, une description générale des doctrines platoniciennes et un exposé sur les dialogues en général, l'auteur aborde la question de l'ordre de lecture des dialogues :

> Puisque l'ordre de tous ces dialogues n'est pas une chose très importante et qu'il exigerait une étude excédant ce bref exposé,

Simplicius : Commentaire sur les Catégories, I. *Introduction, première partie* (p. 1-9.3 *Kalbfleisch)*. Trad. de Ph. Hoffmann (avec la collaboration de I. et P. Hadot), commentaire et notes par I. Hadot (*Philosophia Antiqua*, 50), Leiden, 1990, 21-47.

1. *Cf.* A.J. Festugière, « L'ordre de lecture des dialogues de Platon aux Ve-VIe siècles », dans *Etudes de Philosophie grecque*, Paris, 1971, 535-550.

2. Cette continuité a été démontrée, dans un article qui n'a rien perdu de sa valeur, par K. Praechter, « Richtungen und Schulen im Neuplatonismus », dans *Genethliakon für Carl Robert*, Berlin, 1910, 105-156 [réimp. dans *Kleine Schriften*. Herausgegeben von H. Dörrie (*Collectanea*, 7), Hildesheim-New York, 1973, 165-216].

nous passons outre et allons rapporter la position du divin Jamblique[1].

Ensuite, douze dialogues sont mentionnés[2], dont les deux derniers constituent un groupe à part : le *Parménide* offre une discussion sur la théologie platonicienne dans sa totalité, le *Timée* traite de la physique dans sa totalité[3]. Quant au *Philèbe*, l'auteur anonyme dit ce qui suit :

> En dernier [c'est-à-dire avant d'aborder la lecture du *Timée* et du *Parménide*] il faut expliquer le *Philèbe*, puisque la discussion y porte sur le bien, qui est au-delà de tout : il faut donc aussi que ce dialogue soit au-delà de tous les autres et le dernier[4].

Le *Philèbe* se lit donc comme dixième dialogue, et occupe le troisième rang dans la hiérarchie des dialogues à cause de l'austérité de sa thématique : le Bien transcendant, le principe unique de toute la réalité.

Un deuxième texte ne fournit qu'une confirmation partielle de cette présentation. Comme tous les Néoplatoniciens tardifs (depuis Jamblique) Damascius ouvre ses commentaires sur les dialogues de Platon avec la question : quel est le σκοπός de l'œuvre abordée ? Dans son *Commentaire sur le Philèbe* il offre comme entrée en matière une récapitulation de ce que ses précurseurs ont soutenu en ce qui concerne le propos du dialogue :

> Selon Jamblique et les disciples de Syrianus et de Proclus, le propos est la cause finale de tous les êtres, c'est-à-dire le bien qui pénètre tout, mais non pas sans qualification. Car il ne s'agit pas du Bien transcendant, mais du bien qui se manifeste dans les êtres mêmes, auquel aspirent tous les êtres et lequel ils atteignent (car le Bien transcendant est inaccessible).[5]

Ce passage lui aussi témoigne d'une reconnaissance de la grande importance du *Philèbe*, mais l'opinion sur le propos central du dialogue

1. *Prol.*, 26.13-16 : Τούτων δὲ πάντων τὴν τάξιν μὴ πάνυ τι χρησιμεύουσαν ἀλλὰ καὶ ὑπερβαίνουσαν τῷ μήκει τὴν βραχυλογίαν ὑπερτιθέμεθα, λέγομεν δὲ ὃ ὁ θεῖος Ἰάμβλιχος ἐποίησεν (trad. Trouillard).

2. En fait, l'auteur n'en mentionne que dix. Trouillard a démontré dans son édition (« *CUF* », 1990, p. LXVII-LXXIV) que la liste doit être complétée par le *Sophiste* et le *Politique*. Pour des parallèles, voir Procl., *In Alc.*, 11.14-21 (*cf.* Trouillard p. 75 n. 215).

3. *Prol.*, 26.17-21 ; *cf.* Procl., *In Tim.*, I 13.14-19 ; *In Alc.*, 11, 14-21.

4. *Prol.*, 26.26-29 : Ἔσχατον δὲ δεῖ τὸν Φίληβον [*sc.* πράττειν], ἐπειδὴ ἐν αὐτῷ περὶ τοῦ ἀγαθοῦ διαλέγεται, ὃ πάντων ἐπέκεινά ἐστιν· οὐκοῦν καὶ αὐτὸν δεῖ πάντων ἐπέκεινα καὶ τελευταῖον εἶναι. (trad. Trouillard).

5. Dam., *In Phil.*, 5.1-5 : Ὅτι ὁ σκοπὸς κατὰ Ἰάμβλιχον καὶ τοὺς περὶ τὸν Συριανὸν καὶ τὸν Πρόκλον περὶ τοῦ τελικοῦ αἰτίου πᾶσι τοῖς οὖσιν, ὅ ἐστι περὶ τοῦ διὰ πάντων διήκοντος ἀγαθοῦ, οὐχ ἁπλῶς δὲ οὕτως· οὐ γὰρ δήπου τοῦ ἐξῃρημένου, ἀλλὰ τοῦ κατ' αὐτὰ τὰ ὄντα θεωρουμένου καὶ ἐφ' ὃ σπεύδει τὰ πάντα καὶ οὗ ἐφικνεῖται· τὸ γὰρ ἐξῃρημένον ἀνέφικτον.

diffère largement de ce que nous avons lu dans les *Prolégomènes*. Car ici il est dit explicitement que, dans le *Philèbe*, il n'est pas question du Bien transcendant, à l'opposé de ce que soutenait l'auteur des *Prolégomènes*. Dans son édition du *Commentaire* de Damascius, Westerink écrit : « *if Iamblichus' opinion is correctly reported in* Prolegomena *c. 26* [...], *the restriction in Damascius' Commentary was not made by him, but by Syrianus and Proclus, or by Proclus only*[1]. » Certes, il se peut que la confusion soit due à une classification hâtive et simplifiée dans le texte de Damascius (lequel consiste en une compilation de notes de cours). Les opinions de Jamblique, de Syrianus et de Proclus seraient alors présentées comme identiques, sans attention pour les détails et les nuances.

Néanmoins, pareille solution ne nous semble pas s'imposer. Il semble que chacun de ces deux textes soit une représentation adéquate de l'opinion de Jamblique. Nous voudrions développer cette idée dans ce qui suit, en mettant l'accent sur le point suivant : notre détermination de l'Un transcendant n'est possible que pour autant que cet Un Bien se manifeste dans la réalité[2] – pour autant donc que cet Un Bien est « le Bien pour nous ». Cela signifie que tout ce que l'on dit du Bien est inadéquat, parce que nous utilisons des termes qui ne s'appliquent pas réellement au Bien. Mais cela signifie également que du moins nous avons trouvé une trace du Bien transcendant : dire que ce que nous disons est inadéquat n'implique pas que la parole n'a plus de sens. Les termes employés ont une valeur incomparable comme indicateurs de la direction dans laquelle il faut orienter la recherche. En ce sens, la thèse que le *Philèbe* traite du Bien comme il se manifeste dans la réalité n'est pas contradictoire avec l'énoncé selon lequel le thème central est le Bien transcendant.

Le contexte de l'interprétation de Jamblique

Quoi qu'il en soit, le *Philèbe* est devenu un dialogue très important dans l'élaboration du système néoplatonicien : Platon y parle de l'Un Bien

1. L.G. Westerink, *Damascius. Lectures on the* Philebus, *wrongly attributed to Olympiodororus*. Text, Translation, Notes and Indices, Amsterdam, 1959, *ad. loc.* J. Dillon (*Iamblichi Fragmenta*, cité note 1, p. 257-258) est du même avis. Trouillard (éd. *Prolégomènes*, p. 76 n. 220) semble choisir le texte de Damascius comme représentation adéquate des idées de Jamblique, vu son addition : « [...] ce qui répond mieux au contenu du dialogue ».

2. On retrouve cette idée chez Plotin ; cf. *Enn.*, V 3, 14.5-8 : 'Αλλ' οὕτως ἔχομεν, ὥστε περὶ αὐτοῦ μὲν λέγειν, αὐτὸ δὲ μὴ λέγειν. Καὶ γὰρ λέγομεν ὃ μὴ ἔστιν, ὃ δέ ἐστιν οὐ λέγομεν· ὥστε ἐκ τῶν ὕστερον περὶ αὐτοῦ λέγομεν.

comme cause finale de l'univers. De cette façon, le *Philèbe* est vu comme un dialogue sur la métaphysique; par conséquent, certains passages (en premier lieu ceux qui traitent du plaisir) perdent leur importance, tandis que d'autres (notamment celui sur les quatre principes) reçoivent une attention particulière et disproportionnée. En outre, cette interprétation métaphysique est axée sur la détermination du premier principe, non pas comme le Bien (comme le *Philèbe* le suggère), mais comme *l'Un*. Il y aura donc, comme nous le verrons encore, une attention particulière envers la relation entre l'Un et la pluralité, plutôt qu'envers la relation entre le Bien transcendant et le bien concret. L'innovation de Jamblique consiste précisément dans l'accent qu'il met dans son interprétation sur la procession de la pluralité hors de l'Un. Cette perspective exercera une influence profonde sur l'interprétation des Néoplatoniciens tardifs.

Bien que la détermination du premier principe comme étant l'Un soit absente du *Philèbe* et qu'elle repose sur des données tirées d'autres dialogues (c'est-à-dire du *Parménide*), Jamblique peut avoir trouvé un point de repère dans le *Philèbe* lui-même, à savoir dans la discussion, au début du dialogue, de la relation entre l'unité (d'un terme universel, par exemple « le plaisir ») et la pluralité (des différents plaisirs concrets). Ce point, dit Socrate (12 c-20 a) doit être résolu afin qu'une vraie discussion sur un terme universel quelconque devienne possible. En outre, l'on ne peut opérer la transition d'un terme unitaire vers une pluralité infinie sans connaître le nombre des niveaux intermédiaires.

Cette question de la relation entre l'Un et la pluralité est sans doute le problème central de toute la tradition néoplatonicienne. Plus l'on met l'accent sur l'unité absolue de l'Un, plus l'on rencontre de problèmes pour expliquer la procession de la pluralité. Jamblique a bel et bien été le premier à lire le *Philèbe* dans cette perspective, et à utiliser la métaphysique des quatre principes (αἰτία, πέρας, ἄπειρον, et μειϰτόν) dans ce contexte, mais le problème lui-même le précédait de loin.

Plotin avait, bien entendu, une opinion nette sur la relation entre l'Un et les plusieurs. Dans son traité V 4, Plotin se pose la question « comment l'inférieur procède-t-il du Premier principe ? » (πῶς οὖν ἀπὸ τοῦ πρώτου)[1]. Il répond lui-même : le Premier est « le plus parfait de tout, et la première puissance. Dès lors il est nécessaire que le Premier soit le plus puissant de tous les êtres, et que toutes les autres puissances imitent ce principe pour autant qu'elles en sont capables[2] ». Le Premier est donc principe de tout, parce que dans sa plénitude, il comporte en soi tout en puissance.

1. *Enn.*, V 4, 1.20-23.
2. *Enn.*, V 4, 1.23-26.

Autrement dit, l'Un est la cause, parce qu'il est la δύναμις τῶν πάντων[1]. Or la procession de l'inférieur hors de l'Un n'est pas une création : il s'agit plutôt de l'auto-développement de l'inférieur. Car ce que l'inférieur reçoit de l'Un n'est pas l'être comme tel, mais la possibilité de développer l'être en soi-même. Dans une formule célèbre, Plotin dit :

> Il [c'est-à-dire l'Intellect] a donc reçu du Bien la puissance d'engendrer et de se remplir de ses rejetons, l'Un lui donnant ce que lui-même, l'Un, ne possédait pas.[2]

De la sorte, Plotin met en évidence le fait que ni cette puissance ni la causalité ne sont des attributs de l'Un; il s'agit plutôt de caractéristiques que nous attribuons à l'Un *ex effectibus*[3].

Cette puissance de l'Un se manifeste en premier lieu dans la genèse de l'Intellect : l'Un la lui donne comme le feu émet la chaleur, ou comme des choses odorantes épandent leur odeur : c'est une activité supplémentaire due à une abondance[4]. La genèse de l'Intellect lui-même s'accomplit en deux étapes : au début, il était pleinement « absorbé » dans l'Un. Il le contemplait sans pourtant penser (ἔβλεπεν ἀνοήτως[5]). Il ne peut être question ici d'un νοῦς; ce n'est qu'un « contact » direct (θίξις καὶ οἷον ἐπαφή)[6], une condition qui dépasse la pensée, et qui dans la description du retour vers le Premier principe est appelée « Intellect amoureux » (νοῦς ἐρῶν)[7]. Dans une deuxième étape, l'Intellect a reçu de l'Un la puissance comprimée de tout produire. Mais comme cette puissance était trop forte, l'Intellect n'a pas été capable de la porter dans sa totalité. Il a dû la fragmenter (συνέθραυε) afin de la rendre supportable[8]. Ainsi la première distinction est introduite dans la réalité par l'Intellect lui-même.

En même temps, l'illimitation que l'Intellect reçoit est décrite comme ce qui est structuré et unifié par l'Un. En *Enn.*, II 4, Plotin réaffirme que cette illimitation procède de l'Un, bien qu'elle ne soit pas attribuable à

1. *Enn.*, III 8, 10.1.

2. *Enn.*, VI 7, 15.18-20 : Δύναμιν οὖν εἰς τὸ γεννᾶν εἶχε παρ' ἐκείνου καὶ τῶν αὑτοῦ πληροῦσθαι γεννημάτων διδόντος ἐκείνου ἃ μὴ εἶχεν αὐτός (trad. Hadot, avec modifications).

3. Cf. *Enn.*, VI 9, 3.49-51 : le Bien est cause, mais seulement « pour nous » – Ἐπεὶ καὶ τὸ αἴτιον λέγειν οὐ κατηγορεῖν ἐστι συμβεβηκός τι αὐτῷ, ἀλλ' ἡμῖν, ὅτι ἔχομέν τι παρ' αὐτοῦ, ἐκείνου ὄντος ἐν αὐτῷ.

4. *Enn.*, V 1, 6.30-37.

5. *Enn.*, VI 7, 16.14.

6. *Enn.*, V 3, 10.42; *cf.* J. Trouillard, *La Procession plotinienne*, Paris, 1955, 46.

7. *Enn.*, VI 7, 35.23-27.

8. *Enn.*, VI 7, 15.20-24. *Cf.* III 8, 8.30-36.

l'Un lui-même [1]. L'Un s'impose plutôt comme limite à cette illimitation. L'illimité qui procède de l'Un est donc à la fois le substrat de l'opération délimitante de l'Un :

> Le mouvement et l'altérité qui viennent du Premier sont aussi indéfinis (ἀόριστον), et ils ont besoin de celui-là pour être définis ; or ils sont définis lorsqu'ils se retournent vers lui [2].

A part l'illimitation, l'Intellect reçoit donc la limitation de l'Un, lorsqu'il se dirige vers le Principe. C'est exactement à ce moment-ci que l'Intellect se pose comme « Intellect » véritable : καὶ νοῦς ἤδη ἦν [3]. Or en présentant les choses de la sorte, Plotin laisse entrevoir qu'après tout la limite correspond mieux à la nature de l'Un, et que l'illimitation qui se pose à un niveau inférieur à l'Un est à éviter. Ceci est d'autant plus clair au niveau le plus bas de la réalité. Sans vouloir entrer dans les problèmes spécifiques posés par l'opinion plotinienne sur la matière et le mal, on peut toutefois remarquer que l'illimité n'y est pas une notion tout à fait positive : la matière revient à un substrat purement réceptif, l'absence de toute détermination, que Plotin identifie au mal [4].

On peut avoir reconnu le *Philèbe* dans cette présentation des idées de Plotin : l'Un comme cause donne l'illimitation ainsi que la limite aux êtres. La thématique au service de laquelle Jamblique mettra le *Philèbe* est donc présente chez Plotin. Mais cela n'implique pas que Plotin lui-même aurait interprété le *Philèbe* de cette façon. Il est plutôt vraisemblable que

1. *Enn.*, II 4, 15.17-20 : Ἐπεὶ καὶ ἐν τοῖς νοητοῖς ἡ ὕλη τὸ ἄπειρον καὶ εἴη ἂν γεννηθὲν ἐκ τῆς τοῦ ἑνὸς ἀπειρίας ἢ δυνάμεως ἢ τοῦ ἀεί, οὐκ οὔσης ἐν ἐκείνῳ ἀπειρίας ἀλλὰ ποιοῦντος. Cf. *Enn.*, V 1 [10], 5.6-9 : καὶ γὰρ πρὸ δυάδος τὸ ἕν, δεύτερον δὲ δυὰς καὶ παρὰ τοῦ ἑνός γεγεννημένη – la δυάς pythagorico-platonicienne dont il est question ici est identifiée par Plotin à la matière intelligible ; voir T.A. Szlezák, *Platon und Aristoteles in der Nuslehre Plotins*, Basel-Stuttgart, 1979, 77 et 85 ; J.M. Narbonne, *Plotin : Les Deux Matières [Ennéade II, 4 (12)]*. Introduction, texte grec, traduction et commentaire, précédé d'un *Essai sur la problématique plotinienne*, Paris, 1993, 65 ; J. Bussanich, *The One and Its Relation to Intellect in Plotinus*. A Commentary on Selected Texts (*Philosophia Antiqua*, 49), Leiden, 1988, 119.

2. *Enn.*, II 4, 5.31-34 : ἀόριστον δὲ καὶ ἡ κίνησις καὶ ἡ ἑτερότης ἡ ἀπὸ τοῦ πρώτου, κἀκείνου πρὸς τὸ ὁρισθῆναι δεόμενα· ὁρίζεται δέ, ὅταν πρὸς αὐτὸ ἐπιστραφῇ· (trad. Narbonne).

3. *Enn.*, VI 7, 16.20.

4. Voir *Enn.*, I 8, 3.12-18 ; 30-32 (Δεῖ οὖν εἶναί τι καὶ ἄπειρον καθ' αὑτὸ καὶ ἀνείδεον αὖ αὐτὸ καὶ τὰ ἄλλα τὰ πρόσθεν [à savoir l'indétermination, l'absence de mesure *etc.*], ἃ τὴν τοῦ κακοῦ ἐχαρακτήριζε φύσιν) ; 6.42-43 (ἀπειρία καὶ ἀμετρία καὶ τὰ ἄλλα, ὅσα ἔχει ἡ κακὴ φύσις) ; II 4, 15.24-25 ; VI 6, 1.1-8 ; *cf.* A. Charles-Saget, « Note sur l' ἄπειρον chez Plotin et Proclus », dans *Annales de la Faculté des Lettres d'Aix* 43, 1967, p. 150 : « Il semble qu'ici la notion de *matière intelligible* ne puisse se défaire des résonances péjoratives qui sont liées à l'infini et à la matérialité » (*pace* Narbonne, *Traité II 4* [voir la n. 1], p. 83 n. 64).

Plotin n'a jamais envisagé le *Philèbe* dans ce contexte. Les références sont trop vagues, la terminologie n'est pas suivie de manière consistante, et en outre, l'illimitation et la limite ne sont jamais coordonnées dans un schéma dyadique. Tout cela aurait été le cas si Plotin avait suivi le *Philèbe*.

L'absence du *Philèbe* chez Plotin sur le plan de cette thématique n'empêche pas les Néoplatoniciens tardifs d'utiliser le *Philèbe* dans leur réaction contre la solution plotinienne du problème. Ils reprochent notamment à Plotin d'avoir considéré la limite et l'illimité sur le modèle de la forme et du substrat. Ce faisant il a établi un schéma vertical et hylémorphique. Or, selon les Néoplatoniciens tardifs, ce schéma devrait être remplacé par un modèle « horizontaliste » : comme principes, la limite et l'illimité sont situés au même niveau, chacun des deux étant une manifestation du premier principe. De la sorte, l'illimité cesse d'être considéré comme un substrat, mais est envisagé comme un principe élevé qui s'associe au principe de la limite pour constituer la pluralité. Dans sa *Théologie Platonicienne*, Proclus résume ainsi sa critique de la thèse de Plotin :

> L'illimité n'est pas la matière du limitant, mais sa puissance ; et le limitant n'est pas la forme de l'illimité, mais son existence ; et l'être est issu des deux[1].

L'illimité est considéré ici comme un principe séparé qui exerce son influence partout dans la réalité. La base de cette structure est fournie par une nouvelle lecture du *Philèbe :* c'est là que l'on a trouvé un point de repère textuel pour échapper à une détermination de l'illimité comme substrat passif. La première conséquence en est que toute illimitation dans la réalité se rattache à l'Un, par l'intermédiaire du premier illimité. Dès lors, l' ἄπειρον est explicitement détaché de toute connotation négative. Lisons Proclus une fois encore :

> Dans le *Philèbe*, en dérivant de l'Un la matière elle-même et toute la nature de l'infini, et en général, en posant la cause divine comme antérieure à la séparation de la limite et de l'illimité, il [Platon] reconnaîtra que la matière est *entheon* [ce qui veut dire « divine »] et bonne, puisqu'elle participe à dieu et puisqu'elle provient de dieu, et qu'elle n'est à aucun titre un mal[2].

Cette réaction contre Plotin se retrouve chez tous les Néoplatoniciens tardifs (exception faite de Damascius, qui niera toute contradistinction sur le niveau des principes), et elle a été instaurée par Jamblique. C'est de la

1. Proclus, *Théologie Platonicienne*, éd. par H.-D. Saffrey et L.G. Westerink, 6 t., Paris, « *CUF* », 1968-1997 (cité dorénavant *TP*), III 9, 40.4-6 (trad. Saffrey).

2. Procl., *De mal. subsist.*, X, 34.12-18 [trad. Isaac, avec modifications] ; cf. *In Tim.*, I 384.16-387.5.

main de ce dernier que le *Philèbe* a reçu son rôle de texte-clé pour l'articulation des principes dans le système platonicien.

L'UN COMME CAUSE TRANSCENDANTE

Dans ce qui suit, nous voudrions examiner la façon dont Jamblique a déduit du *Philèbe* les différents principes. En premier lieu, nous nous arrêterons au principe de la Cause. Il faut se rendre compte ici de la place spécifique que l'Un Bien occupe dans la pensée de Jamblique. Il se trouve « au-delà » de l'intelligible, et ne se laisse point coordonner avec les autres principes. De la sorte, Jamblique reconnaît la structure que Platon élabore dans le *Philèbe*, où le principe de la Cause précède clairement la triade πέρας, ἄπειρον, μεικτόν[1].

Mais puisque cet Un Bien a toujours un certain contenu positif, il est dépassé à son tour (δαιμονίας ὑπερβολῆς !) par le Principe Ineffable, dépourvu de toute possibilité de détermination. Comme le dit Damascius :

> Les premiers principes antérieurs à la première triade intelligible sont-ils au nombre de deux, à savoir le principe qui est absolument indicible et celui qui ne se coordonne pas avec la triade, comme l'a estimé le grand Jamblique dans le 28e livre de sa très parfaite *Théologie Chaldaïque*[2]?

On a souvent souligné la multiplication des principes que Jamblique établissait de la sorte. A travers toute l'histoire du néoplatonisme on a cherché un nom approprié permettant de déterminer le Premier principe. Plotin et Proclus (et à leur suite la plupart des Néoplatoniciens) ont cru que le nom « l'Un » pouvait servir – faute de mieux – comme symbole pour le Premier, bien que celui-ci ne se laisse point enfermer dans un terme positif. Dès lors, le « Premier », « l'Un » ou « le Bien » recouvrent la même notion ; la différence des noms est due à la façon dont on retrace le principe à partir de ses effets[3]. Pour Jamblique, par contre, cette solution n'est pas

1. *Phil.*, 26 e-27 b.

2. Damascius, *Traité des premiers principes*, éd. par J. Combès et L.G. Westerink, 3 vol., Paris « *CUF* », 1986-1989-1991 (cité dorénavant *DP*), II 1.5-8 : πότερον δύο εἰσὶν αἱ πρῶται ἀρχαὶ πρὸ τῆς νοητῆς πρώτης τριάδος, ἥ τε πάντη ἀπόρρητος καὶ ἡ ἀσύντακτος πρὸς τὴν τριάδα, καθάπερ ἠξίωσεν ὁ μέγας Ἰάμβλιχος ἐν τῷ κη΄ βιβλίῳ τῆς χαλδαϊκῆς τελειοτάτης θεολογίας (trad. Combès); *cf.* II 6.16-19 : Ἆρα οὖν οὕτω θετέον δύο τὰς ἐπέκεινα τῶν νοητῶν τριάδων ἀρχάς, καὶ ὅλως εἰπεῖν τῶν ὄντων ἁπάντων, ὡς ἠξίωσεν ὁ Ἰάμβλιχος, ὅσον ἐμέ γε εἰδέναι μόνος ἀξιώσας τό γε τῶν πρὸ ἡμῶν ἁπάντων;

3. *Cf.* J. Dillon, « Damascius on the Ineffable », dans *Archiv für die Geschichte der Philosophie* 78, 1996, p. 122 : « *That problem* [à savoir le problème duquel les successeurs de

suffisante : la détermination présupposée dans le terme « l'Un Bien » – aussi apophatique que cette notion puisse être – indique que ce terme couvre réellement un principe différent du Premier.

Comment est-ce possible ? Pourquoi « l'Un » n'est-il pas une dénomination adéquate du premier principe ? Cette question correspond au problème de la multiplicité : comment celle-ci se produit-elle hors de l'unité primordiale ? Chaque réponse devra tenir compte du rôle que l'Un joue dans la procession de la multiplicité. Certes, on peut soutenir – comme le faisait Jamblique – que l'Un ne se laisse ressaisir qu'à travers des négations. Strictement, l'on doit dire alors que l'Un « ne joue pas de rôle » dans la procession de la multiplicité. Pourtant, le fait que la question de la relation entre l'Un et la multiplicité se pose implique que l'on abaisse le statut de l'Un lui-même. Car ce faisant, l'Un est effectivement (même s'il ne l'est que dans notre façon de nous représenter les choses) associé à la réalité inférieure. Une fois cet examen fait, il devient raisonnable d'établir une distinction nette entre l'Un et le Premier Principe, lequel reste absolument transcendant.

Voilà le problème central à partir duquel l'interprétation du *Philèbe* se laisse appréhender. Si l'on veut déterminer l'Un comme l'origine de la multiplicité, la terminologie fournie par ce dialogue est très efficace. La manière la plus facile d'expliquer la relation entre l'Un et les multiples est de qualifier l'Un comme « Cause » de tout. Ceci, notamment, n'est pas une détermination réelle de l'Un : ce n'est qu'une dénomination *ex effectibus*, qui ne détermine aucunement l'Un en soi. Les Néoplatoniciens se sont rendu compte de la relativité présente dans le terme « cause » : un « causant » est toujours associée à un « causé », et sans ce dernier il ne peut y avoir de *causans*[1]. Si donc il s'agissait ici d'une détermination réelle de l'Un, l'existence de l'Un impliquerait l'existence d'une autre chose, et cela briserait l'unité de l'Un. Proclus soutiendra clairement que tel n'est pas le cas : puisqu'il n'est pas question de nom adéquat s'appliquant à l'Un, on devrait suivre Platon en se limitant à des négations[2]. S'il nous faut néanmoins dire quelque chose de l'Un, on pourrait l'appeler

Plotin ont hérité] *is the contradiction between a One which is the source of all being for all entities whatever, from Intellect on down even to Matter, and a One which is absolutely transcendent and without connection with anything below it. (...) Plotinus manages to maintain the two aspects of his supreme principle in equilibrium, without admitting any contradiction (and perhaps, after all, there is no such contradiction), but to the more scholastic minds of his successors there did seem to be a problem.* »

1. *Cf.* Dam., *DP*, II 112.6-10.

2. Procl., *In Parm.*, VI, 1108.19-1109.4.

> « la source de toute divinité », parce qu'il est le principe et la cause de tout, et la fin de tout et désirable pour tout l'univers [...] En utilisant ces mots, nous ne disons pas ce qu'il est, mais seulement de quelle façon les choses inférieures, dont il est la cause, se relient à lui. [1]

Plus loin dans le même ouvrage, Proclus explique que le nom que l'on applique à l'Un réduit son signifié à « un certain un » (*aliquid unum*) ; dès lors, toutes les déterminations doivent être niées, puisque le *Unum nullum ens omnium causa est omnium*[2].

La détermination de l'Un comme « cause » ne porte donc pas sur la nature de l'Un en soi, bien qu'elle reste la meilleure solution. Si l'on emploie le terme « cause », on ne souligne que la relation entre ce principe et la réalité multiple. Or ceci est considéré comme la position unique de Platon dans le *Philèbe :* on peut, comme le dira Proclus, appeler le Principe « l'Un » ou « le Bien » (comme dans le *Parménide* et la *République*), ou « celui autour duquel sont toutes choses » ou « la cause de tout ce qu'il y a de beau » (comme dans la *Deuxième Lettre*). Dans le *Philèbe*, « Socrate en fait l'éloge comme ce qui fait exister l'univers tout entier, parce qu'elle est la cause de toute déité[3] ».

La triade πέρας – ἄπειρον – μεικτόν

Où réside la première multiplicité ? L'opinion de Jamblique sur la procession de la multiplicité hors de l'Un est très raffinée. En premier lieu, il introduira une distinction dans l'Intellect plotinien (le ἓν ὄν de la deuxième hypothèse du *Parménide*) entre un niveau intelligible (νοητόν) et un niveau intellectif (νοερόν). Dans ce dernier, la pluralité existe en actualité : le ἕν et le ὄν, les deux composants de l'Un-être, sont devenus

1. *Ibid.*, 1109.4-14 : Εἰ δὲ ὅλως χρή τι καταφατικῶς περὶ αὐτοῦ λέγειν, ὡς ἔμοιγε δοκεῖ, κατὰ τὴν τοῦ Πλάτωνος ψῆφον, ἄμεινον αὐτὸ 'πηγήν θεότητος πάσης' καλεῖν, ἀλλ' ὥσπερ ἐπεὶ καὶ ἀρχὴν αὐτὸ καὶ αἴτιον τῶν πάντων λέγομεν καὶ τέλος πάντων καὶ ἐφετὸν τοῖς πᾶσιν [...] δι' ὧν οὐκ αὐτὸ λέγομεν τί ἐστιν, ἀλλ' ὅπως ἔχει τὰ μετ' αὐτὸ ὅπως αὐτὸ καὶ ὧν ἐστιν αἴτιον. *Cf. TP* III 7, 30.3-10. La catégorisation de l'Un comme 'source' (πηγή) est déjà attestée chez Plotin (*Enn.*, III 8, 10.1-35) et se retrouve dans les *Oracles Chaldaïques* (éd. E. Des Places 1971, fr. 30 [avec la note complémentaire p. 128]; 37; 49; 52; 56). Il se comprend comme terme typique d'une « démonstration *ex effectibus* ».

2. *In Parm.*, VII, 517.43 Steel. Cette phrase est une répétition quasi littérale de *In Parm.*, VI, 1108.24-25 : πάντων γὰρ ὂν αἴτιον οὐδέν ἐστι τῶν πάντων.

3. Procl., *TP*, III 7, 29., 16-30.2 : ὁ δὲ ἐν τῷ Φιλήβῳ Σωκράτης οἷον τῶν ὅλων ὑποστάτιν εὐφημεῖ, διότι πάσης ἐστὶ θεότητος αἰτία (29.28-30.1).

séparables à cause de l'opération des μέγιστα γένη platoniciens (l'être, le mouvement et le repos, l'identité et l'altérité [1]), qui se situent selon Jamblique dans la transition du νοητόν au νοερόν [2]. A ce niveau se trouve l'être pur (οὐσία καθαρά), le premier être véritable [3]. Or, étant donné qu'ici, sur le plan noérique, la distinction entre « un » et « être » est déjà établie, il faut reconnaître que la transition de l'unité vers la multiplicité s'est déjà produite. La pluralité toute première devra donc se situer sur un plan supérieur : dans le νοητόν. Ce niveau se trouve véritablement à la croisée de l'un et du multiple. Ici, dit Jamblique, une distinction réelle entre ἕν et ὄν est impossible – contrairement à ce qui se déroule sur le plan intellectif. Car le νοητόν est tout à la fois : ni vraiment « un », ni vraiment « être ». Jamblique l'appelle « l'être simplement » (οὐσία ἁπλῶς). Cette simplicité implique qu'il s'agit bel et bien ici d'une unité, mais ce n'est qu'une unité secondaire (δευτέρα ἕνωσις), inférieure à l'Un lui-même [4]. Elle dépasse les μέγιστα γένη et les Formes[5]. Si donc l'on veut expliquer comment la multiplicité vient à l'existence, il faut examiner ce niveau-ci. En premier lieu : quels éléments comporte-t-il ? – car s'il n'est pas l'Un lui-même, il doit avoir des éléments. Et en deuxième lieu, comment s'explique-t-il que ce niveau s'appelle une « unité » ? – car si les éléments ne se distinguent pas réellement, il faut qu'il y ait une unité. Damascius indique que tel était exactement le parcours que suivait Jamblique :

> Par suite, dit quelqu'un [*sc.* Jamblique], il faut probablement poser auparavant les causes tant de l'un-être que de la nature dyadique en lui des éléments [6].

Immédiatement après, Damascius indique quelles sont ces « causes » selon Jamblique :

> Il doit donc y avoir la dyade prédistinguée des principes comme cause de la dyade dont nous venons de parler [c'est-à-dire la dyade πέρας et ἄπειρον dans la réalité concrète], de même qu'il y a aussi l'un antérieur à la dyade, celui que Jamblique pose antérieurement aux deux principes comme la cause présubsistante de l'un-être [c'est-à-dire la dyade des principes] [7].

1. *Sophiste,* 256 c.

2. Dam., *DP* II 93.13-24.

3. *Ibid.*, II 94.10-17 ; *cf.* 90.14-20.

4. Dam., *DP* III 119.6-28.

5. Procl., *In Tim.*, I 230.5-12 (= Jambl., *In Tim.* fr. 29 Dillon) ; *cf.* Procl., *TP*, I 11, 52.2-19.

6. Dam., *DP*, II 25.1-3 : δεῖν οὖν φησί τις ἴσως προϋποτιθέναι τὰς αἰτίας καὶ τοῦ ἑνὸς ὄντος καὶ τῆς ἐν αὐτῷ δυαδικῆς φύσεως τῶν στοιχείων (trad. Combès).

7. *Ibid.*, 3-6 : εἶναι τοίνυν τὴν δυάδα τῶν ἀρχῶν προδιῃρημένην τῆς εἰρημένης δυάδος αἰτίαν, ὥσπερ καὶ τὸ πρὸ τῆς δυάδος ἕν, ὅπερ ὁ Ἰάμβλιχος τίθεται πρὸ ἀμφοῖν τοῦ ὄντος

Il y a donc des principes qui précèdent le νοητόν, qui le constituent, et qui peuvent être reconnus dans les éléments du νοητόν lui-même. Ces principes sont πέρας et ἄπειρον et l' αἰτία qui les combine, précisément comme Platon les décrit dans le *Philèbe*. Le texte que nous venons de citer fait suite à une discussion des différentes traditions qui reconnaissaient une dualité dans la réalité : la doctrine orphique avec ses principes opposés d'Aether et de Chaos (dépassés par Chronos) ; Platon dans le *Philèbe* et Philolaos dans son écrit « Sur la nature », avec leur contradistinction entre πέρας et ἄπειρον. La terminologie du *Philèbe* (et du néopythagorisme) est dorénavant utilisée comme la contradistinction principielle qui fonde toutes les autres oppositions.

La dualité qui se manifeste en premier lieu dans le ἓν ὄν est donc expliquée à partir des principes πέρας et ἄπειρον. L'unité du νοητόν, par contre, est réduite à l'Un comme αἰτία:

> En effet, le principe unique est avant les deux ; c'est donc là l'un absolu que Jamblique pose comme intermédiaire entre les deux principes et celui qui est absolument ineffable, tandis que les deux sont, par exemple, le limitant et l'illimité, ou encore, si l'on préfère, l'un et les plusieurs, entendons l'un opposé aux plusieurs, non pas l'un antérieur aux plusieurs et sans opposition[1].

Ainsi, πέρας et ἄπειρον sont tirés du *Philèbe* comme étant les deux principes en dessous de la Cause unique gouvernant la procession des êtres multiples. Le schéma sous-entendu n'est plus celui d'une dichotomie « hylémorphique » ou verticale entre la limite supérieure (l'Un lui-même) et l'illimité inférieur (la matière), comme l'avait soutenu Plotin. En revanche, Jamblique pose une opposition « horizontale », au même niveau, située immédiatement en dessous de l'Un.

ἑνὸς αἴτιον προϋπάρχειν (trad. Combès). Ce texte est repris presque à la lettre dans *DP*, II 27.14-26, ce qui pourrait indiquer qu'il s'agit ici de la paraphrase d'un texte de Jamblique lui-même; voir aussi Procl., *In Parm.*, VII, 1150.31-38 (référence anonyme, attribuée à Jamblique par J. Dillon, « Porphyry and Jamblichus in Proclus' *Commentary on the Parmenides* », dans *Gonimos*. Neoplatonic and Byzantine Studies Presented to L.G. Westerink at 75, Buffalo, 1988, p. 36-39)

1. Dam., *DP*, II 28.1-6 : Καὶ γὰρ ἡ μία ἀρχὴ πρὸ τῶν δυεῖν · αὕτη μὲν οὖν τὸ ἁπλῶς ἕν, ὃ μέσον ὁ Ἰάμβλιχος τίθεται τῶν δυεῖν ἀρχῶν καὶ τῆς παντάπασιν ἀπορρήτου ἐκείνης, αἱ δὲ δύο πέρας φέρε καὶ ἄπειρον, ἢ καὶ εἰ βούλεταί τις, ἓν καὶ πολλά, ἀλλὰ τὸ ἀντικείμενον ἓν τοῖς πολλοῖς, οὐ τὸ πρὸ ἀμφοῖν καὶ ἀναντίθετον. (trad. Combès). La dénomination des principes comme « l'un et les plusieurs », avec la nuance ajoutée par Damascius, ne semble pas avoir été une démarche de Jamblique lui-même : il a donné la préférence à la terminologie du *Philèbe*.

Pour expliquer comment ces principes viennent à l'existence hors de l'Un, Jamblique a eu recours à la doctrine des *Oracles chaldaïques* [1]. Ce texte « sacré » traite d'une triade intelligible ὕπαρξις, δύναμις et νοῦς [2]. Le premier terme de cette triade, ὕπαρξις, est l'existence pure, la toute première étape dans l'autoconsitution de l'Intellect. Damascius définit cette ὕπαρξις comme le fondement (θεμέλιος) sur lequel, ou la base (ἔδαφος) sur laquelle un être est établi [3]. Le deuxième terme, δύναμις, est la puissance infinie de produire les choses inférieures, qui s'associe à l'existence pure. Le troisième terme est l'être actuel (οὐσία), l'Intellect, qui comporte tout ce qui « est ».

Les témoignages concernant la doctrine de Jamblique montrent qu'il a reconnu une relation étroite entre la triade chaldaïque et les principes tirés du *Philèbe*[4]. En effet, « l'existence » comme fondement ontologique, fournissant l'unification qui rend possible l'être, correspond tout à fait au principe de « limite » qui s'impose à la réalité. Plus évident encore est le lien entre ἀπειρία et δύναμις. Plotin avait déjà attribué une puissance infinie à l'Un, qui a été transmise à l'Intellect. Il n'y a donc pas beaucoup d'obstacles empêchant que l'ἀπειρία soit identifiée à la δύναμις des *Oracles*. Par contre, une véritable innovation est introduite par Jamblique lorsqu'il met toutes les formes d'ἀπειρία et de δύναμις dans une même lignée (à la différence de ce qu'avaient fait Plotin et Porphyre) : il établit ainsi une vaste hiérarchie s'étendant de la puissance générative infinie des niveaux les plus élevés jusqu'à la potentialité infinie aux niveaux les plus bas.

L'Un comme Cause ne peut produire que ce qui ressemble à l'Un au plus haut degré. Or telle est primordialement l'existence pure, l'unité qui fonde l'être séparé. Mais dans le même temps, la puissance générative infinie est transmise à cette entité, par laquelle elle reçoit le pouvoir de produire à son tour ce qui lui est inférieur.

Ce schéma se répète partout dans la réalité. Lorsque les éléments, qui sont présents de façon unitaire dans le νοητόν, sont réellement distingués dans le νοερόν (et dès lors dans toute la réalité inférieure), leur ligne de démarcation suivra exactement la structure des principes. De la sorte

1. *Cf.* D.J. O'Meara, *Pythagoras Revived*, Oxford, 1989, p. 93 : « *Iamblichus produced an enormous* Chaldaean Theology *in which the* Chaldaean Oracles *were interpreted with the help of the Pythagoreans and of Plato's* Philebus. »

2. *Or. Chald.*, fr. 4 Des Places (avec la note complémentaire p. 124).

3. Dam., *DP*, III 152.13-153.11.

4. *Cf.* l'exposé de Damascius en *DP*, II 24.13-24, avec une référence indirecte à Jamblique. Dans Proclus, la correspondance entre les triades du *Philèbe* et des *Oracles* est devenue évidente (*cf.* C. Steel, « Proclus et les arguments pour et contre l'hypothèse des idées », dans *Revue de Philosophie Antique* 2, 1994, 91-92), ce qui indique que l'identification des deux a déjà été établie avant Proclus.

s'établit dans toute la réalité une distinction entre d'une part une série d'éléments « délimitants » qui se classent sous la limite primordiale, et d'autre part une série d'éléments « illimités » à classer sous l'illimitation primordiale. A ce sujet, Jamblique dit ceci :

> En effet, pour le dire brièvement, si nous divisons tous les êtres en ce qui est unifié et ce qui est distingué de quelque façon que ce soit, même si les contredistingués sont entre eux dans un rapport de cause et d'effet, la même conclusion [dit-on][1] s'imposera ; car, en partant des deux rangées, et après cela en partant de l'unique contradistinction globale, nous remonterons nécessairement aux deux principes auxquels présubsiste le sommet unique, qui est cause de la symphyse des deux principes et de leurs dérivés qui se répartissent sur deux rangs, car c'est en deux que se partagent tous les canaux (ὀχετοί)[2] opposés selon toutes sortes d'oppositions[3].

Il y a donc deux rangées (στίχοι) ou « canaux » (ὀχετοί) qui dominent toute la réalité, chacun des deux dépendant de son propre principe. L'opposition primordiale des principes est dépassée à son tour par la cause unique.

Cette opposition est omniprésente dans la réalité, bien qu'elle ne se présente pas partout de la même façon. Dans son *De communi mathematica scientia* Jamblique, en discutant du « limité » et de « l'illimité » comme étant les principes des objets mathématiques, ajoute la remarque suivante :

> Mais chacun de ces deux [c'est-à-dire πέρας et ἄπειρον] n'est pas un seul modèle d'explication (λόγος), et n'est pas identique pour tous les êtres[4].

1. Le style indirect se prolonge, et dépend de φησί τις en 25.1 (cité *supra*). Il est donc clair que la paraphrase de Jamblique se poursuit ici. Ceci est confirmé par la formule par laquelle Damascius conclut ce passage : Τοιαῦτα γὰρ ἔλεγεν καὶ ὁ τὴν Ἰαμβλίχου πρεσβεύων ἀρχήν (r. 15-16) réfère à Proclus (voir Dam., *DP*, II, 25 n. 4 [note compl. p. 229]), mais montre à la fois que ce dernier a hérité des analyses de Jamblique.

2. J. Combès explique (Dam., *DP*, II 25 n. 3 [note compl. p. 229]) que ce terme originaire des *Oracles chaldaïques* a été interprété par les Néoplatoniciens comme indiquant « les séries verticales de la procession ».

3. Dam., *DP* II 25.6-15 : Καὶ γάρ, ὅλως εἰπεῖν, εἰ διαιροῖμεν τὰ ὄντα πάντα εἰς τὸ ἡνωμένον καὶ διακεκριμένον ὁπωσοῦν, κἂν ὡς αἴτιον καὶ αἰτιατὸν πρὸς ἄλληλα ἔχῃ τὰ ἀντιδιῃρημένα, ταὐτὸν συμβήσεσθαι· ἀπὸ γὰρ δύο στίχων καὶ οὕτω τῆς μιᾶς ὅλης ἀντιδιαιρέσεως ἀναβήσεσθαι ἡμᾶς ἐπὶ δύο πάντως ἀρχάς, ὧν προϋπάρχειν τὴν μίαν κορυφήν, συμφύσεως αἰτίαν οὖσαν τῶν τε δυεῖν ἀρχῶν καὶ τῶν ἀπὸ τούτων διχῇ ἀποφυομένων, δυεῖν ἁπάντων ἀντιθέτων κατὰ πᾶσαν ἀντίθεσιν ἀπομεριζομένων ὀχετῶν (trad. Combès). Ici de retour, le style indirect se prolongeant, on peut supposer qu'il s'agit d'une paraphrase de Jamblique (*cf.* la note 1).

4. Jambl., *Comm. math. sci.*, 12.25-26 Festa : ἀλλὰ τούτων ἑκάτερον οὐχ ἕνα λόγον οὐδ' ἐπὶ πάσης οὐσίας τὸν αὐτόν.

Le statut de πέρας et ἄπειρον diffère donc selon le niveau où ils se manifestent. Le rôle que jouent ces principes dans le monde noétique n'est pas identique à leur fonction dans les objets mathématiques (qui est intermédiaire entre les mondes intelligible et intellectif)[1], et chaque niveau de la réalité exemplifie des genres spécifiques (οἰκεία γένη) de ces principes[2].

Au niveau le plus bas, cette distinction est identifiée (comme il en a été toujours le cas depuis Plotin) avec l'hylémorphisme aristotélicien. Jamblique le présente comme une opposition entre l'illimitation, le *flux* de plus et moins auquel la matière en soi est assujettie[3], et la détermination qui y est imposée par la forme :

> Lorsque la forme s'ajoute à la matière, une puissance composée des deux vient à l'être. En effet, pour autant qu'elle participe à la forme, la chose matérielle ressemble à la forme et reçoit une certaine quantité et extension ; conformément à sa propre indétermination, par contre, elle participe au plus et moins, à la relation avec d'autres choses et à la transition vers sa contrepartie[4].

Ici donc, l'hylémorphisme est restauré dans sa forme originelle. Mais à la différence de ce que pensait Plotin, l'indétermination de la matière est conçue sans réserves comme étant à l'extrémité de la série de l'illimité. Ainsi, elle est reliée à l'illimitation primordiale, et enfin à l'Un lui-même.

Au niveau des objets mathématiques, la notion de « quantité » (τὸ ποσόν) consiste en la combinaison de deux puissances : la première traverse tout sans y introduire de distinction, et ce faisant, elle produit « le continu » (τὸ συνεχές). L'autre pénètre toute chose à son tour, elle recule devant chaque forme, et ce faisant, elle produit les « unités » séparées[5].

1. O'Meara (*Pythagoras* [voir p. 182 n. 1], 103-104) montre que le statut des objets mathématiques chez Jamblique est réduit à la position intermédiaire que Platon leur attribuait dans la *République*. Ce faisant, Jamblique s'éloignait de ses prédécesseurs (en premier lieu Nicomaque, un élève de Porphyre) qui avaient considéré la connaissance des objets mathématiques comme la connaissance suprême. Voir Jambl., *Comm. math. sci.*, 87.17-88.2.

2. *Ibid.*, 13.1-14.1.

3. Cette catégorisation de la matière en soi comme le « plus et moins » (τὸ μᾶλλον καὶ ἧττον) a été reconnue comme étant platonicienne à partir de la présentation des idées de Platon dans la *Métaphysique* et la *Physique* d'Aristote, et à partir de ce que dit Platon lui-même dans le *Philèbe* (24 c-d).

4. Jambl., *apud* Simplic., *In Cat.*, VI, 145.15-19 Kalbfleisch : Προσιόντος γὰρ τοῦ εἴδους τῇ ὕλῃ σύμμικτός τις ἀπ' ἀμφοῖν γίνεται δύναμις· καθ' ὅσον μὲν γὰρ μεταλαμβάνει τοῦ εἴδους, ὁμοιοῦται πρὸς αὐτὸ καὶ γίνεται πολὺ καὶ μέγα τὸ ἔνυλον, κατὰ δὲ τὴν οἰκείαν ἀπειρίαν τοῦ μᾶλλον και ἧττον καὶ τῆς πρός τι σχέσεως καὶ τῆς ἐπὶ τὰ ἐναντία μεταβολῆς μεταλαμβάνει.

5. Jambl., *apud* Simplic., *In Cat.*, VI, 135.8-28 ; cette constitution double du ποσόν chez Jamblique est bien attestée : voir aussi *Comm. math. sci.*, 28.24-32.7 ; Simplic., *In Cat.*, VI, 146.23-28.

Ainsi s'instaure une dichotomie à l'intérieur de tous les êtres, une tension entre deux tendances, l'une délimitant et déterminant l'être, l'autre lui donnant un essor d'expansion constante. Cette friction n'est pas un conflit entre deux forces qui veulent usurper l'être. Il s'agit plutôt d'un concert créatif de principes sans lequel aucun être ne pourrait exister[1].

Le caractère véritable des éléments dans chaque être ne s'explique qu'en réduisant ceux-ci à l'opposition originelle et principielle. Proclus nous fournit des informations sur cet aspect de la doctrine de Jamblique : dans sa discussion de l'interprétation proposée par Jamblique de la guerre entre Athènes et l'Atlantide (dans le *Timée)*[2], Proclus indique qu'il faut envisager ce conflit en examinant « l'opposition qui pénètre tout », puisque chaque niveau de la réalité manifeste un *analogon* de cette opposition. En accord avec Jamblique, il ajoute que « tu dois pouvoir transférer partout les correspondances analogiques du domaine des humains aux réalités d'en haut »[3].

L'IDENTITÉ DES PRINCIPES

Comment comprendre alors cette dichotomie originelle ? Nous venons de voir qu'elle se situe immédiatement « en dessous » de l'Un. Elle ne peut donc aucunement comporter un haut degré de multiplicité. En outre, le νοητόν, produit de la combinaison des deux principes, se situe trop près de l'Un pour être qualifié véritablement de « multiplicité » :

> il est nécessaire, comme il a été dit maintes fois par d'autres commentateurs, que la multiplicité qui se manifeste immédiatement après l'Un ressemble à cet Un au plus haut degré ; elle doit être comprimée en quantité et incompréhensible quant à sa puissance, afin que par la compression de sa quantité elle imite la non-quantité de l'Un, et par l'incompréhensibilité de sa puissance elle imite l'illimitation qui précède la puissance[4].

1. *Cf.* P. Hadot, *Porphyre et Victorinus*, 2 vols., Paris, 1968, I, 442 n. 6.

2. Procl., *In Tim.*, I, 77.24-78.26.

3. *Ibid.*, 78.25-26 : ἔχοις ἂν πανταχοῦ τὰς ἀναλογίας ἀπὸ τῶν ἀνθρώπων ἐπὶ τὰ πράγματα φέρειν (trad. Festugière) ; *cf.* Jambl., *apud* M. Psellus, Περὶ ἀριθμῶν, 346-347 Tannery. Pour la traduction de τὰ πράγματα, dans le contexte d'une analogie, comme « la réalité d'en haut », voir A.J. Festugière, *Proclus, Commentaire sur le* Timée, 5 vol., Paris, 1966-1988, I, 107 n. 3.

4. Jambl., *apud* Procl., *In Parm.*, VII, 1174.5-13 : ἀνάγκη οὖν, ὥσπερ καὶ δι' ἄλλων ὑπομέμνησται πολλάκις, ἀπὸ τοῦ ἑνὸς τὸ προσεχῶς ἀναφαινόμενον πλῆθος συγγενέστατον εἶναι πρὸς τὸ ἕν, τῷ μὲν ποσῷ συνῃρημένον, τῇ δὲ δυνάμει ἀπερίληπτον, ἵνα διὰ μὲν τῆς

Cet énoncé doit être mis en parallèle avec d'autres textes dans lesquels Jamblique décrit un lien étroit entre l'Intelligible et l'Un, lien si étroit qu'ils ne peuvent être séparés réellement. Ces textes ont souvent été cités dans la discussion entre le P. Saffrey et J. Dillon à propos de la question de savoir si Jamblique a été le fondateur de la doctrine des hénades telle qu'elle se trouve chez Proclus [1]. Nous ne citerons qu'un seul exemple. Dans son explication de la différence entre les niveaux intelligible et intellectif, Damascius dit :

> C'est à cause de cela encore que Jamblique a déclaré que l'intelligible demeure dans l'un, parce qu'il est unifié par rapport à l'un et se spécifie conformément à l'un plutôt que conformément à l'être. Aussi n'y a-t-il rien dans l'unifié de distingué, ni substance, ni intelligible, ni rien d'autre, et l'unifié possède l'être dans le fait d'être tout par coagrégation [2].

L'intelligible se situe donc au même plan que l'Un. Car en effet, une distinction réelle n'est possible que sous l'opération d'une *altérité* (ἑτερότης), et, comme nous venons de le voir, ce « genre » ne se produit que dans la transition du niveau intelligible au niveau intellectif. Vu que le νοητόν dépasse les μέγιστα γένη, les différences que nous reconnaissons à ce niveau ne peuvent être que des termes défectifs, ne couvrant point des distinctions réelles.

Cela signifie *a fortiori* que tous les principes que nous avons discutés à présent, et qui se situent à un niveau plus élevé encore que le νοητόν, sont à vrai dire *identiques*. C'est le système lui-même qui nous contraint de tirer

τοῦ ποσοῦ συναιρέσεως μιμῆται τὸ ἄποσον τοῦ ἑνός, τῷ δὲ ἀπεριλήπτῳ τῆς δυνάμεως τὸ πρὸ δυνάμεως ἄπειρον (attribué à Jamblique par Dillon, « Porphyry and Iamblichus »[voir p. 180 n. 7], p. 41).

1. J. Dillon soutenait la thèse que les hénades (les unités divines qui ordonnent chacune à leur tour une série d'êtres intelligibles – unités séparées qui ne sont pas distinguées du point de vue de leur unité) sont une trouvaille de Jamblique. Son opinion a été contredite par H.-D. Saffrey dans son introduction à Proclus, *TP*, III. Récemment, C. Steel a pris position dans la discussion : dans son article « Iamblichus and the Theological Interpretation of the *Parmenides* » dans *Syllecta Classica*, 8 (1997), p. 15-30. il se situe dans la lignée de Dillon, partant d'une nouvelle analyse des textes principaux.

2. Dam., *DP* II 93.24-94.4 : Ὅθεν καὶ ὁ Ἰάμβλιχος ἐν τῷ ἑνὶ μένειν τὸ νοητὸν ἀπεφήνατο, ὅτι μᾶλλον ἥνωται πρὸς αὐτὸ καὶ κατ' αὐτὸ εἰδοποιεῖται ἢ κατὰ τὸ ὄν. Ἀμέλει οὐδὲ διώρισταί τι ἐν αὐτῷ, οὐχ οὐσία, οὐ νοητόν, οὐχ ἄλλο οὐδέν, ἐν τούτῳ δὲ ἔχει τὸ εἶναι, ἐν τῷ πάντα εἶναι κατὰ συναίρεσιν (trad. Combès) ; cf. *Ibid.*, II 64.8-9 ; 90.9-11 ; 93.24-94.17 ; 99.8-10 ; III 61.4-8 ; 64.7-14 ; 119.7-28 ; pour ces textes, voir Dam., *DP*, II, p. 64 n. 3 [note compl. p. 245] ; Proclus, *TP*, III, XXXVI-XL. *Cf.* aussi Procl., *In Parm.*, VI, 1054.37-1055.2 ; 1064.21-1071.3 ; VII 499.6-17 Steel (= 36.8-18 K-L) ; *TP*, III 23, 82.4-22 ; voir *TP*, III, XVII-XXVI et XXX.

cette conclusion, et Jamblique lui-même semble avoir souscrit à cette thèse : il est possible de la retracer dans ses textes.

En premier lieu, Jamblique soutient que la distinction entre cause et effet, distinction tellement importante pour nos discours sur l'Un, ne constitue pas une différence réelle sur le plan intelligible. Comme le dit Damascius :

> dans les principes, il n'y a même pas de détermination de causant et de causé, puisque, même dans le sommet des intelligibles, Jamblique n'a pas voulu non plus qu'il y eût un principe déterminé de l'un et de l'autre[1].

De même, les principes de « limite » et de « l'illimité » ne sont pas réellement distincts. Damascius cite « quelqu'un » (Jamblique) disant que, bien que de ces deux principes le premier comporte le caractère de la limite, et que l'autre en soit plutôt l'opposé, chacun des deux est « tout à la fois » (ἓν πάντα) :

> Ce discours, en effet, prétendait défendre à la fois l'hypothèse de Jamblique et la contradistinction des deux principes quelle qu'elle soit, car on pourrait dire également que de là découle la conséquence suivante, à savoir que l'hénade antérieure aux deux principes est, comme on l'a vu, tout en même temps, antérieurement à tout, mais tout à égalité, tandis que le premier des deux principes est tout assurément, lui aussi, mais selon ce qui a davantage le caractère du limitant, et que le deuxième est tout certainement de façon semblable, mais selon ce qui a davantage le caractère de l'illimité[2].

1. Dam., *DP* II 36.10-13 : οὐδὲ γὰρ αἰτίου καὶ αἰτιατοῦ διορισμὸς ἐν ἐκείνοις, οὐδὲ γὰρ ἐν τῇ ἀκρότητι τῶν νοητῶν οὐδὲ ὁ Ἰάμβλιχος τούτων ἠξίωσεν εἶναι διωρισμένην ἀρχήν (trad. Combès).

2. Dam., *DP*, II 26.1-8 : Ἅμα γὰρ ὁ λόγος οὗτος ἠξίου καὶ τῇ Ἰαμβλίχου ὑποθέσει συνηγορεῖν καὶ τῇ ὁπωσοῦν ἀντιδιαιρέσει τῶν δυεῖν ἀρχῶν, ἐπεὶ καὶ τόδε ἄν τις εἴποι τούτοις ἀκόλουθον, ὡς ἡ μὲν πρὸ τῶν δυεῖν ἀρχῶν ἑνὰς ὁμοῦ πάντα ἦν πρὸ πάντων, ἀλλὰ πάντα ἐπ' ἴσης, ἡ δὲ πρώτη τῶν δυεῖν πάντα μὲν καὶ αὕτη, ἀλλὰ κατὰ τὸ περατοειδέστερον, ἡ δὲ δευτέρα πάντα μὲν ὁμοίως, ἀλλὰ κατὰ τὸ ἀπειρότερον (trad. Combès). Cf. *DP*, II 12.1-5 : Εἰ τοίνυν λέγοι τις τὸ μὲν πάντα ἓν ἐπ' ἴσης εἶναι πάντα ἕν, ἡ δὲ πρεσβυτέρα τῶν δυεῖν ἀρχῶν ὑπαρκτικὴ μᾶλλον ἢ πατρικὴ ἢ περατοειδής, ὥσπερ ἡ δευτέρα τὰ ἐναντία μᾶλλον, ἑκατέρα δὲ ὅμως πάντα ἕν… [suit une critique typiquement damascienne portant sur la reconnaissance d'une opposition sur le plan des principes]. Voir aussi II 4.8-5.7 ; 26.18-27.4. Pour l'expression ἓν πάντα dans la tradition d'avant Damascius, voir Plotin, *Enn.* V 3 [49], 15.23 ; Anonymus Taurinensis, *In Parm.*, XII, 4 Hadot ; Jamblique, *apud* Simplic., *In Cat.*, V, 116.31-33.

Enfin, il est dit clairement aussi que l'intelligible comporte tout sous un aspect spécifique : celui de l'être (κατ' οὐσίαν) [1]. Tout le plan des principes, de l'Un jusqu'à l'intelligible, est donc « tout en même temps ». L'identité des principes réside précisément dans le fait que chacun d'entre eux exprime le tout sous son propre aspect.

Pourquoi dès lors opérer une distinction entre les principes ? L'on peut dire que, étant donné qu'à notre propre niveau nous sommes tenus de respecter l'altérité et les distinctions, nous ne pouvons échapper à l'emploi de notions défectives qui nous aident à comprendre la plénitude de la réalité supérieure. Mais pourquoi recourir précisément aux termes de « cause », « limite », « illimité » et « intelligible » ? En fait, nous avons déjà suggéré une réponse à cette question, en discutant le problème de savoir comment le nom de « Cause » peut s'adapter à l'Un. Les termes que nous employons pour désigner le niveau le plus élevé ne sont que des noms *fonctionnels* [2]. Ils ne présentent qu'une transposition de nos catégories à un monde où ces catégories ne sont plus valables. Leur transposition est basée sur les effets des principes que nous apercevons dans la réalité concrète. La réalité la plus élevée se présente tantôt comme cause, tantôt comme limite (existence), illimitation (puissance) ou intelligibilité (être), dans une détermination croissante [3]. Mais aucune de ces dénominations n'est réelle. Nous nous en servons parce qu'elles sont porteuses de la plus haute dignité que nous pouvons nous imaginer dans notre monde, et parce qu'elles nous aident à comprendre comment l'être multiple se produit. Mais aucun de ces « principes » n'exprime la réalité d'en haut, la réalité en soi. Comme le dit Proclus à propos de l'illimitation : « Rien de ce qui est infini chez les êtres n'est infini ni pour leurs principes supérieurs ni pour eux-mêmes [4]. » L'illimitation ne vaut que du point de vue de ce qui se trouve plus bas, à cause de la plénitude toujours décroissante et de l'inaptitude toujours croissante (au fur et à mesure que la procession se développe) à comprendre le supérieur dans sa totalité.

En fin de compte, nous n'avons pas découvert quatre principes, mais plutôt quatre façons d'exprimer un seul principe. Il reste une rupture béante entre cet Un et notre façon d'en parler. Nous ne pouvons l'atteindre qu'à travers ses effets qui nous contraignent à accepter l'existence de quatre principes différents. La concaténation de ceux-ci, telle qu'elle est décrite

1. Jambl., *apud* Simplic., *In Cat.*, VIII, 290.5-9.

2. *Cf.* J. Trouillard, *L'Un et l'âme selon Proclos*, Paris, 1972, p. 86-87.

3. *Cf.* Anon. Taur., *In Parm.*, XIV, 4-16 Hadot.

4. Procl., *ET*, pr. 93 : Πᾶν τὸ ἄπειρον ἐν τοῖς οὖσιν οὔτε τοῖς ὑπερκειμένοις ἄπειρόν ἐστιν οὔτε ἑαυτῷ (trad Trouillard). *Cf.* M. Victorinus, *Adv. Ar.*, IV, 19.13-14 : [*unum*] *infinitum, interminatum, sed aliis omnibus, non sibi.*

dans le *Philèbe*, semble être la meilleure manière de décrire les « fonctions » diverses de l'Un dans la production de la multiplicité.

Conclusion

Selon Jamblique donc, le *Philèbe* traite du Bien transcendant : ce dialogue montre le Bien comme étant « la cause finale de l'univers ». Comme nous venons de voir, cette description ne s'applique pas à l'Un en soi, mais néanmoins il est devenu clair qu'elle établit une certaine relation, quelle qu'elle soit, entre l'Un et les plusieurs. Au moins une des raisons pour lesquelles Jamblique introduit une distinction nette entre l'Un et l'Ineffable absolu est précisément le fait que l'on peut (et à en croire Jamblique, c'est ce qu'a fait Platon lui-même) considérer l'Un comme la Cause de tout.

De la sorte, le *Philèbe* – le dialogue dans lequel on trouve la discussion la plus élaborée de la « cause » – devient le lieu par excellence où trouver la réponse à la question de savoir comment l'Un produit la pluralité. Le véritable problème central du *Philèbe* est donc l'origine de la multiplicité, et tout le dialogue doit se lire de ce point de vue.

Dans ce contexte s'inscrit la triade πέρας, ἄπειρον et μικτόν. A l'opposé de ses prédécesseurs, Jamblique a vu clairement que le schéma du *Philèbe* ne peut contribuer à l'explication de la multiplicité, si la limite et l'illimitation sont contrastées selon une opposition verticale. La réponse de Jamblique est simple et originale : au lieu d'une hiérarchie verticale, il faut extraire du *Philèbe* une dichotomie horizontale de la limite et de l'illimité. Toute illimitation se réduit alors à un seul principe, situé immédiatement en dessous de la Cause unique. En s'associant au principe de la limite, cette illimitation primordiale domine la genèse de tous les êtres, du niveau intelligible jusqu'au plan le plus bas.

En guise de conclusion, nous voudrions revenir au problème initial : y a-t-il une contradiction entre les deux interprétations du « propos » du *Philèbe* selon Jamblique ? En premier lieu, il faut tenir compte du fait que si le nom de « Cause » n'explicite l'Un qu'en tant que ce dernier se manifeste dans la réalité inférieure, et si – comme nous l'avons vu – les autres principes ne sont pas eux non plus des dénominations réelles de ce niveau de la réalité, il nous faut reconnaître que les différents principes tirés du *Philèbe* montrent le Bien « comme le Bien se manifeste dans les êtres ». Ainsi, le texte cité du commentaire de Damascius est une présentation adéquate de l'interprétation de Jamblique, à savoir que ce dialogue traite du Bien qui pénètre tout, et non du Bien transcendant. Mais si, d'autre part, le signifié de la « Cause », de la « limite », de « l'illimité » et de « l'intelligible » est unique, à savoir l'unité primordiale de l'Un lui-même, on peut également soutenir qu'après tout, le propos du *Philèbe* est le Bien transcendant, comme le soulignait l'auteur des *Prolégomènes*. Tout dépend du point de vue adopté. Car l'Un en soi, sans détermination positive, est l'Un dont procède la pluralité, et dont les principes expriment de différentes fonctions. La contradiction entre les deux textes serait alors à modérer, et peut-être Jamblique n'a-t-il jamais préféré l'une des deux options. L'ambivalence qui en résulte est due à notre compréhension (inévitablement) limitée de la vraie nature de l'Un, la « Cause » qui, en fin de compte, reste transcendante.

LECTURES NÉOPLATONICIENNES DU *PHILÈBE* DE PLATON

Dominic J. O'Meara

Les écoles néoplatoniciennes, du IVe jusqu'au VIe siècle, lisaient souvent le *Philèbe* de Platon. En effet, il s'agissait pour elles d'un texte philosophique de première importance. Peu travaillé, semble-t-il, dans les écoles moyen platoniciennes des deux premiers siècles[1], le *Philèbe* a fait l'objet d'un commentaire rédigé par l'élève de Plotin, Porphyre[2]; un autre élève de Plotin, Amélius, pourrait avoir aussi commenté le texte. Élève de Porphyre, Jamblique a consacré un important commentaire au dialogue platonicien[3], comme l'a fait à son tour sans doute son élève Théodore d'Asiné. Environ un siècle plus tard, l'école néoplatonicienne d'Athènes s'est chargée également d'expliquer le texte. Syrianus probablement, certainement Proclus, qui a rédigé aussi une monographie *(Sur les trois monades)* en rapport avec le *Philèbe.* Le successeur de Proclus, Marinus, devait commenter de nouveau le dialogue, mais il a brûlé son texte car, selon l'avis de son collègue Isidore, le commentaire de Proclus suffisait[4].

1. Voir H. Dörrie, M. Baltes, *Der Platonismus im 2. und 3. Jahrhundert nach Christus,* Bausteine 73-100 (= *Der Platonismus in der Antike,* t. III), Stuttgart 1993, p. 198.

2. Voir A. Smith, *Porphyrii Fragmenta,* Stuttgart, 1993, textes 173 F-176 F. Une liste des commentaires néoplatoniciens sur le *Philèbe* se trouve dans L. Westerink, *Damascius Lectures on the Philebus,* Amsterdam, 1982², p. XXI.

3. J. Dillon, *Iamblichi Chalcidensis in Platonis dialogos commentariorum fragmenta,* Leyden, 1973, p. 100-105.

4. *Damascius, Vitae Isidori reliquiae,* éd. C. Zintzen, Hildesheim, 1967, p. 66-67. Une reconstruction du contenu de la monographie (perdue) de Proclus *Sur les trois monades* du *Philèbe* (Vérité, Beauté, Proportion) est proposée par J. Combès, « Les trois monades du

Enfin le dernier diadoque de l'école d'Athènes, avant sa fermeture en 529, Damascius, a donné un cours sur le *Philèbe,* dont les notes, rédigées par un étudiant, nous sont encore disponibles [1].

En fait, de cette longue et riche tradition de commentaires, il ne nous est parvenu que les notes du cours de Damascius. Dans ce cours, Damascius reprend le commentaire de Proclus, tout en le corrigeant à l'occasion [2]. Proclus lui-même avait repris d'une manière critique le commentaire de Jamblique qui, à son tour, avait fait de même par rapport au commentaire de Porphyre. Les notes du cours de Damascius sont ainsi le résultat d'une sorte de processus de stratification dans lequel chaque « couche » s'est ajoutée à la couche précédente, tout en l'intégrant et la modifiant quelque peu, ce qui fait qu'il n'est pas toujours possible de distinguer les couches, d'identifier l'apport particulier d'un Porphyre, d'un Jamblique ou d'un Proclus. A ces sources principales, Damascius ajoute des renvois à l'avis d'autres néoplatoniciens (notamment Amélius, Théodore d'Asiné, Syrianus) et à celui de quelques philosophes à l'extérieur du platonisme (Aristote, Théophraste, Epicure), éventuellement sur la base d'indications données dans les commentaires de Porphyre, de Jamblique et de Proclus.

Constatant l'importance de l'effort consacré à l'explication du *Philèbe* dans les écoles néoplatoniciennes, effort dont les notes du cours de Damascius ne sont qu'un très faible écho, nous pouvons nous interroger sur les raisons de cette place prééminente du dialogue de Platon. Pourquoi lisait-on autant le *Philèbe* dans les écoles néoplatoniciennes? Dans les pages qui suivent, je voudrais proposer (I) quelques éléments d'une réponse à cette question, esquissant aussi, plus rapidement, ce que les philosophes néoplatoniciens en général pensaient trouver dans le *Philèbe,* (II) dans le domaine de la métaphysique et (III) dans celui de l'éthique. Si les notes du cours de Damascius constituent la principale source d'information, il ne sera guère possible dans le cadre de la présentation globale proposée ici d'élaborer sur chaque point, notamment dans les sections II et III, les différenciations éventuelles que pourraient appeler les différentes « couches » de commentaires sous-jacentes au cours de Damascius.

Philèbe selon Proclus », dans *Proclus lecteur et interprète des anciens,* éd. J. Pépin, H.-D. Saffrey, Paris, 1987, p. 177-190.

1. Le cours de Damascius est édité et traduit par Westerink *(supra,* n. 2); par la suite l'édition est citée en abrégé : *Dam.*

2. On peut comparer cette pratique à celle suivie par Damascius vis-à-vis du commentaire de Proclus sur le *Phédon,* pratique mise en évidence dans l'édition de Westerink, *The Greek Commentaries on Plato's Phaedo,* t. II : *Damascius,* Amsterdam, 1977.

I

La formation philosophique dans les écoles de l'époque impériale se fondait en général sur la lecture de textes canoniques. Loin de fournir simplement l'occasion d'exercices d'explication de textes, ces œuvres devaient proposer à l'élève à la fois une sagesse philosophique et un itinéraire conduisant vers cette sagesse. C'est ainsi que les dialogues de Platon s'échelonnaient comme autant d'étapes du parcours de l'élève à travers des degrés des vertus morales (éthique et politique) et intellectuelles (connaissance en physique et en métaphysique) menant vers le Bien transcendant, l'ultime principe de toutes choses, l'Un. Cette finalité inspire déjà l'édition que donna Porphyre des traités de son maître : les textes de Plotin sont organisés selon un ordre, celui des *Ennéades,* qui est « anagogique », c'est-à-dire qui mène l'âme loin du monde sensible vers l'Un. La même intention oriente la rédaction de l'œuvre qu'a consacré Jamblique au pythagorisme[1]. Cette visée inspire surtout le curriculum des dialogues de Platon élaboré par Jamblique et adopté dans les écoles néoplatoniciennes par la suite[2]. Ce curriculum était composé de deux cycles, un premier cycle de dix dialogues commençant avec l'*Alcibiade* et s'achevant avec le *Philèbe,* sommet du cycle, le deuxième cycle étant composé de deux dialogues seulement, qui résument et achèvent l'étude de la philosophie de Platon, le *Timée* et le *Parménide.* Vu ce cadre très particulier de la pratique des écoles néoplatoniciennes, à partir notamment de l'époque de Jamblique, notre interrogation sur l'importance du *Philèbe* se précise et s'articule en deux questions : pourquoi choisir le *Philèbe* comme sommet du premier cycle de dialogues ? Quel est le rapport de ce sommet avec celui du deuxième cycle, le *Parménide ?*

Afin d'expliquer la place que pouvait prendre un dialogue platonicien dans son cursus d'études, Jamblique s'efforça de cerner la finalité, l'objectif (σκοπός), que devait avoir ce dialogue, finalité qui permettait de l'intégrer dans l'échelle des étapes anagogiques que constituait le cursus. Quel était donc l'objectif visé par le *Philèbe*, selon Jamblique ? A ce propos nos sources anciennes sont en désaccord. Les *Prolégomènes à la philosophie de Platon*, texte anonyme qui semble provenir de l'école néoplatonicienne d'Alexandrie du VIe siècle, attribuent à Jamblique l'avis que le *Philèbe*

1. Voir mon étude *Pythagoras Revived. Mathematics and Philosophy in Late Antiquity,* Oxford, 1989 (cité en abrégé par la suite : *Pythagoras),* p. 87-92.

2. Je résume ici des données bien connues; voir en premier lieu L. Westerink, J. Trouillard, A. Segonds, *Prolégomènes à la philosophie de Platon,* Paris, 1990, p. LXVIII-LXXIII, 39-40.

porte sur le Bien qui est au-delà de toutes choses[1]. Dans ce cas, le *Philèbe* représenterait vraiment le sommet du cursus philosophique, la connaissance du principe ultime de toutes choses, et en cela ne serait guère dépassé par le sommet du deuxième cycle du cursus, le *Parménide*. Le cours de Damascius attribue toutefois un autre avis à Jamblique, avis qui serait partagé par l'école de Syrianus et de Proclus, selon lequel le *Philèbe* vise, non pas le Bien transcendant et inatteignable, mais le bien immanent et manifesté dans les choses, auquel elles aspirent (§ 5). Damascius, à son tour (§ 6), limite encore plus le domaine concerné : il ne s'agit pas de toutes les choses, mais seulement des êtres doués de sensation[2]. Le *Philèbe*, selon cette perspective, ne serait donc pas le sommet du cursus philosophique, mais seulement une étape subordonnée à l'approche de la connaissance du principe ultime qui s'effectue, dans la mesure du possible, dans le *Parménide*.

Comment concilier ces témoignages discordants sur le rang que donnait Jamblique au *Philèbe* dans son curriculum ? Westerink résolut le problème en proposant de suivre plutôt le témoignage des *Prolégomènes*, dans l'hypothèse que la restriction (au bien immanent et manifesté) mentionnée chez Damascius ait été ajoutée par Syrianus et Proclus[3], restriction à laquelle Damascius a ajouté une limitation supplémentaire[4]. Dans ce cas, pouvons-nous conclure, le *Philèbe* aurait perdu progressivement un peu de son importance. Portant, chez Jamblique, sur le principe ultime, le Bien transcendant, il ne concerne plus, chez Syrianus et Proclus, que le bien en tant qu'immanent, dont l'importance est limitée encore plus, chez Damascius, au domaine des êtres doués de sensation. Par là, tout le premier cycle du cursus jamblichéen s'est subordonné progressivement au deuxième cycle. Dans l'école de Proclus, ce n'est qu'à la fin de ce deuxième cycle, avec la lecture du *Parménide*, qu'est atteint le sommet de l'itinéraire de l'âme en quête de sagesse.

La solution suggérée par Westerink pourrait éventuellement s'appuyer sur quelques réflexions complémentaires portant sur la structure du cursus envisagé par Jamblique. Car l'importance du *Philèbe* dans les écoles néoplatoniciennes dépend justement de sa fonction dans ce cursus. Les deux cycles du cursus comportaient, nous l'avons vu, un ensemble de dix dialogues, suivi d'un ensemble de deux dialogues dans lesquels sont « résumés » les dix dialogues précédents[5]. Comme je l'ai suggéré

1. *Cf.* l'édition citée *supra* (p. 193, n. 2), p. 30, 26-29.
2. Cf. *Philèbe* 11 b 4-c 1, 20 d 8-10.
3. *Dam.*, note au § 5.
4. Il s'agirait donc d'un cas de la stratification à laquelle il est fait allusion plus haut.
5. Voir *supra* p. 193 n. 2 et *Proclus, Sur le Premier Alcibiade de Platon*, éd. A. Segonds, Paris, 1985, 11, 14-20 (p. 9).

ailleurs[1], cette structure semble d'origine arithmétique (donc pythagoricienne, aux yeux de Jamblique), évoquant la série (complète) des dix premiers nombres, la décade, laquelle est contenue déjà potentiellement dans les deux premiers nombres, la monade et la dyade. Ainsi le *Philèbe* serait la monade de la série de dix, le *Parménide* son équivalent dans la série de deux[2]. En ce cas, dans l'esprit de Jamblique, le *Philèbe* aurait eu presque la même valeur que le *Parménide*, traitant des plus hauts sujets de la métaphysique (notamment le Bien transcendant), même si, dans une seconde approche – dans le deuxième cycle – le *Parménide* permettait une étude plus élaborée et plus approfondie de ces mêmes sujets. En limitant le domaine concerné par le *Philèbe* au bien immanent, Syrianus et Proclus auraient subordonné, d'une manière plus nette que ce n'était le cas chez Jamblique, le *Philèbe* au *Parménide*, le premier cycle de dialogues au deuxième cycle. Une tentative pour subordonner le *Philèbe* au *Parménide* se fait sentir déjà dans l'avis d'un certain Pisitheus, élève de Théodore d'Asiné, avis rapporté par Damascius (§ 3). A cette subordination correspond enfin une subordination de Pythagore – dont nous remarquerons bientôt la présence dans le *Philèbe* – à Platon dans la pensée de Proclus[3].

Pourquoi Jamblique avait-il trouvé dans le *Philèbe* un texte portant sur les connaissances les plus hautes de la métaphysique, la connaissance en particulier du Bien transcendant ? Pourquoi ne pas se servir plutôt de la *République*, par exemple, à cette fin ? Une piste de recherche qui me semble appropriée dans le cas de Jamblique – c'est lui, en effet, qui a donné au *Philèbe* une primauté que ses successeurs n'ont fait que limiter et restreindre par la suite – est celle de l'origine supposée pythagoricienne des doctrines du *Philèbe*. De cette idée il existe quelques indications. Sur un point d'exégèse, Jamblique se disait suivre « Pythagore »[4], et il est éventuellement à l'origine de l'idée selon laquelle le *Philèbe* serait nommé d'après un pythagoricien[5]. C'est à Jamblique également que devrait remonter l'affirmation de Proclus selon laquelle Platon avait reçu des pythagoriciens la doctrine des deux principes premiers du *Philèbe* (16 c,

1. *Pythagoras*, p. 97.

2. Cet argument n'est pas décisif, cependant. On peut imaginer, dans le néoplatonisme, aussi bien un couple monade-dyade immanent à la décade, faisant partie de la série de nombres, qu'un couple transcendant la décade.

3. Cf. *Pythagoras*, p. 148-149.

4. *Dam.* § 57 (= Dillon, fr. 3).

5. L. Westerink, *Olympiodorus Commentary on the First Alcibiades of Plato*, Amsterdam, 1982[2], 2, 92-93 ; Olympiodore trouve aussi une allusion au pythagoricien Archytas (ami de Platon) dans le *Philèbe* (Westerink, *ad loc.*, renvoie à *Philèbe* 44 b 6-c 2, lu en rapport avec *Dam.*, § 204, 1-2).

23 c), la limite et l'illimité, doctrine exprimée dans les écrits du pythagoricien Philolaus [1]. Proclus fait référence au fragment 1 de Philolaus, texte qu'il cite ailleurs aussi en rapport avec le *Philèbe* [2]. Il circulait ainsi de toute évidence dans les écoles néoplatoniciennes des textes du pythagoricien Philolaus [3], l'expression écrite d'une métaphysique remontant à Pythagore dont Socrate se serait inspiré dans son exposé des principes premiers de la réalité dans le *Philèbe*. Cette approche pythagorisante du *Philèbe* est sans doute l'œuvre de Jamblique [4]. Par la suite, les néoplatoniciens, et notamment Proclus, ont moins insisté sur le pythagorisme de Platon et auraient souligné, dans le cas présent, la prédominance du *Parménide* par rapport au *Philèbe*, même si le *Philèbe* continuait d'occuper une place privilégiée dans le cursus des études.

En somme, le *Philèbe* a pris chez Jamblique une importance capitale : son élève devait espérer y découvrir la révélation, d'origine pythagoricienne, de la plus haute connaissance des principes premiers de la réalité, connaissance complétée et approfondie plus tard par l'étude du *Parménide*. Par la suite, cette primauté du *Philèbe* s'est vue contestée et limitée : le *Philèbe* n'avait plus la même portée métaphysique dans l'école de Syrianus, de Proclus et de Damascius, et la dimension éthique du dialogue s'est trouvée renforcée : il s'agit plutôt du bien immanent que recherchent toutes les choses ou seulement, chez Damascius, les êtres doués de sensation.

II

La détermination jamblichéenne de « l'objectif » du *Philèbe* et la modification de cette définition par ses successeurs nous invitent à nous demander quelle pourrait bien être cette haute connaissance métaphysique que Jamblique espérait découvrir dans le dialogue, quelle est l'éthique que

1. Proclus, *Théologie platonicienne*, éd. H. Saffrey et L. Westerink, livre I, Paris, 1968, chap. 5, p. 26, 1-9 (avec la note 1).

2. *Théologie platonicienne*, éd. H. Saffrey et L. Westerink, livre III, Paris, 1978, chap. 8, p. 30, 19-23 (avec la note 8).

3. Ce n'est pas par hasard que pratiquement tous les fragments de Philolaus sont préservés soit par Jamblique, soit par une de ses sources « pythagoriciennes » (Nicomaque de Gérase), soit dans l'anthologie de Jean Stobée, qui semble disposer d'une riche documentation provenant de l'école de Jamblique (extraits de sa correspondance, de ses traités). Pour la promotion d'écrits pythagoriciens et pseudo-pythagoriciens par Jamblique, voir *Pythagoras*, p. 96-97, 102-103.

4. Voir *Pythagoras*, p. 86-105, sur le programme pythagorisant de Jamblique.

les néoplatoniciens ont pu en tirer. En abordant ces questions ici et dans la section suivante, je dois me limiter à proposer un aperçu global, en-deçà des différenciations entre « couches » du cours de Damascius telle que celle suggérée dans la section précédente.

Les néoplatoniciens pensaient trouver dans quelques passages-clés du *Philèbe* (16 c-d, 23 c-d) toute une théorie de la structure de la réalité, réalité hiérarchique constituée de niveaux de l'être intelligible et de l'être sensible, des degrés de mélanges d'unité et de multiplicité renvoyant en fin de compte à deux principes primordiaux, la limite et l'illimité [1]. Cette structure est une progression, une « émanation », de l'unité vers la multiplicité infinie (cf. *Philèbe,* 16 d 7-e 1) à travers des niveaux constitués chacun par des principes analogues aux deux principes fondamentaux, la limite et l'illimité [2]. Le *Philèbe* (17 a) permet de souligner la continuité de cette progression, qui doit passer par toutes les étapes intermédiaires [3]. Révélée par le personnage de Prométhée *(Philèbe,* 16 c 6), selon Jamblique, cette progression revient sur elle-même dans un retour des choses vers l'unité, retour révélé par Epiméthée (§§ 57-59). A ce double rythme, progressif et régressif, de la constitution des choses, répond une méthode métaphysique correspondante, la méthode « dialectique » du *Philèbe* (57 e 6-7) qui, épousant le mouvement de l'être, opère une division continue descendante, à laquelle correspond une analyse continue ascendante [4].

Au-delà du premier niveau de l'être intelligible, lui aussi mélange d'unité et de multiplicité, se trouvent les deux principes fondamentaux, la limite et l'illimité [5]. Au-delà de l'être intelligible, cela veut dire au-delà de la connaissance. D'où la difficulté d'en parler, difficulté que le lecteur néoplatonicien ressent dans une certaine imprécision du langage de Platon,

1. *Dam.*, § 42-43, 62, 98.

2. *Dam.*, § 98-100, 109-110, 240; cf. *Pythagoras,* p. 226-227 (extraits du livre de Jamblique sur *L'Arithmétique en Théologie,* lignes 64-78).

3. *Dam.*, § 64-65, 102.

4. *Dam.*, § 65-69. Sur l'identification, chez les néoplatoniciens, de la « dialectique » de Platon avec la « philosophie première » ou « théologie » (c'est-à-dire la métaphysique) d'Aristote, et sur les méthodes de cette dialectique néoplatonicienne, voir mon article, « Le problème de la métaphysique dans l'antiquité tardive », *Freiburger Zeitschrift für Philosophie und Theologie* 33, 1986, p. 3-22.

5. Les deux principes sont appelés « hénades » chez Proclus, *Théologie Platonicienne,* livre III, chap. 9, p. 36, 12-15 (le terme « hénade » provient du *Philèbe,* 15 a 6). Jamblique semble avoir introduit, pour la première fois dans le néoplatonisme, un niveau d'« hénades » intervenant entre le principe ultime (l'Un) et le niveau de l'être intelligible (*cf.* J. Dillon, « Iamblichus and Henads Again », dans *The Divine Iamblichus,* éd. H. Blumenthal et E. Clark, Bristol, 1993, p. 48-54). Damascius cependant (§ 44) applique le terme aux « sommets » des Formes.

là notamment où Platon parle de « l'un et du multiple [...] contenant la limite et l'illimité » *(Philèbe,* 16 c 5-7). En réalité il s'agit, non pas de quatre principes primordiaux, comme le pourrait laisser entendre une lecture non avisée du passage, mais de deux, la limite et l'illimité : Platon s'exprime ainsi de manière à suggérer son embarras face à l'ineffabilité du couple de principes transcendants et son désir d'en proposer une expression, une « manifestation », intelligible [1].

Les deux principes primordiaux présupposent à leur tour un principe unique ultime, l'Un (ou le Bien), leur source et ainsi la source de toute la réalité. Si l'on voit bien comment, déjà chez Plotin, le néoplatonisme devait postuler une cause unique et ultime des choses, il est moins évident de comprendre comment l'on croyait pouvoir trouver cette cause dans le *Philèbe.* Or des indications repérées dans le dialogue le permettaient, pensait-on. Il y a d'abord l'affirmation de la priorité de l'un par rapport au multiple *(Philèbe,* 16 d 1). Or le couple de principes transcendants est déjà un multiple [2]. Ensuite, la cause du mélange dont il est question dans le texte *(Philèbe,* 26 e-27 b), à laquelle sont sujets la limite et l'illimité, devrait correspondre à ce principe ultime [3]. Enfin, une lecture curieuse de *Philèbe,* 23 c 9-10 a permis d'y découvrir la présence de l'Un. Dans ce passage, Platon dit : « Dieu... a révélé qu'il y a, dans les êtres, et de l'illimité et de la limite ». Or Proclus a lu le mot « révélé » selon un sens existentiel, c'est-à-dire comme exprimant une production révélatrice par l'Un du couple limite-illimité [4]. Il fallait bien de telles prouesses exégétiques pour accommoder le *Philèbe* à la métaphysique néoplatonicienne.

Si le couple limite-illimité est ineffable car au-delà de l'être intelligible, c'est le cas aussi, *a fortiori*, de l'Un : les trois « uns », la limite, l'illimité et l'Un, sont inconnaissables et ineffables [5]. On peut s'en approcher dans la mesure où ils s'expriment au niveau intelligible. Ainsi l'Un ultime se manifeste dans la triade Vérité-Beauté-Proportion [6]. L'ineffabilité de l'Un se ressent aussi, comme dans le cas du couple limite-illimité, dans le discours particulier utilisé par Platon qui, au lieu de se référer directement à l'Un (le Bien), parle de l'Un dans les autres, « sur » ou « autour » (περὶ) de la mesure, de la proportion, etc. [7].

1. *Dam.,* § 62; *cf.* § 98, 103, 226-227.
2. *Dam.* § 66; *cf.* § 108.
3. Cf. *Dam.* § 104; Proclus, *Théologie Platonicienne,* III, 9, p. 36, 23 *sq.*
4. Proclus, *Théologie Platonicienne,* III, 9, p. 36, 10-19 (avec la note 1, p. 121).
5. *Dam.,* § 103, 245.
6. *Philèbe,* 65 a 1-5; *Dam.,* § 238-239, 245; sur ce point, voir Combès, art. cit. *(supra,* p. 191, n. 4).
7. *Philèbe,* 66 a 6-7, b 1-2; *Dam.,* § 252; voir mon article « Le problème du discours sur l'indicible chez Plotin », *Revue de théologie et de philosophie* 122, 1990, p. 145-156;

III

A supposer que l'on puisse ainsi extraire du *Philèbe* une métaphysique néoplatonicienne, quel pourrait être le rapport entre cette métaphysique et la dimension éthique du dialogue, dimension mieux prise en compte, semble-t-il, dans les écoles de Proclus et Damascius ? Autrement dit, quel est le rapport entre le Bien absolu de la métaphysique et le bien de l'homme dans l'éthique, le bonheur humain (cf. *Philèbe,* 11 d 5-6) ? Ce rapport est suggéré dans la définition de la philosophie que tiraient les néoplatoniciens du *Théétète* de Platon (176 b) : la philosophie est une « assimilation [de l'homme] à Dieu dans la mesure du possible ». Le bien humain serait ainsi une assimilation progressive à l'être divin, c'est-à-dire, en dernière analyse, au Bien absolu. La fin (τέλος) de l'homme est donc une imitation de la fin absolue qu'est le principe premier[1]. Ce principe jouirait d'une vie divine (cf. *Philèbe,* 33 b 6-11) à laquelle des formes de vie inférieures pourraient s'assimiler à des degrés différents, exprimant ainsi de manière composite et défectueuse l'intégrité parfaite de la vie de l'Un[2].

L'enseignement métaphysique du *Philèbe* nous apprend ainsi le paradigme suprême d'une vie parfaite, celle de l'Un, auquel peut s'assimiler l'homme autant que possible et ainsi atteindre le bien humain. Mais la pratique de cette connaissance métaphysique est aussi, en elle-même, une vertu intellectuelle vécue, une forme supérieure de vie, une vie divine, la vie « contemplative » (βίος θεωρητικός) qui représentait déjà chez Aristote le bonheur par excellence de l'homme[3]. Aristote prévoyait aussi un bien humain moins exalté, un bonheur de second rang, celui d'une vie « pratique » (βίος πολιτικός) marquée par les vertus morales. Chez les néoplatoniciens, la vie pratique était considérée comme une forme (inférieure) d'assimilation à la vie divine. Elle pouvait ainsi mener, par une intensification du processus d'assimilation, au-delà d'elle-même vers la vie contemplative, plus proche de la vie divine[4]. Cette hiérarchie de formes de vie s'approchant de la vie divine s'exprimerait, selon l'interprète

Damascius, *Traité des premiers principes,* éd. L. Westerink et J. Combès, t. I, Paris, 1986, p. 8, 17-20

1. *Dam.,* § 74.

2. *Dam.,* § 151, 154, 80.

3. Aristote, *Ethique à Nicomaque,* X, 7-8; *Dam.,* § 231; *cf.* § 10 (sur Porphyre et Jamblique).

4. Voir mon article « Vie politique et divinisation dans la philosophie néoplatonicienne » dans *ΣΟΦΙΗΣ ΜΑΙΗΤΟΡΕΣ. Chercheurs de sagesse.* Hommage à Jean Pépin, éd. M.-O. Goulet-Cazé *et al.,* Paris, 1992, p. 501 -510.

néoplatonicien, dans les mélanges de pensée et de plaisir étudiés dans le *Philèbe*[1].

Le lecteur néoplatonicien ne pouvait ignorer la place importante qu'occupe le plaisir dans le dialogue de Platon. Le dialogue a même donné lieu à des discussions intéressantes, chez les commentateurs néoplatoniciens, sur la nature du plaisir, sa multiplicité de formes, l'intégration sélective, à l'instar du *Philèbe,* de certains types de plaisir dans les niveaux de bonheur représentés par la vie pratique et la vie contemplative. Je me limiterai ici à la mention de quelques éléments de ces discussions telles qu'elles s'expriment dans le cours de Damascius[2].

Tout en signalant la complexité du plaisir, une multiplicité qui ne peut représenter qu'une unité très particulière, celle d'une série qui se rapporte à un terme unique[3], le cours de Damascius en propose quelques descriptions globales : le plaisir est une sorte de relâchement (διάχυσις) associé à un changement ou une activité, un affect (πάθος) subi dans un changement ou accompagnant une activité[4]. Dans cette multiplicité de plaisirs deux distinctions sont mises en évidence, celle distinguant les plaisirs du corps de ceux de l'âme[5], et celle, intervenant aussi bien au niveau des plaisirs de l'âme qu'à celui des plaisirs du corps, différenciant les plaisirs liés à un changement quelconque de ceux qui accompagnent l'exercice naturel et sans obstacle d'une activité[6]. Cette dernière distinction évoque la démarcation épicurienne entre plaisirs « cinétiques » et plaisirs « catastématiques »[7], ces derniers, chez Damascius comme chez Epicure, ayant une plus grande valeur au niveau de l'âme, par rapport aux autres plaisirs et de l'âme et du corps. De telles différenciations permettent en fait une gradation et donc une sélection des types de plaisirs qui peuvent être admis dans une vie qui est le bien humain, une sélection telle que celle qui est opérée à la fin du *Philèbe.*

La gradation, qui représente une progression (πρόοδος) ou montée vers des niveaux de vie supérieurs, est la suivante :

1. *Philèbe,* 61 d-64 a; *Dam.,* § 231.

2. Une étude plus détaillée, notamment de l'inspiration épicurienne, de ce qui suit est proposée dans mon article « Epicurus neoplatonicus », *Zur Rezeption der hellenistischen Philosophie in der Spätantike*, éd. T. Fuhrer, M. Erler, Stuttgart, 1999.

3. ἀφ' ἑνὸς καὶ πρὸς ἕν : *Dam.,* § 34 (sur l'arrière-fond aristotélicien et la réinterprétation néoplatonicienne de cette conception, voir la note de Westerink *ad loc.).*

4. *Dam.,* § 35, 118, 121, 143, 170, 172, 207.

5. *Dam.,* § 142, 146, 155, 164, 191, 194. Cette distinction est délicate dans la mesure où les plaisirs du corps sont ceux d'un corps organique, donc *animé ;* il y a aussi des transferts entre les deux types de plaisir (§ 146).

6. *Dam,* § 87, 136, 154, 190.

7. *Dam.,* § 190, Diogène Laërce, X, 136; voir M. Conche, *Epicure, Lettres et Maximes,* Paris, 1987, p. 70-71.

1. Les plaisirs cinétiques naturels du corps ;

2. Les plaisirs cinétiques de l'âme associés soit à un mouvement allant vers ce qui est en accord avec la nature de l'âme, soit à un mouvement en accord avec cette nature ;

3. Les plaisirs catastématiques de l'âme ;

4. Le plaisir de l'intellect qui accompagne son activité noétique ;

5. Le plaisir de l'essence de l'intellect, paradigme du plaisir ;

6. Le plaisir comme divinité (cf. *Philèbe,* 12 b) ;

7. Ce qui est au-delà du plaisir [1].

Les degrés supérieurs de cette gradation [2] correspondent à des niveaux d'assimilation plus élevés vers la vie divine, vers la vie contemplative parfaite qui est représentée au niveau 5 et qui, avec les niveaux qui lui sont supérieurs, constitue le paradigme du bonheur de l'homme.

IV

Les pages qui précèdent ne font qu'esquisser quelques lignes permettant d'orienter le lecteur du *Philèbe* qui aborde la question de la réception du dialogue platonicien dans la philosophie de l'Antiquité tardive. Une étude plus poussée de tel ou tel aspect de cette réception nécessiterait une prise en compte non seulement de la complexité de l'héritage accumulé dans le cours de Damascius, mais aussi des insuffisances de ce cours comme expression de cet héritage, insuffisances qui demandent des recherches sur la présence du *Philèbe* ailleurs dans la littérature néoplatonicienne. L'esquisse proposée ici pourrait laisser entrevoir l'intérêt de telles recherches.

1. *Dam.,* § 155.

2. Le degré 1 de la gradation semble rejeté au § 152.

ÉPILOGUE

MANGEONS, BUVONS, CAR DEMAIN NOUS MOURRONS

(SAINT PAUL, 1 *COR.*, XV, 32)

Jean SALEM

Manducemus et bibamus, cras enim moriemur !, « mangeons et buvons, car demain nous mourrons ! », lit-on dans la première épître que saint Paul adressa aux chrétiens de Corinthe[1]. Après avoir étudié de plus près le contexte dans lequel elle se donne à lire (I), après avoir rappelé que cette formule assez curieuse – curieuse en ce sens qu'elle n'est pas clairement mise au compte des impies par l'apôtre – est déjà présente dans deux livres de l'*Ancien Testament* et qu'on la retrouve également dans l'ancienne Égypte, ainsi que chez Anacréon, chez Horace, chez Pétrone ou bien encore chez Athénée (II), nous verrons – et cela fera l'objet de la dernière partie de cette étude – (III) qu'elle a connu trois sortes de postérités en histoire des idées :

1) comme l'avaient fait plusieurs Pères de l'Église, les principaux écrivains réformés s'efforceront de refaire, somme toute, une vertu aux déconcertantes paroles de l'apôtre, de démontrer autrement dit que Paul s'en prend bel et bien ici à l'hédonisme le plus grossier, qu'il *dénonce* et n'endosse en aucune façon la doctrine selon laquelle les humains, à l'instar des bêtes brutes elles-mêmes, œuvrent exclusivement « pour leur ventre et pour la volupté de la chair »[2] ; qu'il rejoint en quelque façon ce que Platon

1. Saint Paul, *Première Épître aux Corinthiens*, XV, 32.

2. *Cf.* Plutarque (qui prétend résumer ainsi la doctrine morale du Jardin), *Contre l'épicurien Colotès*, 1125 *b* : καὶ ταῦτα τὰ πάθη καὶ τὰ δόγματα λόγων καὶ γραμμάτων ἀπορίᾳ τὰ

avait déclaré dans un passage du *Philèbe :* « Même si tous les bœufs et les chevaux et toutes les bêtes à l'envi témoignent du contraire par leur chasse à la jouissance », τὸ χαίρειν διώκειν, nous ne devons pas tenir l'animal comme un témoin autorisé de ce qui convient le plus à notre nature [1] ;

2) d'autres, qui sont de « faux » épicuriens (c'est-à-dire des *voluptueux inquiets*), reprendront tout au contraire cette même formule à leur compte ; ils en tireront, quant à eux, une leçon d'irréligion et ils y liront une sorte d'exhortation confortant leur propre hédonisme ;

3) on trouve, en troisième lieu, quelques lectures délibérément *anti-religieuses* de cette phrase : leurs auteurs prétendront y voir un aveu, – l'aveu de cet utilitarisme grossier et intéressé qui, selon Renan ou Ludwig Feuerbach, constitue le premier principe de la soumission à un culte et à une Église.

Nous nous proposons donc, conformément à la méthode que nous a enseignée Jean Deprun, d'étudier ici le présent, le passé, puis enfin le triple destin de cette formule éminemment singulière : « mangeons et buvons, car demain nous mourrons ! ».

I

Paul – Paul de Tarse[2], cet « Hébreu, fils d'Hébreu »[3], cet homme de formation rabbinique qui sous le nom de Saül avait naguère ravagé la communauté chrétienne[4] – s'adresse désormais aux chrétiens de Corinthe un peu comme leur directeur de conscience, comme le *redresseur* de leurs dogmes ainsi que de leurs mœurs dépravées. A Corinthe, il y avait parmi les Grecs beaucoup de gens de basse condition, disputeurs, aimant les coteries. Quelques-uns même étaient retombés dans leurs habitudes païennes ; et les vices dont leur ville était le théâtre (Corinthe était alors la Babylone de la Grèce) pouvaient, au grand dam de saint Paul, déteindre sur des fidèles très récemment acquis à l'Église romaine.

C'est donc dans ce contexte que l'apôtre écrit à ces gens :

> 12 Si l'on prêche que le Christ est ressuscité des morts, comment certains parmi vous peuvent-ils dire qu'il n'y a pas de résurrection

θηρία βρυχήμασι καὶ χρεμετισμοῖς καὶ μυκήμασι δηλοῖ, καὶ πᾶσα φωνὴ γαστρός ἐστιν αὐτοῖς καὶ σαρκὸς ἡδονὴν ἀσπαζομένη καὶ σαίνουσα παροῦσαν ἢ μέλλουσαν.

1. Platon, *Philèbe,* 67 b (trad. A. Diès) ; Paris, Les Belles Lettres, 1941, rééd. 1978, p. 94.

2. *Actes des Apôtres,* XXII, 3 : « Je suis Juif, né à Tarse, en Cilicie. »

3. *Ibid.*, XXIII, 6.

4. Cf. *ibid.*, XXII, 4 : « J'ai persécuté à mort cette voie, chargeant de chaînes et jetant en prison hommes et femmes. »

> des morts ! 13 S'il n'y a pas de résurrection des morts, le Christ non plus n'est pas ressuscité. 14 Mais si le Christ n'est pas ressuscité, alors notre prédication est vide, vide aussi votre foi. [...] 19 Si c'est pour cette vie seulement que nous avons mis notre espoir dans le Christ, nous sommes les plus malheureux de tous les hommes[1].

Pour le dire avec les mots qui seront bien plus tard ceux de Vladimir Soloviev, « nous n'avons qu'un appui : la résurrection réelle »[2].

> 20 Mais non, poursuit saint Paul, le Christ est ressuscité des morts, prémices de ceux qui se sont endormis. 21 Car la mort étant venue par un homme, c'est par un homme aussi que vient la résurrection des morts. 22 De même en effet que tous meurent en Adam, tous aussi revivront dans le Christ.

Ici affleure la doctrine dite du *corps glorieux,* le dogme selon lequel le Christ « métamorphosera le corps de notre humilité en une forme telle que celle du corps de sa gloire »[3]. – C'est que si Satan n'avait pas tenté l'homme, lequel fut initialement créé pour l'*aphtarsia,* l'incorruptibilité, si l'homme n'avait pas succombé à la tentation, la mort n'aurait pas atteint l'humanité. Voyez l'*Épître aux Romains,* VI, 23 : « le salaire du péché, c'est la mort » ; inversement, depuis le sacrifice du Sauveur, la mort ne peut plus exercer d'action nuisible contre ceux qui profitent de la rédemption. En vertu de la victoire de Jésus-Christ, il n'y aura en effet « plus de mort »[4].

> 29 S'il en était autrement, continue saint Paul, que gagneraient ceux qui se font baptiser pour les morts ? Si les morts ne ressuscitent absolument pas, pourquoi donc se font-ils baptiser pour eux ? 30 Et nous-mêmes, pourquoi à toute heure nous exposer au péril ? 31 Chaque jour je meurs. [...] 32 Si c'est dans des vues humaines que j'ai livré combat contre les bêtes à Éphèse, que m'en revient-il ?

Zwingli (mais non pas Jean Calvin) interprétera cela allégoriquement : Paul a lutté, nous dit-il, contre les bêtes des *passions,* et cette *thériomachie*

1. Saint Paul, *Première Épître aux Corinthiens,* XV, 12-19.

2. V. Soloviev, *Trois entretiens sur la guerre, la morale et la religion* [1899], 3e éd. russe : Saint-Pétersbourg, Fontanka, 1901, p. 138 : Наша опора одна : действительное воскресенье (trad. franç. par B. Merchadier et F. Rouleau : Paris, éd. O.E.I.L., 1984, p. 172).

3. *Cf.* Saint Paul, *Épître aux Philippiens,* III, 21.

4. *Apocalypse,* XXI, 4.

ne concerne guère que des combats symboliques, des luttes exclusivement spirituelles [1].

> Si les morts ne ressuscitent pas, *mangeons et buvons, car demain nous mourrons* [cela donne dans la Bible des Septante : εἰ νεκροὶ οὐκ ἐγείρονται, Φάγωμεν καὶ πίωμεν, αὔριον γὰρ ἀποθνῄσκομεν]. 33 Ne vous y trompez pas : « Les mauvaises compagnies corrompent les bonnes mœurs ».

Cette dernière phrase, notons-le au passage, reproduit un vers de la *Thaïs* de Ménandre, poète comique qui avait été un ami d'Épicure : car il s'agit, on s'en souvient, de faire revenir dans le droit chemin les chrétiens de Corinthe qui tendent à se laisser corrompre.

« Si les morts ne ressuscitent pas, *alors* mangeons et buvons car demain nous mourrons » [2] : c'est bien là, au premier examen, ce que paraît déclarer l'apôtre *en son nom.* Et c'est ce très invraisemblable *alors* [3] qui risque de nous acheminer vers une conséquence bien peu glorieuse : « s'il n'y avait pas la résurrection, *alors,* paraît déclarer Paul, nous pourrions vivre comme de grossiers épicuriens », comme des hédonistes, comme des viveurs constamment taraudés par l'angoisse et courant sans cesse au plaisir pour faire la nique au temps qui passe. Pareille idée, après tout, ne constituerait pas un *hapax* dans l'ensemble du *Nouveau Testament :* saint Paul lui-même ne déclare-t-il pas devant les docteurs de l'Aréopage que si « Dieu fait maintenant savoir aux hommes d'avoir tous et partout à se repentir », c'est essentiellement parce qu'Il a « offert à tous une *garantie* en ressuscitant un homme d'entre les morts » [4].

II

Tâchons maintenant de découvrir quel fut le passé de cette devise qu'on nous dit être celle des impies. Nous savons qu'à la différence d'Épicure, les disciples d'Aristippe de Cyrène (vers 435/350 av. J.-C.) n'avaient « pas

1. *Cf.* J. Calvin, *Commentaires de Jehan Calvin sur le Nouveau Testament,* Paris, Librairie de Ch. Meyrueis et Cie, 1855, t. III, p. 498. – Sur la lecture qu'Ulrich Zwingli (1484/1531) fit de ce passage, *cf.* notamment sa *Complanationis Isaiæ prophetæ fœtura prima,* Tiguri, C. Froschouer, 1529, p. 108 et *passim.*

2. C'est là la traduction qu'adopte Jean Héring, dans *La Première Épître de saint Paul aux Corinthiens,* Neufchâtel, Delachaux et Niestlé, 1959, p. 142.

3. Qui dans le texte grec, il faut le reconnaître, ne correspond guère qu'à un *écho* du εἰ, « si », placé en début de phrase et du γάρ, « car », qui figure dans la dernière des propositions qu'on y lit (« *car* demain nous mourrons »).

4. *Actes des Apôtres,* XVII, 30-31.

rougi », pour parler comme Cicéron, de nier qu'il existât un plaisir en repos[1] ni « de placer le souverain bien dans le plaisir que les épicuriens appellent cinétique, en mouvement[2] ». C'est que les Cyrénaïques, les premiers, avaient formulé l'accusation selon laquelle ce plaisir dont parle Épicure correspond à l'état d'un homme endormi, voire à celui d'un pur cadavre, νεκροῦ κατάστασις[3]. Il y aurait là, pour pasticher le Calliclès du *Gorgias*, un plaisir comparable à celui des pierres, ou bien à celui d'une dent qui ne souffre pas[4].

Nous tenons là deux lignes divergentes du matérialisme hédoniste : et quoi qu'en aient pensé les Pères de l'Église, Épicure *ne fut pas* un voluptueux inquiet. Pour lui, il ne s'agit pas tant de nous inciter à cueillir « dès aujourd'hui les roses de la vie »[5] que de nous inviter à suspendre en quelque façon le vol du temps qui passe – pour parler comme Lamartine. Sa visée consiste à nous faire échapper à l'excitation cyclothymique qui sans cesse étreint l'insensé, à la structure pathologique, maniaco-dépressive, du désir infini, qui fait qu'après de grands élans, de grands passages euphoriques, nous sommes l'objet de grandes « déprimes » jusqu'à ce que le désir, à nouveau, nous relance. On découvre ainsi ou l'on redécouvre qu'une tradition que j'appellerais *anacréontique*, celle d'Omar Khayyam, celle du *faux* épicurisme des poètes de la Pléiade, a tout autant voix au chapitre lorsqu'il s'agit de méditer en athée sur les mobiles de l'agir humain ou sur la possibilité d'être heureux. Ainsi touchons-nous ici au caractère problématique et à l'inévitable complexité d'une théorie matérialiste du plaisir. Cette nostalgie de l'heure qui fuit, cette hâte vers la jouissance qu'induit le constant souci de la mort, on la trouve chez les poètes du vin et des jeunes garçons, on la rencontre encore dans l'œuvre d'Horace et chez bien des libertins du siècle de Louis XIV : aussi avons-nous quelque chance de glaner chez tous ces auteurs des occurrences du *Manducemus et bibamus, cras enim morlemur !*

Mais il convient au préalable que nous indiquions quels sont dans l'*Ancien Testament* les antécédents de la formule que nous étudions. Car on ne compte pas moins de quarante-six citations du *Testament* hébraïque dans la *Première aux Corinthiens*[6] ; et saint Paul se plaît à faire ressortir ce

1. Cicéron, *De finibus*, II, XIII, 39.

2. Cf. *ibid.*

3. Clément d'Alexandrie, *Stromates*, II, 21 ; *cf.* également Diogène Laërce, *Vies*, II, 89.

4. Voir les sarcasmes très comparables que Calliclès adresse à Socrate, dans le *Gorgias* de Platon (492 c-d).

5. *Cf.* P. de Ronsard, *Sonnets pour Hélène*, II, XLIII.

6. Dans la *Première aux Corinthiens*, *Isaïe* est cité douze fois et la *Sagesse* à deux reprises.

qu'il tient pour une mystérieuse concordance entre la nouvelle loi et l'ancienne. Or il y a dans la *Sagesse* (II, 5-8) un certain *Discours des impies,* dans lequel s'exprime déjà l'hédonisme que l'*Épître aux Corinthiens* vitupère :

> 5 Oui, nos jours sont le passage d'une ombre;
> la mort ne retourne point sur ses pas,
> le sceau est apposé : nul ne revient.
> 6 A l'œuvre donc! Jouissons des biens véritables, usons des créatures avec l'ardeur de la jeunesse.
> 7 Enivrons-nous de vins exquis et de parfums; ne laissons point passer la fleur du printemps,
> 8 couronnons-nous de roses, avant qu'elles ne se fanent…

Mais c'est surtout dans le livre d'*Isaïe* que nous trouverons le précédent vétérotestamentaire dont la formule utilisée par saint Paul constitue le strict démarquage. Il s'agit d'imprécations, dans lesquelles il est notamment affirmé qu'Assur est un instrument dont la main de Dieu se sert afin de mieux punir Israël. Voici ce que déclare ici le prophète :

> 12 Le Seigneur Yahvé Sabaot vous appelait
> ce jour-là
> à pleurer et à vous lamenter,
> à vous tondre et à ceindre le sac.
> 13 Et voici la joie et l'allégresse,
> on tue des bœufs et on égorge des moutons,
> on mange de la viande et on boit du vin
> *« Mangeons et buvons,*
> *car demain nous mourrons. »*
> 14 Mes oreilles ont reçu cette révélation
> de Yahvé Sabaot :
> « Jamais ce péché ne sera expié,
> que vous ne soyez morts »,
> dit le Seigneur Yahvé Sabaot.

Ce même livre prophétique confirme d'ailleurs à plusieurs reprises la condamnation de ceux qui, abandonnant la loi de Dieu, se sont adonnés aux plaisirs [1]. Et c'est donc de ce contexte-là que Paul aura, pour l'essentiel, tiré cette inquiétante conséquence : « Si les morts ne ressuscitent pas, *mangeons et buvons, car demain nous mourrons* » [2].

1. Cf. *Isaïe,* V, 11. – *Cf.* également *ibid.*, XXVIII, 7.

2. La *Bible de Jérusalem* (que nous citons ici) donne de ce passage une version plus fidèle et « sonne » moins grossièrement utilitariste que la traduction due à J. Héring (*cf.* ci-dessus, p. 208 et n. 2).

Mais voici qu'un témoignage relatif à l'ancienne Égypte nous renvoie encore en arrière, et vient mêler au *topos* que nous étudions une macabre leçon de ténèbres. Dans la section de l'œuvre d'Hérodote consacrée à l'histoire de Cambyse (roi de Perse qui régna de 528 à 521 av. J.-C., conquit l'Égypte en 525 et y fonda la XXIIe dynastie), il est rapporté ce qui suit :

> Au cours des réunions chez les riches Égyptiens, après que le repas est terminé, un homme porte à la ronde une figurine de bois dans un cercueil, peinte et sculptée à l'imitation très exacte d'un mort, mesurant en tout environ une coudée ou deux ; il montre cette figure à chacun des convives en lui disant : « Regarde celui-là, et puis bois et prends du plaisir ; car, une fois mort, tu seras comme lui » ('Ες τοῦτον ὁρέων πῖνέ τε καὶ τέρπεο· ἔσεαι γὰρ ἀποθανὼν τοιοῦτος). Voilà ce qu'ils font pendant qu'ils sont réunis pour boire [1].

Cette même coutume est également mentionnée chez Plutarque [2], ainsi que chez Lucien de Samosate : l'Égyptien, écrit Lucien, « j'en suis témoin oculaire, fait sécher [ses morts], les invite à sa table et en fait des convives » [3].

G. Maspero, qui fut l'un des pères fondateurs de l'égyptologie, a fait allusion à ces textes dans un article publié en 1876 par l'*Annuaire de l'Association pour l'Encouragement des Études grecques en France* [4]. « Si les Romains et peut-être les Égyptiens d'époque romaine, écrivait Maspero, pour mieux parler aux yeux, faisaient passer dans leurs festins l'image d'un squelette, les Égyptiens d'époque pharaonique devaient faire passer dans les leurs l'image d'une momie » [5]. Puis il passe ensuite à l'étude de ce qu'il appelle « des variations sur le thème recueilli par Hérodote : "Vois cette image, puis bois et te réjouis ; car tu seras tel après la mort" » [6].

1. Hérodote, *Histoires*, II, 78 (trad. Ph.-E. Legrand); Paris, Les Belles Lettres, 1936, p. 77-78.

2. Plutarque, *Banquet des sept sages :* οὗτος μὲν γε, - λέγω δ' ἰδών, - ξηράνας τὸν νεκρόν, ξύνδειπνον καὶ ξυμπότην ἐποιήσατο.

3. Lucien, *Essai sur le Deuil*, dans *Œuvres complètes*, Paris, Hachette, 1857, p. 221.

4. Il s'agit de l' « ancêtre » direct de la *Revue des Études grecques*.

5. G. Maspero, « Nouveau fragment d'un commentaire sur le second livre d'Hérodote », *Annuaire de l'Association pour l'Encouragement des Études grecques en France*, X, 1876, p. 185-193 (cit. p. 186).

6. *Ibid.*, p. 189.

Il évoque le *Chant du harpiste* (chant dont le *leitmotiv* tient dans ces quelques mots : « Prends du bon temps, ô prêtre ! »)[1], puis remonte plus haut dans le temps et cite une sorte d'ode dans laquelle la même pensée est développée avec plus de force et plus d'éloquence : il s'agit du *Chant de la maison du défunt roi Entew,* – l'une des œuvres classiques de la littérature égyptienne. Voici ce qu'on y peut lire :

> A vous qui allez vers le [lieu] d'où on ne revient pas !
> Tu es en bonne santé, ton cœur recherche avidement ce qui te fait plaisir :
> Suis ton cœur ;
> aie des parfums sur la tête...
> [...]
> Prends du bon temps, ne cesse point d'en prendre :
> il n'est personne qui emporte ses biens avec lui,
> il n'est personne qui s'en aille et qui revienne par la suite[2].

Montaigne, ainsi que Charron[3] (lequel l'imite ou le recopie très souvent), n'ont pas manqué de signaler cette impressionnante tradition. Dans le chapitre 20 du livre I des *Essais,* Montaigne, lorsqu'il nous conseille de *pourpenser* la mort continuellement afin de mieux en chasser la frayeur, afin de mieux *l'apprivoiser*[4], en vient à écrire :

> Parmy les festes et la joye, ayons toujours ce refrein de la souvenance de nostre condition, et ne nous laissons pas si fort emporter au plaisir, que par fois il ne nous repasse en la mémoire en combien de sortes cette nostre allegresse est en bute à la mort, et de combien de prinses elle la menasse. Ainsi faisoyent les Egyptiens, qui, au milieu de leurs festins et parmy leur meilleure chere, faisoient aporter l'Anatomie seche [*sc.* un squelette] d'un corps d'homme mort, pour servir d'advertissement aux conviez.
> *Omnem crede diem tibi diluxisse supremum.*
> *Grata superveniet, quae non sperabitur hora*[5].

1. Cf. *ibid.*, p. 188-189. – Nowerhotep, contemporain du roi Horemheb, vivait dans les dernières années de la XVIIIe dynastie (soit vers 1300 avant J.-C.).

2. G. Maspero, « Nouveau fragment d'un commentaire sur le second livre d'Hérodote », art. cit., p. 190-191.

3. *Cf.* P. Charron, *De la Sagesse,* Genève, Slatkine Reprints, 1968, vol. II, p. 244. – Voir la note de Charron lui-même, *loc. cit.*, p. 244 : « Voyez Hérodote, L. II : " J'ai assisté à des festins en Égypte, dit Lucien, où l'on place les morts au bout de la table ; et quelquefois un homme, par nécessité, prête la carcasse de son père ou de sa mère, pour servir à cet usage ", Lucien, dialogue *du Deuil.* ».

4. M. de Montaigne, *Essais,* I, XX ; Paris, P. U. F., 1965, rééd. : 1978, t. I, p. 86 et 88.

5. *Ibid.*, t. I, p. 87. – Les deux vers latins qu'on lit à la fin de cette dernière citation comportent ce conseil qu'Horace avait adressé à Tibulle (*Ep.*, I, IV, 13) : « Imagine-toi que

Et Montaigne revient encore là-dessus dans un ajout très postérieur [1], en introduisant, à quelques pages de distance, dans le même *Essai,* une nouvelle mention de cette coutume si baroque :

> Comme les Égyptiens, écrit-il alors, faisoient presenter aux assistans une grand'image de la mort par un qui leur crioit : *Boy et t'esjouy, car, mort, tu seras tel :* aussi ay-je pris en coustume d'avoir, non seulement en l'imagination, mais continuellement la mort en la bouche [2].

La formule que nous étudions a donc bel et bien un *passé.* Voyons maintenant si, outre ces antécédents caractérisés que nous avons retrouvés dans deux livres hébraïques et chez plusieurs citateurs d'Hérodote, elle ne rejoint pas par surcroît les leçons de sagesse qu'avaient prodiguées en Grèce ou à Rome les principaux écrivains hédonistes.

A tout seigneur, tout honneur : allons voir chez Anacréon.

> Étendu sur de tendres myrtes
> et sur de verdoyants lotos,
> je veux boire à longs traits.
> Allons, Éros, avec un lien de papyrus,
> attache et retrousse
> ton manteau sur l'épaule,
> et offre-moi du vin.

Vient alors une moralité que nous attendions :

> Quel profit auras-tu
> qu'on oigne de parfums
> la pierre de ton sépulcre ?
> Quel profit auras-tu
> qu'on verse sur la terre
> de vaines libations ?
> Parfume-moi plutôt

chaque jour qui luit est pour toi le dernier; tu recevras avec reconnaissance l'heure sur laquelle tu n'auras pas compté ».

1. Il s'agit d'un passage signalé par un C dans l'édition Villey-Saulnier : on a donc affaire à un ajout relativement tardif, postérieur d'environ vingt ans à la version initiale du présent *Essai,* laquelle doit dater de 1572. Montaigne l'a inséré après coup.

2. M. de Montaigne, *Essais,* I, 20; *loc. cit.*, t. I, p. 90. – Montaigne reproduit ici la traduction d'Hérodote par Pierre Saliat [1575].

tant que je compte encore
au nombre des vivants[1].

Ce qui a été pris… a été pris ! Dans cette pâle tautologie, il y a quelque chose de rassérénant, de roboratif :

Quand je bois du vin,
je fais pour moi seul
un gain véritable,
et ce gain acquis, je l'emporterai,
car il faut mourir après tous les autres[2].

Cette idée que rien ni personne – pas même un dieu – jamais ne pourra modifier le passé, cette certitude quant au fait que le plaisir dont j'ai su jouir, j'en ai *irrémédiablement* joui, – Épicure lui-même ne les eût assurément point reniées[3].

De même, dans ce véritable *compendium* de la sagesse ordinaire des Grecs que constitue l'*Anthologie palatine,* on peut trouver des inscriptions dont les auteurs semblent proclamer : « je me suis amusé autant que je l'ai pu »[4]. Et peut-être plus proches encore du *« Mangeons, buvons… »* paulinien, sont ces deux distiques, issus d'un dialogue engagé censément entre un passant et le défunt :

— Tu as beaucoup bu, te voilà mort, Anacréon.
— Mais j'ai beaucoup joui ; et toi aussi, ne buvant pas, tu viendras dans l'Hadès ;

et cet autre :

Souvent je l'ai chanté, et du fond de la tombe je le crierai :
« Buvez, avant de venir ici vous vêtir de poussière » (Πίνετε, πρὶν ταύτην ἀμφιβάλησθε κόνιν)[5].

Plusieurs épitaphes d'époque romaine nous renvoient, elles aussi, à cet hédonisme sommaire, à cette sagesse de *gros mangeur* que perturbe, telle une basse continue, l'incoercible pensée de la mort. Ainsi trouve-t-on dans

1. Trad. M. Meunier, dans : *Sappho. Anacréon et anacréontiques,* Paris, Flammarion, 1941 ; rééd. Éditions d'aujourd'hui, 1982, p. 137-138.

2. Derniers vers d'un autre poème d'Anacréon (« Sur le plaisir de boire »); *loc. cit.*, p. 187.

3. *Cf.* Épicure, *Sentence Vaticane 55 :* « …il n'est pas possible de rendre non accompli ce qui est arrivé » (…οὐκ ἔστιν ἄπρακτον ποιῆσαι τὸ γεγονός).

4. *Cf.* par ex. : *Anthologie palatine*, l. VII [n° 26] ; Paris, Les Belles Lettres, 1938, t. IV, p. 69. – Voir surtout : *Epigrammata graeca* (Kaibel), n° 362 : παῖσον, τρύφησον, ζῆσον· ἀποθανεῖν σε δεῖ.

5. *Anthologie palatine*, l. VII ; *loc. cit.*, p. 72 [respectivement : n° 33 et n° 32].

le *Corpus Inscriptionum latinorum,* l'épitaphe d'un certain P. Clodius : « tant que j'ai vécu, j'ai vécu comme il convient à un homme bien né, parce que j'ai mangé et bu autant qu'il était en moi »[1]. Il y a là, bien sûr, dans cette forme de sagesse très peu… sage, quelque chose qui nous fait penser à Horace, lequel s'est enorgueilli comme on sait de compter parmi les « pourceaux du troupeau d'Épicure »[2]. Un célèbre passage des *Odes* dit cela avec plus de charme : « filtre tes vins », enseigne le poète, « et réduis à la mesure de ta brève durée les longs espoirs. Pendant que nous parlons, l'heure jalouse a fui. Cueille le jour, en te fiant le moins possible au lendemain »[3].

Quant à Pétrone (Ier siècle après J.-C.), dont le *Satiricon* met en scène un riche débauché, Trimalcion, ainsi que des fils de famille (Encolpe et Ascylte) toujours préoccupés de chapardage et de fornication, il fut par excellence le peintre des voluptueux inquiets. Aussi ne serons-nous pas fort surpris de retrouver dans son roman une saynète que désormais nous connaissons bien :

> On apporta des amphores de verre soigneusement cachetées, et dont le col portait des étiquettes avec cette inscription : « Falerne Opimien de cent ans ». […] Trimalcion battit des mains et : « Hélas, dit-il, le vin vit donc plus longtemps que le chétif humain ! Aussi allons-y à tire larigot. Le vin c'est la vie »[4].

Sur ces entrefaites

> un esclave apporte un squelette en argent si bien agencé que ses articulations et ses vertèbres flexibles peuvent se tourner dans toutes les positions. Après l'avoir fait tomber plusieurs fois sur la table, où la mobilité de ses jointures lui fit prendre diverses attitudes, Trimalcion ajouta :
> « Hélas, pauvres de nous ! que tout le chétif humain n'est rien !

1. *Corpus Inscriptionum latinarum,* t. IX (éd. Th. Mommsen, 1883), p. 193, n° 2114 [in *Regio* II : *Ager Beneventanus*] :
P•CLODIVS•P•F•STE•PIVS•LEG•XXx
DUM•VIXI•VIXI•QVOMODO
CONDECET•INGENVOM•Q
OD•COMEDI•ET•EBIBI•TANTVM•MEV•EST.

2. Horace, *Épîtres,* I, 4.

3. Horace, *Odes,* I, XI : *Carpe diem, quam minimum credula postero.*

4. Opimius fut consul en l'an 633 de Rome, soit 121 av. J.-C. L'année d'Opimius avait produit des vins d'une qualité exceptionnelle.

> Ainsi serons-nous tous quand Orcus [*sc.* le dieu de la mort] nous enlèvera !
> Aussi vivons tant qu'il nous est permis d'être bien »[1].

Pétrone aura très probablement puisé dans le livre II d'Hérodote le prétexte à ce passage truculent.

Dernière source comportant comme une préfiguration du « Mangeons, buvons, car demain nous mourrons » : Athénée (IIIe siècle après J.-C.) ou plutôt Amphis, poète comique dont le *Deipnosophistes* nous a conservé quelques vers. Cet Amphis, dans sa *Gynaecocratie,* filait une moralité que nous n'aurons guère de peine à identifier :

> Bois parmi les plaisirs, puisque tu dois mourir,
> Et que contre la Mort rien ne peut secourir.
> Rien au monde n'échappe avec plus de vistesse,
> Que le cours destiné pour trouver la vieillesse.
> Tous nos jours sur la terre ont un temps limité,
> Que (*sic*) bientôt interrompt notre félicité[2].

III

Il est temps d'étudier maintenant le destin qu'eut chez ceux qui vécurent bien après saint Paul ce *Manducemus et bibamus...*, cette étrange implication qui surgit si brusquement, on l'a vu, dans le texte de son épître.

1) Les écrivains ecclésiastiques, tout de même que les premiers promoteurs de la Réforme protestante ont selon les cas voulu voir dans la formule *Manducemus et bibamus, cras enim moriemur :*

a) soit le cri de ralliement des impies ;

b) soit la devise emblématique d'un principe mauvais, mortifère, spécifique à l'*homo duplex ;*

c) soit le slogan des épicuriens et de tous ceux qui ont eu l'audace de prétendre que le souverain bien s'identifie au plaisir.

a) Ainsi saint Ambroise déclare-t-il dans ses *Commentaires à la Première Épître aux Corinthiens* que *Manducemus et bibamus, cras enim moriemur,* « cela a été dit par le prophète Isaïe (*Isaïe,* XXII, 13), contre ceux

1. Pétrone, *Satiricon,* XXXIV : *Eheu nos miseros, quam totus homuncio nil est. / Sic erimus cuncti, postquam nos auferet Orcus. / Ergo vivamus, dum licet esse bene.*

2. Athénée, *Deipnosophistes* (trad. M. de Marolles); Paris, chez Jacques Langlois, 1680, p. 508-509.

qui, tels des bêtes brutes, et comme s'il n'y avait rien après la mort, n'avaient de zèle que pour leur ventre ». C'est là l'argument le plus classique du spiritualisme : l'hédonisme est bon pour les bêtes. L'apôtre, ajoute Ambroise, visait « ceux qui dépravaient les Corinthiens »[1] : saint Paul, autrement dit, recommandait de « fuir ceux qui se font les serviteurs de leur ventre »[2], ceux qui « n'ont d'autre dieu que leur ventre »[3]. « Assuré de la vie future », *de promissa vita,* « non seulement, Paul n'a pas craint, mais il a de bon gré *(libenter)* souffert de s'exposer aux bêtes fauves »[4]. — Il s'agit bien de la devise des hérétiques confirme Raban Maur, le « précepteur de la Germanie », dans son propre *Commentaire des Épîtres de Paul*[5]. Et Pierre Lombard enfin (XIIe siècle), le « maître des Sentences », recopie lui aussi le texte d'Ambroise, mais lui donne un éclairage un peu différent, puisqu'il accompagne cette citation d'une autre qui en est, comme nous le savons bien, la source originaire :

> Encore une fois, si les morts ne ressuscitent point, demeure seulement ceci : *mangeons et buvons, car demain*, c'est-à-dire très bientôt (*in proximo*), *nous mourrons*. — Cela, l'apôtre l'a tiré d'Isaïe : *il s'agit de la voix des Juifs désespérant de leur captivité ;* et c'est ce que l'Apôtre rapporte à ceux qui doutaient de la résurrection[6].

Suivent les quelques mots désormais consacrés : « Il dit cela contre ceux qui, tels des bêtes brutes, et comme s'il n'y avait rien après la mort, n'ont de zèle que pour leur ventre[7]. »

b) Mais voici qu'une superbe prédication de Pierre Chrysologue, lequel fut élu évêque de Ravenne en 433, nous apprend que la devise que nous étudions est tout simplement l'œuvre... de la Mort elle-même. C'est en

1. Saint Ambroise, *Commentaria in Epist. ad Corinth. primam,* in Migne, *Patrologie latine,* t. XVII, col. 66 : *Hoc ab Esaia propheta dictum est propter hos, qui quasi nihil futurum esset post mortem, ventri tantum studebant quomodo pecora* (Esai. *XXII, 13), sicut et ii qui Corinthios depravabant.*

2. Saint Paul, *Épître aux Romains,* XVI, 18.

3. Saint Paul, *Épître aux Phillippiens,* III, 19.

4. Ambroise fait ici allusion à ce passage des *Actes des Apôtres* (XXI, 13) dans lequel il est dit qu'un prophète du nom d'Agabus saisit Paul à la ceinture et le prévint que les Juifs le livreraient ainsi lié, s'il entrait à Jérusalem ; *cf.* Migne, *Patrologie latine,* t. XVII, col. 66.

5. Raban Maur, *Ennarationum in Ep. Pauli ;* Migne, t. CXII, col. 149.

6. P. Lombard, *Collectanea in epist. D. Pauli. In Ep.* I *ad Cor.* ; Migne, t. CXCI [191], col. 1683-1684.

7. *Ibid.*, col. 1684 ; *cf.* un peu plus bas, dans la même colonne 1684 : « Insensé *(stulte),* si ton père ressuscitait, croirais-tu ? ».

effet ce qu'il prétend dans son sermon intitulé : « De la mort et de la résurrection de la chair »[1] :

> Du fait que le chrétien – par l'esprit, les lèvres ou les yeux – voit, chante ou imagine la résurrection, il peut mépriser et réprimer toute terreur de mort. La mort, mes frères, est maîtresse de désespérance ; elle est mère de l'incrédulité, parente de la corruption, fille de l'Enfer, femelle du Diable, reine de tous les maux ; elle combat le genre humain insatiablement, et distille la désespérance en lui murmurant ce conseil : *Homo, cur tua perdis tempora ?* – Homme, pourquoi perds-tu ton temps ? Voici ta mort qui va venir, et ton âme sera restituée au néant, ta chair à la putréfaction ; tes os à la poussière, de telle façon que toi qui ne fus point avant que d'être né, tu ne seras rien dans la mort. « Paie donc », poursuit la voix émanant censément de la bouche d'ombre, « paie donc, avant ta mort, un tribut à toi-même et à tes années, mort en sursis. Voue au divertissement ton jeune âge, voue ton adolescence aux délices, voue ta jeunesse aux voluptés, et réserve-moi la vieillesse, si tu ne veux point désespérer à ne rien attendre. Après quoi la Mort pousse l'incrédulité, sa fille, qui menace en ces termes : c'est ainsi que tu disposes de ta vie ? comme si tu ne devais pas mourir, comme si tu devais échapper à la mort ? [...] Qui revient de là-bas ? *quis inde venit ?* Quel sage peut croire à des promesses non encore accomplies ? *O si manduces et bibas ! Manduca et bibe cras enim moriemur.* O, si tu mangeais et buvais ! *Mange et bois, car demain tu mourras* »[2].

Et notre auteur renvoie prudemment à *Isaïe,* XXII – car mieux vaut de son point de vue ne pas mêler de trop près l'apôtre Paul à une affaire si ténébreuse.

c) Et puis, *last but not least,* ce sont saint Jérôme et saint Augustin, tous deux nés vers 350 et morts dans les années 430, qui nous fourniront l'« étiquetage » le plus péremptoire de la formule qui nous occupe : ce sont là, déclarent-ils de conserve, les propres mots des *épicuriens*[3]. Les passions sont filles du désespoir et les voluptés ont de tristes fins : c'est là ce

1. Petrus Chrysologus, *Sermon* 118 – *De morte et resurrectione carnis;* dans Migne, t. 52, col. 523.

2. *Ibid.* ; dans Migne, t. 52, col. 525.

3. Il ne sera pas inutile, en lisant les lignes qui suivent, de se rappeler que dans la tradition hébraïque, est dit *épicurien* (en un sens plus que large) tout homme qui nie la Providence divine.

qu'enseigne selon Jérôme la maxime prêtée aux impies[1]. Quant à saint Augustin, il confirme que c'est bien l'*Epicureorum opinio* que Paul combat dans la première des deux épîtres adressées par lui aux chrétiens de Corinthe[2] :

> Les épicuriens, écrit Augustin, qui prétendent ne pas survivre à la mort s'écrient, comme s'il ne restait aucun autre bien que les délectations charnelles : « Mangeons et buvons, car demain nous mourrons ». Mais les chrétiens qui vivront après la mort et qui ont plus de chances de vivre heureux après la mort *(et felices potius victuri post mortem),* ne doivent pas dire : « Mangeons et buvons, car demain nous mourrons ». Gardez la phrase : « demain nous mourrons » et dites : « Jeûnons et prions, car demain nous mourrons » *(jejunemus et oremus, cras enim moriemur)*[3].

C'est à une lecture du même type qu'aboutissent plusieurs écrivains réformés, au premier rang desquels figure Jean Calvin. Dans ses *Commentaires sur le Nouveau Testament,* et plus précisément dans ceux qui portent *Sur la Première Épître aux Corinthiens,* ce dernier écrit en effet :

> *Mangeons et buvons :* [...] *c'est un proverbe d'Épicuriens,* lequel [sainct Paul] a prins pour conclure, Que si l'homme périt en la mort, il n'y aura rien de meilleur que de se donner du bon temps, faire grand chère, et ne se soucier de rien cependant que la vie dure : comme on trouve beaucoup de telles sentences en Horace Poëte latin[4].

Quant à Érasme, qui fut si soucieux de la paix des Églises que ses adversaires l'accusèrent d'être un véritable suppôt de la Réforme, il agrémenta le commentaire qu'il donna de cette parole de saint Paul d'une

1. Saint Jérôme, *Commentarium in Isaiam prophetam;* dans Migne, *Patrologie latine,* t. XXIV, col. 272.

2. Il s'agit du *Sermon* 150 de saint Augustin; dans Migne, *Patrologie latine,* t. XXXVIII-XXXIX, col. 807-814. – Si ce sermon date bien, comme le croit Georges Humeau, du « début du ministère épiscopal d'Augustin », c'est-à-dire des années 395-400, il serait antérieur d'une quinzaine d'années à la publication du *Commentaire* que Jérôme fit du livre d'Isaïe ; cf. *Les plus beaux sermons de saint Augustin* réunis et traduits par G. Humeau, Paris, Études augustiniennes, 1986, t. II, p. 284. – Voyez également le titre du chapitre 5 de ce même Sermon 150 : *Epicureorum opinio ab Apostolo improbata. De anima quid Epicurei sentiunt* (Migne, *P. L.*, t. XXXVIII-XXXIX, col. 811).

3. Migne, *P. L.*, t. XXXVIII-XXXIX, col. 811-812. – Trad. G. Humeau : *loc. cit.*, t. II, p. 291.

4. J. Calvin, *Commentaires de Jehan Calvin sur le Nouveau Testament :* « Sur la première Épître aux Corinthiens », chap. XV ; Paris, Librairie Ch. Meyrueis et Cie, 1855, t. III, p. 498.

idée qui nous paraît introduire quelque nouveauté comparativement aux pieux discours qu'on a vus :

> Si tout espoir de l'homme s'achève dans la mort, que reste-t-il, écrit Érasme, sinon ce que selon Isaïe disent les impies en ne se fiant pas aux promesses d'une vie future et en estimant que la suprême félicité réside dans les bénéfices de cette vie : *Mangeons et buvons, car demain nous mourrons*[1].

Ce qui nous paraît fort nouveau, c'est qu'Érasme, en fin psychologue, admet un peu plus loin que les désespérés sont en quelque façon fondés à considérer que les seuls biens qui soient réels, ce sont ceux qu'ils ont irrémédiablement soustraits au néant : « Ce que de la vie nous aurons arraché, poursuit Érasme, cela seul est nôtre » – si tout se ramène au néant[2]. Pas même un dieu, proclamait le poète Agathon (ve siècle av. J.-C.), ne peut faire en sorte que ce qui a été n'ait point été[3]. Car le passé nous appartient, et rien n'est en lieu plus sûr que ce qui a été[4]. Et, pour le « faux épicurien », pour le voluptueux inquiet, pour tous ceux qui se hâtent de jouir de peur de ne pas avoir assez joui, cette dernière vérité revêt une importance, pour le coup, toujours plus extrême. Car tous ceux-là peuvent légitimement demander que l'on n'oublie pas de graver sur leur tombe l'épitaphe qui pouvait se lire sur celle de Sardanapale : « J'ai pour seuls biens, mort, les plaisirs que, vivant, ma passion a épuisés[5]. »

2) Il y a maintenant des lectures de notre formule que nous pourrions appeler irréligieuses : des usages signalant que ceux qui la citent – hédonistes de tous ordres, libertins d'esprit ou de mœurs, voire auteurs de chansons à boire – la font leur délibérément, et signalent en procédant de la sorte leur attachement aux voluptés des sens, la sourde inquiétude avec laquelle ils y tendent, et parfois même la paillardise d'une philosophie de fêtard ou de débauché.

1. Érasme, *Paraphrasis in duas epistolas Pauli ad Corinthios, per Erasmum Roterodamum :* « In epistolam ad Corinthios priorem, argumentum per Erasmum Roterodamum » ; apud J. Frobenium, Bâle, 1519, p. 149.

2. *Ibid. : Quod ex ac vita rapuerimus, id demum nostrum est.*

3. Agathon, fr. 5 Nauck (cité notamment par Aristote, *Éthique à Nicomaque,* VI, 2, 1139 b 10).

4. Sénèque, *Lettres à Lucilius,* 99, 2 : *Nostrum est quod praeteriit tempus nec quicquam est loco tutiore quam quod fuit.*

5. Cité par saint Augustin, dans *Cité de Dieu,* II, XX : *qui quondam rex ita fuit voluptatibus deditus, ut in sepulcro suo scribi fecerit ea sola se habere mortuum, quae libido eius, etiam cum viveret, hauriendo consumsperat ;* trad. G. Combès, Paris, Desclée de Brouwer, 1959, t. I, p. 369.

L'« épicurisme » de Ronsard consiste essentiellement – dans les *Odes* de 1550 et de 1552 tout comme dans les *Odelettes anacréontiques* – en une série de variations originales sur le motif du *carpe diem*[1]. C'est dans une Odelette « A Corydon » datant de 1555 que j'ai pu retrouver ceci :

L'home apres son dernier trespas
Plus ne boit ne mange là-bas,
Et sa grange qu'il a laissée
Pleine de blé davant sa fin
Et sa cave pleine de vin,
Ne lui viennent plus en pensée[2].

Et c'est une morosité analogue qui émane de certains poèmes de Joachim du Bellay[3]. Des vers, certes un peu plus toniques, mais dont la leçon est au fond très proche de la parole hédoniste qui nous occupe peuvent également se retrouver dans le théâtre de ce grand épicurien que fut La Fontaine[4]. Mais c'est chez le libertin Des Barreaux que le *Mangeons et buvons*... prend l'allure d'une véritable profession de foi. La devise que les Écritures attribuaient aux impies est explicitement assumée chez lui comme une sorte d'axiome portatif, comme le *vade-mecum* du désespéré :

Prenons tous les plaisirs que permet la Nature,
Pendant que nous voyons la lumière du jour.
On ne boit point là-bas, on ne fait point l'amour,
Dans cette longue nuit qui suit la sépulture[5].

Dans le genre, enfin, très particulier des chansons à boire, nous trouvons aussi cette hâte anacréontique que résume très adéquatement la formule que nous étudions. C'est le cas dans le *Bourgeois gentilhomme* de Molière, au début du quatrième acte. Alors que monsieur Jourdain commence de lutiner Dorimène, on entend s'élever cette chanson dans le coin des musiciens qui accompagnent son festin :

1. *Cf.* F. Joukovsky, « L'épicurisme au XVIe siècle », dans *Actes du VIIIe Congrès de l'Association Guillaume Budé* (Paris, 5-10 avril 1968), Paris, Les Belles Lettres, 1970, p. 637-675 (cit. : p. 660).

2. P. de Ronsard, *Meslanges de 1555*, dans *Œuvres complètes* (éd. P. Laumonier); Paris, Hachette, 1930, t. VI, p. 174.

3. J. Du Bellay, *Recueils lyriques :* « Du premier iour de l'an. – Au seigneur Bertran Bergier »; dans *Œuvres poétiques*, éd. H. Chamard, Paris, Droz, 1912, t. III, p. 28 : « Les vins, l'amour consolent / Le triste cœur de l'homme : / Les ans legiers s'en volent, / Et la mort nous assomme. »

4. Sur l'épicurisme de La Fontaine, voir notamment sa *Clymène*, ainsi que les travaux de Jean-Charles Darmon.

5. Jacques Vallée Des Barreaux, « Sur la mort » – Sonnet; cité dans F. Lachèvre, *Disciples et successeurs de Théophile de Viau*, Paris, Champion, 1911, p. 253.

Buvons chers amis, buvons.
Le temps qui fuit nous y convie.
Profitons de la vie autant que nous pouvons.
Quand on a passé l'onde noire
Adieu le bon vin, nos amours
Dépêchons-nous de boire
On ne boit pas toujours[1].

C'est le cas dans *Les Illusions perdues* de Balzac, lorsque Lucien de Rubempré est au désespoir et qu'il doit composer quelques chansons grivoises afin de gagner quelque argent; le libraire qui les lui a commandées lui assurera de quoi enterrer Coralie, sa maîtresse :

Il est certain que nous mourrons;
Mais il est sûr que nous vivons :
Rions ! buvons !
Et moquons-nous du reste[2].

C'est le cas, encore et toujours, chez Anatole France : dans *Le Crime de Sylvestre Bonnard,* le spirituel héros (ou *anti*-héros) lit sur la porte d'un certain cabaret ce quatrain en patois de Naples :

Amice, alliegre magnammo e bevimmo
Nfin che n'ce stace noglio a la lucarna :
Chi sa s'a l'autro munno nc'e vedimmo ?
Chi sa s'a l'autro munno nc'e taverna[3] *?*

On est moins loin qu'il n'y paraît du *Libiamo* désespéré de la *Traviata,* de la joie frénétique et triste de ceux qui se savent condamnés. Après tout, Hégésias Pisithanate, ce célèbre amant de la mort, n'avait-il pas été formé jadis à l'école du très hédoniste Aristippe de Cyrène ?

3) En dernier lieu, nous pourrions trouver chez Schopenhauer, chez Renan ainsi que chez Feuerbach, des interprétations pour le coup *anti-religieuses* de notre formule : leurs auteurs ont pris le parti d'y débusquer le sordide calcul d'intérêt sur lequel repose d'après eux la religion, – et la religion chrétienne notamment.

Ce que Schopenhauer dénonce, à vrai dire, ce n'est pas tant l'utilitarisme foncier de la religion, mais plutôt la responsabilité *indirecte* de la religion *chrétienne* dans le triomphe de l'utilitarisme grossier. Le réveil du

1. Molière, *Le Bourgeois gentilhomme* [1670], acte IV, scène première.

2. H. de Balzac, *Les Illusions perdues* [1843], Paris, Le Livre de Poche, 1983, p. 407.

3. A. France, *Le Crime de Sylvestre Bonnard* [1881], Paris, Le Livre de Poche, 1967, p. 48 : « Amis, mangeons et buvons joyeusement / Tant qu'il y a de l'huile dans la lampe : / Qui sait si dans l'autre monde nous nous reverrons ? / Qui sait si dans l'autre monde il y a une taverne ? ».

chrétien taraudé par le doute est amer en effet, car la religion des Occidentaux – qui, faute d'être très convaincante, n'est guère rassurante – conduit aisément au désespoir et à la débauche. A cela s'oppose l'assurance des Indiens. Enseigner à l'homme, à peine fait, « que depuis un instant à peine il est sorti du néant, que, par suite, toute une éternité durant, il n'a rien été, et, malgré tout, qu'il doit être impérissable dans l'avenir », c'est en effet lui enseigner, selon Schopenhauer, des doctrines dont le « caractère insoutenable » ne peut pas, plus tard, manquer de lui apparaître. Suit aussitôt l'une de ces imprécations habituelles au philosophe de Francfort : c'est, affirme-t-il,

> à la suite d'une évolution de ce genre que nous voyons aujourd'hui même (1844) en Angleterre, parmi des ouvriers de fabrique pervertis, les socialistes, et, parmi des étudiants corrompus, les jeunes hégéliens en Allemagne, s'abaisser jusqu'à des doctrines toutes matérielles, qui ont pour formule dernière : *edite, bibite, post mortem nulla voluptas* [mangez et buvez, après la mort il n'y a plus de plaisir], et se peuvent caractériser du nom de bestialité[1].

C'est bien à la religion (et non pas à la faiblesse de celle-ci) que s'en prend, pour sa part, Ernest Renan. Paul, écrit-il, nous dit « naïvement que, s'il n'avait pas compté sur la résurrection, il eût mené la vie d'un bourgeois paisible, tout occupé de ses vulgaires plaisirs »[2] ! Or une note infrapaginale de Renan lui-même renvoie ici au verset que nous étudions : « I *Cor.*, XV, 30-32 » ; "Buvons, mangeons...". – « Quelques sages », lit-on dans ce texte, « quelques sages de premier ordre, Marc-Aurèle, Spinoza, par exemple, ont été plus loin et ont pratiqué la plus haute vertu sans espoir de rémunération ». Encore et toujours le « problème » de l'athée vertueux...[3].

> Mais la foule n'est jamais héroïque. Il a fallu une génération d'hommes persuadés qu'ils ne mourraient pas ; il a fallu *l'attrait d'une immense récompense immédiate* pour tirer de l'homme cette

1. A. Schopenhauer, *Le Monde comme volonté et comme représentation* [1e éd. 1818], Supplément au livre quatrième, chap. XLI : « De la mort et de ses rapports avec l'indestructibilité de notre être en soi » ; trad. A. Burdeau : Paris, P.U.F., 11e éd. : 1984, p. 1204.

2. E. Renan, *Saint Paul* [1869], dans *Œuvres complètes* (éd. H. Psichari) ; Paris, Calmann-Lévy, 1947-1961, t. IV, p. 997.

3. Voir à ce propos : Kant, *Critique de la faculté de juger* [1790], § 87 ; Paris, Vrin, 1968, p. 258 et *passim*, lequel – tout comme Renan – invoque l'exemple de Spinoza, lorsqu'il admet la possibilité d'un « honnête homme [...] qui se tient pour fermement persuadé que Dieu n'existe pas et [...] qu'il n'y a pas de vie future ».

> somme énorme de dévouement et de sacrifice qui a fondé le christianisme[1].

Autrement dit, Renan – qui, pour sa part, en était venu à l'agnosticisme après avoir été catéchumène, s'essaie à ruiner tout le crédit dont jouit traditionnellement la morale chrétienne en montrant l'immense utilitarisme que trahit, d'après la lecture qu'il en fait, le passage de saint Paul dans lequel se trouve le fameux *Mangeons et buvons...*

De même (et ce sera là notre ultime référence), à la fin de l'*Essence du christianisme* [1841], Feuerbach tente-t-il de démontrer qu'il y a, somme toute, une sorte d'égoïsme foncier dans la foi du croyant : car celui-ci conditionne en quelque façon sa croyance en l'existence d'un Dieu transcendant aux *garanties* que ce Dieu, censément, lui fournit[2].

> La doctrine de l'immortalité, écrit Feuerbach, est la doctrine finale de la religion – son testament où elle exprime ses dernières volontés. Ici elle énonce sans fard ce que jusque là on taisait. Alors que jusque-là il s'agit de l'existence d'un *autre* être (*Wesen*)

– allusion à l'*aliénation* par l'homme de ses meilleures qualités en un dieu forgé par ses soins –

> il s'agit ici ouvertement de *l'existence propre* [...] : *si je ne suis pas éternel, Dieu n'est pas Dieu, s'il n'y a pas d'immortalité, il n'y a pas de Dieu.* Et l'apôtre, ajoute Feuerbach, a déjà exprimé cette conclusion. Si nous ne ressuscitons pas, le Christ n'est pas ressuscité, et tout n'est que néant. *Edite, bibite*[3].

C'est ainsi qu'une unique formule transite, tel un atome de sagesse, dans une multitude de contextes divers. Enchâssée dans maints discours qui la tirent à hue et à dia, elle peut se voir enrôlée par vingt ou cent auteurs différents qui, chacun, s'efforcent d'en faire une pièce, une illustration, un jalon ou même un emblème de leur discours particulier.

1. Renan (E.), *Saint Paul, loc. cit.*, t. IV, p. 997. – C'est nous qui soulignons.

2. L. Feuerbach, *L'Essence du christianisme* [1841], trad. J.-P. Osier, Paris, Maspero, 1973 ; *cf.* à la p. 318 : « Dieu est la garantie de mon existence future », etc.

3. *Cf.* L. Feuerbach, *L'Essence du christianisme, op. cit.*, p. 317, n. 2 : « Si c'est un bien d'avoir un corps incorruptible, pourquoi ne pas consentir à croire que Dieu en fera un qui sera tel ? », déclarait saint Augustin (*Op. Anwerp.* 1700, T. V, p. 698). Feuerbach recopie cette citation et la commente ainsi : « Dieu est celui qui accomplit, c'est-à-dire qu'il est la réalité, l'être accompli *(das Erfülltsein)* de mes désirs. »

INDEX NOMINUM

I : ANTIQUITÉ, MOYEN ÂGE, RENAISSANCE

II : ÉPOQUE MODERNE

INDEX DES PASSAGES CITÉS DU *PHILÈBE*

TABLE DES MATIÈRES

ÉPILOGUE

ACHEVÉ D'IMPRIMER
EN DÉCEMBRE 1999
PAR L'IMPRIMERIE
DE LA MANUTENTION
A MAYENNE
N° 446-99

Dépôt légal : 4e trimestre 1999